ISBN-13 :   978-2-9557162-0-5
EAN-13 :   9782955716205

Imprimé par CreateSpace,
an Amazon.com Company
Charleston SC, USA
Achevé d'impression Novembre 2016
Impression à la demande
Dépôt Légal Novembre 2016

Couverture : Droit d'auteur Hamdi Srioui, 2016

Hamdi Srioui

LA DEPRESSION DEVOILE ENFIN SES SECRETS

CAUSES, MECANISMES, STADES et THEMES

Ce qui vous y amène et ce qui vous en sortira

Sciences Premières

Aux quatre Reines,
Aux deux Rois.

Table des Matières

Table des Illustrations

I. Introduction

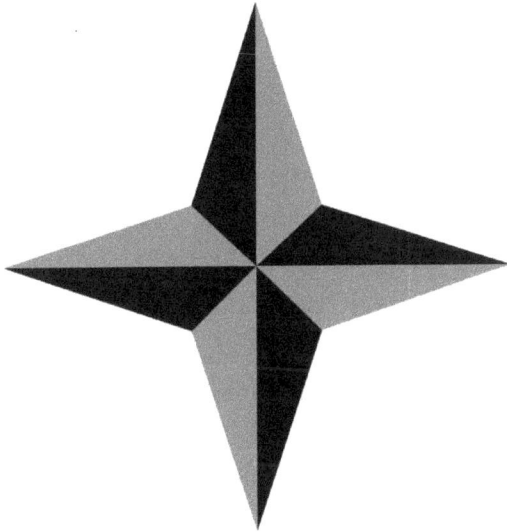

Les hommes s'élèvent et tombent comme des feuilles d'automne entrainées par un doux vent de Septembre. A l'image de leurs astres brillants de mille couleurs, ils ne cesseront jamais d'illuminer cette existence, même s'il arrive qu'une brume masque leur éclat ou qu'une tempête ternisse leurs couleurs.

La dépression ne cesse de détruire des hommes et des femmes en bonne santé. Elle se classe aujourd'hui parmi les principaux fléaux pour l'humanité et elle se dresse contre son bonheur et son épanouissement, elle se dresse contre sa vie. La dépression est un mal qui se situe au cœur de la vie et aux confins de la vie. Elle ne cesse de prendre de l'ampleur et rien ne semble l'arrêter, sauf à en découvrir les origines, les mécanismes et les causes profondes.

La dépression continue à détruire des vies et est en passe de devenir le second plus important problème de santé publique au niveau mondial[1]. Elle a déjà emporté de grands esprits : des hommes et des femmes en bonne santé, en plein développement personnel et professionnel : des grands scientifiques, des acteurs, des chanteurs, des bâtisseurs, des écrivains, des entrepreneurs, des médecins, des artisans, des gens qui étaient au sommet de leur art, des gens qui ont vaincu bien des obstacles, qui ont fait leurs preuves face à l'adversité. Ils nous ont déjà beaucoup donné et peuvent encore continuer à servir leurs proches, leurs pays, l'humanité toute entière. Ils avaient tous la lueur des félins dans les yeux mais quelque chose est venue l'éteindre.

La dépression s'attaque directement à la vie qui anime chacun d'entre nous, elle est bien plus dangereuse pour l'humanité que

---

[1] Projection faite par les experts de l'Organisation Mondiale de la Santé. Voir leur site web.

plusieurs maladies difficiles à guérir. Quand vous avez mal quel part, on vous diagnostique généralement un problème dans un organe précis ou une région du corps ou un appareil biologique en particulier ; même si les soins vous fatiguent, vous savez à quoi vous en tenir. Mais quand l'esprit fatigue, c'est tout le corps qui s'épuise et on ne sait pas comment ni pourquoi.

La fatigue de l'esprit continue à échapper à nos scanners, IRM et tout autre détecteurs et ce malgré les grandes avancées de la neurologie. La dépression est capable de détruire tout un corps, initialement bien portant ; elle s'avère bien plus dangereuse pour l'humain que bien des maladies, des maladies qu'on essaie d'éradiquer pour sauver un organe, pour sauver le corps de la mort, pour préserver la vie. La dépression attaque la vie à sa source et nous sommes incapables d'en localiser ou d'en isoler les effets. Un ami chirurgien qui a accompagné sa femme dans sa dépression m'a confié un jour « si tu savais combien ça m'énerve, cette chose qui détruit des gens en pleine santé alors que je me bats tous les jours que fait le bon Dieu pour sauver des vies ! ».

Au-delà d'emporter des gens qui avaient encore tant à donner, la dépression s'attaque spécifiquement à ce que l'humanité a de plus sensible, de plus beau et de plus noble : Les Femmes. Elle touche ce que l'homme a de plus précieux sur cette terre : précieux pour se sentir en vie, pour apprécier la beauté des choses et des moments, pour garder une raison de poursuivre ses rêves et ses quêtes. A travers le monde, la femme est un exemple de dévouement pour ses enfants, pour sa famille, pour son pays. Mère, sœur, fille ou petite fille, elle illumine l'existence des humains avec sa vie, sa subtilité, son émotion et ses paradoxes. Sans elle, la vie perd son essence et n'en demeure que du biologique errant.

3

La dépression s'acharne sur le meilleur de l'humanité pour des raisons diverses mais la principale nous ferait honte à tous. Certains parlent de prédispositions féminines mais il n'en est rien. Les femmes sont certes plus émotives que les hommes, mais cette merveilleuse caractéristique ne devient une prédisposition à tomber en dépression que parce que nous les abandonnons, nous les hommes. Elles se retrouvent seules et font face. Et si elles sont deux fois plus nombreuses à tomber en dépression que les hommes, c'est que ces derniers les ont directement ou indirectement laissées seules pour porter un fardeau que les hommes aussi serait incapables de porter seuls. Même seules, les femmes sont capables de déplacer des montagnes pour remplir leurs responsabilités. Elles n'hésiteraient pas à sacrifier leur bonheur pour celui des autres, surtout celui de leurs enfants. La plupart sont des battantes et la sensibilité qui les caractérise est mise à rudes épreuves quand elles doivent faire face à un quotidien dur, seules, dans une société pleine de jugement.

La sensibilité des femmes est la preuve qu'elles ont été créées pour être chouchoutées, pas pour être abandonnées dans les méandres d'une civilisation qui donne encore l'impression d'une hypocrite compassion. Une civilisation qui accélère et qui ne cesse qu'augmenter son degré d'exigence pour nous tous, un fait que nous constations et subissons au quotidien ; alors imaginez le cas d'une femme faisant face seule, avec des enfants à charge et des conditions de vie aux limites de l'acceptable, elle est déjà en surrégime et on lui demande encore d'accélérer, vous imaginez bien qu'elle finira par céder un jour. Quand on y rajoute la souffrance due aux discriminations avérées au boulot et en société, cela fait trois injustices que la femme doit subir et tenir : faire face seule, faire plus que les autres pour vaincre les discriminations et faire encore plus pour rester en phase avec le rouleau compresseur d'une civilisation qui accélère. C'est trop pour un être aussi sensible.

Bon, disons-le : les hommes aussi subissent cette civilisation qui broie tous ceux qui ne se mettent pas dans le sens de la marche forcée. Ils ont l'impression qu'on leur demande plus chaque jour et se mettent à douter de pouvoir y arriver. Certains redoutant l'échec par-dessus tout, se mettent en surcapacité et vont au burnout alors que d'autres, ne sachant plus sur quel pied danser, finissent par abandonner la partie prématurément. Par ailleurs, les hommes aussi subissent les excès de certaines femmes qui leur sont très proches et qui peuvent facilement leur faire du mal, voire les blesser profondément, affectant ainsi leur équilibre, déjà bien précaire.

Nous n'avons pas été créés pour vivre seuls, chacun dans son coin et il est archi faux d'affirmer que les sociétés se forment par le besoin de s'entraider dans les tâches quotidiennes. Nous vivons ensemble parce que la solitude est insupportable à tout humain. La solitude a d'ailleurs été identifiée comme un facteur de risque pour la dépression et nous allons montrer qu'elle est au cœur de la trinité des thèmes de la dépression. Quand tout s'écroule et qu'on se retrouve seul, les choses perdent leur gout et la vie elle-même finit par devenir fatigante.

En écrivant ce livre, j'ai voulu témoigner toute ma douleur à voir des personnes fatiguées de vivre, fatiguées de leur quotidien, fatiguées de leurs fardeaux. Certains se sentent étouffés, avec une boule dans la gorge et une pression intenable dans la poitrine, sans avoir la moindre idée du pourquoi. Certains se remettent à rabâcher leur passé et à revivre des choses comme si ça se passait aujourd'hui. Ils en deviennent tristes et se mettent à demander des comptes à toutes les personnes qui les entourent. Les voilà agressifs et poussés vers un début de solitude. D'autres, bien plus avancés, leur silence est amer et leur sourire n'est plus que gémissement. ***Ils sont en vie mais sont dépourvus de vie.*** Ils ont déjà beaucoup donné aux autres mais font tout leur possible pour leur cacher leur tristesse et leurs errements.

Ce sont des gens actifs et plusieurs d'entre eux avait déjà un statut bien établi dans cette société des classements. Par leur travail et leur énergie, ils ont déjà fait leur preuve, en famille, au boulot et en société. Les battants ne peuvent pas se permettre de montrer une image de faiblesse ou d'abandon, ça ne leur ressemble pas. Ils préféreront se sacrifier plutôt que de se montrer en position de faiblesse. Le regard des autres est crucial dans leur vie et ils en paient le prix fort. Le prix d'étouffer leur souffrance, le prix de se retrouver seul, le prix du silence face à un fléau qui les consume de l'intérieur. Les statistiques sur les personnes touchées par la dépression et qui s'en cachent sont effrayantes. Le plus souvent, on ne s'apercevra de leur fatigue qu'une fois à terre, épuisés de porter le fardeau seuls, fatigués d'être en vie, fatigués de la fatigue elle-même.

Honte à nous, fils et filles d'Adam et d'Eve...

Honte à nous qui avons oublié que notre premier ancêtre a désobéit à son Créateur pour l'amour d'une femme, que le premier prophète qu'il était a préféré oublier ses obligations et céder à l'envie de sa bienaimée. Honte à nous si nous ne savons plus écouter sans réagir, si nous ne savons plus entendre sans juger. Honte à nous si nos civilisations deviennent des prisons pour nos esprits, si elles finissent par nous ôter notre humanité, si nous finissons par abandonner nos blessés sur les champs de bataille...

Des batailles qui ne disent pas leurs noms...

La dépression s'attaque au meilleur d'entre nous, sans leur laisser la moindre échappatoire ; elle empoisonne leur esprit et détruit leurs certitudes pour les laisser errer et finalement tomber, dans la solitude et l'incompréhension.

Ce livre est un appel pour les entendre, les comprendre et les soutenir. Ils ont grand besoin d'amour et de tendresse. Et si je vous annonce en avant-première que le coupable qui les a systématiquement poussés dans le ravin de la dépression est « leur entourage », vous saisissez alors toute la responsabilité qui est nôtre à les soutenir par notre présence, notre amour et notre affection. Nous n'avons pas le droit de les laisser seuls devant une épreuve aussi difficile, nous n'avons pas le droit de fermer les yeux, nous n'avons pas le droit de faillir. Quand la dépression attaque, point de salut sans amour, sans soutien, sans affection. Nous sommes tous responsables. Nous sommes tous coupables.

Commençons à chercher leur pardon par l'écoute.

Ce que vous allez écouter et entendre de leur part sera répétitif, triste et non structuré, ça vous mettra les batteries à plat et vous aurez parfois l'impression de plonger avec eux. C'est tout à votre honneur, mais garder à l'esprit que même s'ils vous paraissent globalement dans l'excessif et loin du raisonnable, certains processus logiques sont toujours actifs. Il y aura des jours où ils vous agresseront pour vous tester, pour tester l'amour « inconditionnel » qui vous anime, ils vous pousseront dans vos retranchements ; et si vous êtes en couple, ils mettront tout en cause et vous feront douter de tout. Tenez bon car vous êtes leur seule planche de salut et dites-vous bien que vous êtes face à des gens reconnaissants et dévoués. Ce que vous leur donnez ne sera jamais perdu.

Sachez tout de suite que la tâche n'est pas facile car votre écoute ne sera jamais assez attentive, il y aura toujours un gap de communication que vous ne fermerez jamais, alors laissez parler vos émotions positives, elles ont un effet considérable. Ne les attaquez pas avec votre logique ou même la leur, ils ont besoin d'affection, pas de leçons. Et ne reculez jamais quand ils avancent, ils verront cela comme une marque d'abandon. J'ai consacré le dernier chapitre de ce livre à l'accompagnement, il dit le comment et ce qu'il ne faut pas faire, mais il ne dira jamais ce que votre amour y ajoutera, il ne dira jamais ce que vos yeux exprimeront et vos embrassades déclareront.

Alors préparez-vous à un long voyage de découverte dans ce livre, mais avant de sonner le départ, j'aimerai aborder une dernière injustice envers ceux qui sont fatigués de la vie.

« Ah Sarah, on ne l'a pas vu depuis un bon moment ; rien de grave, elle réapparaitra dans quelques temps pour dire qu'elle a eu un petit passage à vide ». Personne ne se rend compte de ce qu'endure Sarah. Il faut dire qu'elle fait tout pour paraître normale, elle a si peur que son apparence la trahisse, elle a bien compris que monsieur tout le monde est incapable de comprendre ce qu'elle endure, incapable d'imaginer tout ce que la dépression chamboule dans la tête et le corps, incapable d'en mesurer la fatigue et la confusion.

Mais un autre aspect bien plus important fait que Sarah ne veut pas, ne peut pas se permettre de montrer sa fatigue. Sarah est bien connue pour son sens de l'organisation et de la responsabilité, au boulot comme à la maison. C'est elle qui organise toutes les sorties, qui en propose les thèmes et qui les anime si le thème s'avère impopulaire. A la maison, c'est elle qui fait presque tout : les courses, les cours des enfants, leur évolution et leurs problèmes, sans compter tout l'administratif. Elle le dit d'ailleurs : « Je ne peux pas m'arrêter, sinon tout s'effondre et plus rien n'avance ». Elle est dévouée à son boulot et à sa famille : c'est dans sa nature. Elle prend tout à cœur et a peur de dévoiler sa fatigue à des gens habitués à la voir toujours au top, toujours disponible. C'est le genre d'amie ayant toujours l'initiative et prenant toujours de l'avance, sans jamais se plaindre. « Sarah, ça ne lui ressemble pas de se plaindre, c'est une locomotive, elle n'est jamais fatiguée ». Devant cette image de dévouée, comment peut-elle confier la moindre fatigue à n'importe quelle personne de son entourage ? De sa famille ? Personne ne la croirait, sans compter que plusieurs âmes malintentionnées n'attendent que ça, de la voir un genou à terre. Pour elle, confier sa fatigue à quelqu'un, c'est comme s'avouer vaincue. Tout le monde la voit en forme et elle ne peut déroger à cette image ; elle le dit d'ailleurs « Je ne peux pas me permettre d'être fatiguée, je n'en ai pas le droit ».

Alors elle pleure toute seule.

Elle est fatiguée mais personne ne le voit, personne ne le comprend, personne ne le croit. Personne n'a bien regardé au fond de ses yeux et son exemple est loin d'être unique.

Un grand esprit luttera jusqu'au bout et contre tout : contre son passé, contre sa condition, son temps, ses préjugés, ses bourreaux, mais que faire quand il devient son propre bourreau ? Depuis que cette phrase est apparue dans ma tête, j'ai beau essayer de lui trouver une suite, je n'y arrive toujours pas. Peut-être parce que j'ai du mal à imaginer mon esprit s'auto détruire, je me dis que ma raison me sauvera, que mes certitudes me sauveront et s'ils n'y arrivent pas, alors ma volonté et mon courage viendront à mon secours.

C'est faux. Dans les phases avancées de la dépression, la personne va elle-même arriver à la conclusion que sa logique [sa façon de vivre, de voir la vie, de voir les autres] est « fausse » et en résultera un démantèlement complet des toutes ses certitudes. C'est à la fois logique et effrayant : tout repose sur cette « logique » que nous appelons parfois le « qui je suis » ; si elle est compromise, tout ce qu'elle a bâti s'écroule, ne laissant que le néant, un néant effrayant, un néant qui échappera toujours à notre science et notre perception.

On ne s'invite pas dans le monde de la dépression par curiosité intellectuelle ou par amour de la science, seul l'amour d'une femme vous y pousse. Ce travail est le fruit d'un amour infini, de grandes découvertes et de longues heures d'écoute et de douleur. Il est le résultat d'une recherche intensive, menée sous les regards tristes et souffrants d'un être cher qui m'a dit un jour :

— Tu dois me sortir de là. Je sens que ce n'est pas moi, ce n'est plus moi, mon moi est en train de me quitter et j'ai trop peur de ce qui va rester. Dis-le à tous, décris leur par quoi on passe et quelle souffrance on éprouve. Ne laisse pas les larmes qui ont sillonnées mes joues tomber dans sur une terre assoiffée et disparaitre sans laisser de trace. Je me demande d'ailleurs si ces larmes ne constituent pas l'unique preuve de mon existence ?

— Elle reprit aussitôt : j'ai du mal à retrouver mon être, tout est en train de s'écrouler dans mon esprit et j'ai tellement peur de me réveiller un jour et de me rendre compte que je ne sais plus qui je suis.

Que pouvais-je bien répondre ?! Une phrase surgit de nulle part : « N'ai pas peur, tu n'es pas seule, et si un jour tu oublies qui tu es, moi je n'oublierai jamais ; je sais très bien qui tu es et je serai toujours là pour te le rappeler ».

J'espère qu'à l'issue de votre lecture, vous comprendrez mieux ce qui leur arrive et à quel point c'est dur pour eux d'essayer de se cacher, quitte à s'isoler. Si vous les entendez dire « Mais tu ne comprends rien », c'est que vous êtes complètent à coté et que vous êtes en train de leur faire mal en continuant votre propos de la sorte. Sans le vouloir, vous les poussez encore plus vers l'isolement. Ce sont généralement des personnes intelligentes qui vont vous pousser dans vos retranchements, qui vont remettre en cause votre amour, vos ententes, vos projets. Elles le feront avec une telle sincérité que vous vous en sentirez blessé.

Ne le soyez pas et laissez passer. Laissez passer pour eux, pour ceux qui ont déjà beaucoup donné et qui ont besoin de votre soutien constant, infaillible et inconditionnel. Mettez-y tout votre amour et toute votre tendresse.

II. Les premiers stades de la dépression

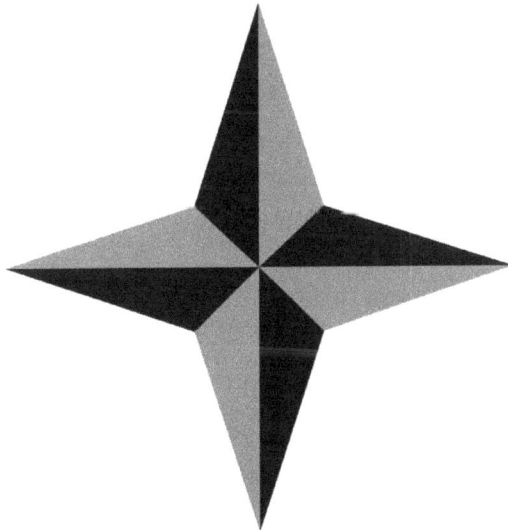

Jusqu'à ce jour, notre diagnostic de la dépression arrive avec un systématique temps de retard. Nous ne découvrons que la personne de notre entourage souffre de dépression que lorsqu'elle a un genou à terre, voire quand elle est déjà à terre, déchirée par le doute et consumée par la peur.

Cela est dû à plusieurs facteurs, le principal étant la procédure de diagnostic elle-même. Celle-ci est principalement définie dans le DSM5[2], la référence des psychiatres dans le domaine. Cette procédure utilise une technique statistique des symptômes observés pour déterminer la « sévérité » de l'épisode et donc sa classification. Je conçois bien que les psychiatres aient besoin de classification pour décider des soins à administrer, mais à ce stade, la dépression a déjà fait bien des dégâts, qu'il faudrait peut-être essayer d'éviter.

Le plus souvent, les gens ne s'aperçoivent pas qu'ils commencent à entrer en dépression. Passés quelques stades, ils vont parfois consulter un généraliste pour des calmants ou des somnifères. Plusieurs études ont été menées sur la prise en charge qui n'est pas le débat de cette partie, mais il faut tout de même préciser que le diagnostic est surtout axé sur la détermination du degré de sévérité de la dépression et non sur ses stades bien distincts, qui ont chacun des signes, des symptômes, des mécanismes et des risques.

La dépression suit des stades bien distincts, même si certains peuvent coexister. Il est important de savoir se situer par rapport à ces stades afin de mieux comprendre par quoi la personne passe et surtout déterminer le meilleur moyen de l'en sortir. La plupart du temps, quand on arrive au stade appelé « Episode Dépressif Majeur », on est déjà à terre, on est déjà dans « le pire de la dépression ». Savoir

---

[2] DSM5 : Manuel Diagnostique et Statistiques des Troubles Mentaux

diagnostiquer la dépression dans ses premiers stades peut faire éviter à des millions de personnes bien des souffrances, telle est la quête de cette première partie qui détaille la genèse de la dépression.

L'enquête de référence sur la dépression[3] indique que les patients disaient majoritairement que « **la dépression, ça vient comme ça, on ne sait pas pourquoi** ». Cette première partie, qui constitue une des principales découvertes de ce livre, élucidera les deux premiers stades de la dépression, à savoir : la dépression latente puis la première plongée dans la dépression elle-même.

On s'appuiera sur des exemples et des témoignages tous issus de cas concrets que l'auteur a accompagné durant une majeure partie de leur dépression, autant que coach de vie. Pour des raisons évidentes de confidentialité, les identités de ces personnes ont été modifiées et quelques évènements très spécifiques de leurs vies ont été passés sous silence.

---

[3] La dépression en France : Enquête ANADEP 2005

A. Les Etats de la Dépression Latente

Quelque chose ne va pas ; il le ressent, il en voit les signes mais préfère continuer à l'ignorer.

Comme cette mère qui savait déjà pour son couple. Elle avait déjà remarqué l'infidélité de son conjoint et son désintérêt pour la famille et pour elle. Mais comme elle n'a aucune perspective seule, avec trois enfants à charge, elle ne pouvait qu'espérer des jours meilleurs, qu'il change, peut-être, un jour... Alors, elle a tout essayé pour le ramener auprès d'elle, sans succès. Elle commence à perdre espoir et réfléchit à ce qui pourrait lui arriver.

Ou cet ingénieur qui rêve de devenir directeur de sa boite, un rêve qu'il entretient depuis le premier jour où il a mis les pieds dans cette usine familiale. De jour en jour, n'arrivant plus à grappiller les marches comme au début, il sent que la perspective s'éloigne. Dernièrement, alors que toute la société a été restructurée, son poste n'a pas bougé et ses responsabilités sont restées figées. Avec l'arrivée d'un nouveau directeur adjoint très dynamique, il commence à voir son rêve s'éloigner. Mais pourquoi ne part-il pas ailleurs, pour entretenir ses chances de réaliser son rêve ? Eh bien, il pense que s'il n'a pas réussi dans une usine qu'il connait comme sa maison, il est quasiment sûr de ne pas réussir ailleurs. Alors ça le tourmente et il commence à vivre ses premières insomnies.

Tous les deux et des millions d'autres ont donc déjà commencé à douter de leurs perspectives ; ils commencent à constater l'état d'échec de leur couple ou de leur boulot mais ils ne peuvent à première vue rien faire pour y remédier.

Ils sont très perturbés et n'osent même pas se raconter ce qui se passe. Ils découvrent que leur espoir n'est qu'un mensonge qu'ils se sont raconté pendant des nuits et des nuits, un mensonge qui ne deviendra jamais réalité. Jour après jour, ils voient le salut et la réussite, le bonheur et l'amour s'éloigner, sans rien pouvoir faire.

Ils savent ce qui se passe mais ne se le racontent pas. Enfin, ils se le disent de temps à autre, mais à voix très basse, en chuchotant, en murmurant.

C'est bien un château de sable juste à la portée des vagues qu'ils ont construit : jour après jour, chaque vague en prend un morceau et fait écrouler une partie. Ils continuent quand même à espérer que le reste suffira à tout reconstruire le jour où les choses changeront. Il suffit qu'ils changent ; mais hélas, les gens ne changent que très rarement.

Tout cela persiste jusqu'au jour où un évènement vient confirmer leurs doutes : annonce de divorce, licenciement, arrivé d'un nouveau directeur, adultère… et c'est l'hécatombe.

Mais entretemps, l'éloignement de la perspective souhaitée ne les laissera pas indifférents et leur psyché va commencer à réagir.

Une situation intenable

Valentin est mon ami. On se connait depuis toujours. C'est le genre de gars qui peut vous animer une soirée entière avec ses blagues et ses petites histoires. Jovial, rieur, moqueur, il vous parlera de ses cuites pendant ses cours d'œnologie, de l'interminable liste de ses conquêtes et de ses voyages à répétition. C'est un bon vivant dans tous les sens du terme. On s'est un peu perdu de vue ces derniers temps mais on a réussi à se revoir il y a quelques semaines pour rattraper le temps perdu.

Assis à la terrasse de notre bistrot parisien préféré, j'ai été stupéfait par l'état de l'homme que j'ai redécouvert ce jour-là : le visage terne, la barbe négligée et le regard vide : j'arrivais à peine à le reconnaitre! Arrivant avec un verre de whisky à la main et une bouteille à l'autre, il avait des absences à répétition et se tortillait sur sa chaise, tantôt se levant pour la replacer, tantôt pour aller faire un petit tour et revenir. Les cernes bien marqués sous ses yeux en disaient long sur son insomnie et ses mains hésitantes contrastaient tant avec la poignée de main ferme qui lui a décroché son job de commercial. Mais c'est surtout son regard fuyant qui m'a le plus marqué, lui qui avait un regard direct et perçant, lui qui n'avait jamais peur de faire face.

Après quelques échanges sur les dernières nouvelles de chacun, je n'ai pas pu m'empêcher de lui demander :

- Qu'est ce qui t'arrive ? Je ne t'avais jamais connu ainsi. Tu as bien changé.
- Ah bon, comment ça ?
- Qu'as-tu fait du Valentin que je connais : le bon vivant, le jovial, le rieur ?
- **Mon sourire, je crois bien l'avoir paumé quelque part**, on dirait qu'il se cache et j'espérais bien le retrouver ici, avec toi, comme au bon vieux temps. Mis à part ça, je n'ai pas de problèmes particuliers, juste les petits tracas de tous les jours, comme tout le monde.
- Mais encore…
- Bon d'accord. Il y a aussi des moments, qui se font de plus en plus fréquents, où **je me sens las de tout et de tous. Tout m'ennuie, m'emmerde, voire m'irrite.** L'autre jour, mes filles me disaient que je les repoussais un peu trop ces derniers temps et qu'elles n'en comprenaient pas la raison. Eh bien moi aussi. Dès que quelqu'un me parle plus de cinq minutes, j'ai l'impression qu'il me tape sur le système et je n'ai qu'un souhait, c'est qu'il se taise. Je sais que quelque chose ne tourne pas rond en moi mais je n'arrive pas à savoir ce que c'est. Je dis ça en rigolant, mais je t'assure que ça me prend vraiment la tête.
- Et tu sais quand est-ce que ça a commencé ?
- Aucune idée, un ou deux mois je dirais, mais ce n'est pas le genre de chose que tu remarques facilement, tu es dedans, tu ne t'en rends pas compte facilement.
- Ce que tu me dis me parait tellement incompatible avec ta personnalité que je me dis que tu dois me cacher quelque chose. Arrête de me donner des faits comme un flic et parle-moi de tes impressions, de tes idées, de tes inspirations…
- Mes inspirations… Je crois en avoir perdu le chemin. J'ai l'impression d'avoir perdu quelque chose d'essentiel de la vie elle-même mais je ne saurais pas te le décrire. Il manque

quelque chose à ma vie et j'ignore ce que c'est. Mon ennui, ma lassitude et mon irritabilité sont de plus en plus accompagnés par une bizarre agitation, **une sorte de bougeotte intenable contre laquelle je ne peux rien.** Certains diraient que c'est de l'angoisse, mais je ne la vois pas ainsi. Je n'arrive plus à tenir en place, je ne chauffe plus mon siège. Mais heureusement que ça ne se remarque pas trop car tout le monde sait que je suis « speed » et que je bouge en permanence. Mais moi je sais que c'est différent.

– Comment ça ?

– Ce n'est plus vraiment un surplus d'énergie ou une simple agitation mais bien une vraie bougeotte qui m'empêche de finir mon plat sans avoir à me lever et revenir. Dès que je me pose quelque part, j'ai aussitôt envie de partir car je ne me sens pas bien, je stresse, je m'agace, je m'emmerde. Je pars pour faire quelque chose, mais dès que j'arrive, je ne pense qu'à repartir. Tout cela ne m'empêche pas de mener mon quotidien et presque personne ne le remarque, mais je t'assure que c'est loin d'être anodin parce qu'il y a des moments où je sens que je vais perdre la boule à force d'essayer de comprendre ce qui m'arrive…

– Et tes cernes ?

– Oh rien de grave. Tu sais ce qui me manque vraiment ? Ce sont nos fous rires et nos escapades nocturnes. Tu te souviens combien on rigolait tous les deux, parfois pour un rien. Il suffisait qu'on se regarde pour rigoler, un rire éclatant, un rire authentique, un rire spontané.

– Oh oui et tous autour de nous s'en trouvaient frustrés car ils n'arrivaient pas à suivre…

– Eh bien, tu vois, c'est ce rire que je suis en train de perdre, que j'ai déjà perdu. D'ailleurs, je cherchais à te revoir depuis un moment ; il faut vraiment qu'on se fasse une soirée ou une escapade comme au bon vieux temps.

– C'est sûr, mais pourquoi tant d'amertume quand tu évoques notre spontanéité de jeunesse ?

– Je ne sais pas trop mais cette lassitude, cette irritabilité, ce manque d'authentique me touchent beaucoup et je n'arrive pas à en cerner la cause. Je sens que **mon âme manque de quelque chose, comme une terre qui manque d'eau**. Parfois, j'ai l'impression qu'elle a quitté mon corps et ne persistent en moi que des processus biologiques, tel un **mort-vivant**.

– Tu as l'impression que quelque chose a changé ?

– Je crois surtout que **les autres ont changé**. Le monde n'est plus le monde, les gens ne sont plus les mêmes, plus rien d'authentique, plus rien de spontané. Trop de magouilles, trop de coups bas, trop de mauvaises intentions. J'ai parfois l'impression de vivre dans une jungle où tout le monde est à l'affut du moindre moment de faiblesse, des charognards qui prennent plaisir à te mettre à terre et à te dépecer par petits morceaux. Je sais, c'est peut-être un peu exagéré mais tu ne sens pas que les gens et le monde ont changé ?

– C'est peut-être en partie la rançon de la réussite. Les gens se foutent des loosers mais traquent ceux qui ont réussi. C'est de bonne guerre non ?

– Pour moi, c'est sûr, l'humanité est en train de perdre son âme et sa spontanéité ; l'amitié a changé, les relations ont changé, tout est devenu artificiel et à double face. Toi, tu ne le sens pas ainsi, tu as bien de la chance, tu peux encore rire et prendre du plaisir.

– Et le boulot alors ?

– Tu me connais, je suis un gros bosseur et ça n'a pas changé, voire je travaille encore plus pour m'éviter toutes les embrouilles et les magouilles de certains. Mais quand je rentre, je ne veux parler à personne et je ne supporte pas qu'on me parle trop, y compris mes filles. Je deviens agressif avec elles sans le vouloir.

- …

- Je n'ai plus la moindre patience avec qui que ce soit et c'est terrible. Je les repousse, pas parce que j'ai un problème avec elles, mais parce que je ne supporte pas qu'on me parle plus de cinq minutes, ça me tape sur les nerfs, ça m'agace, ça m'énerve pour une raison qui me reste mystérieuse à ce jour.

- …

- Et cette **insomnie** finira par m'achever. Tu sais que je déteste les médicaments, mais j'ai été obligé d'en prendre pour fermer les yeux ne serait-ce que trois ou quatre heures par nuit. C'est terrible de se réveiller en pleine nuit et de tout essayer pour se recoucher. Quand j'en parle autour de moi, les gens ont l'impression de connaitre l'insomnie, mais crois-moi, ils n'en savent absolument rien tant qu'ils n'ont pas passé plus d'un mois à paniquer chaque début de soirée à l'idée de ne pas finir sa nuit !! Tu finis en zombie.

- …

- Et tout ça pourquoi ? Je n'en ai aucune idée. J'ai beau chercher dans le moindre recoin de ma tête, je ne trouve rien qui puisse justifier ce qui m'arrive. Et plus je cherche, plus ça me stresse, plus ça m'agace et m'énerve. **Ma tête se met à bouillonner et ne s'arrête pas**. Chaque début de soirée, c'est pareil, parfois même dans la journée. Si j'avais le choix, je prendrai bien une tête humaine avec bouton d'arrêt d'urgence afin de pouvoir dormir le soir. Alors elle mouline dans le vide comme un pc qui s'emballe ; son processeur est occupé par un processus que personne n'arrive à identifier. Je n'arrête pas de penser, d'analyser, de songer. Je t'assure qu'il y a des moments où je sens que je vais devenir fou, si ce n'est pas déjà le cas.

— ...

— C'est frustrant tu sais, de ne pas savoir pourquoi ta tête n'arrête pas de mouliner, tu te sens vraiment con. En plus ce bouillonnement est bien différent du mal de tête classique ou de celui du manque de sommeil. C'est un emballement interne auquel on n'échappe pas. Au début, je pensais que c'était passager et que ça ne devrait pas durer, mais plus l'insomnie s'installait, plus je me sentais fatigué, plus j'avais mal au crane, plus je devenais irritable et susceptible. Tu te rends compte que le grand communicant que je suis en est réduit à ne plus supporter qu'on lui parle !!

— Tu n'as peut-être pas envie de parler !

— C'est bien pire que ça. Comme je te l'ai déjà décrit, je ne supporte plus qu'on me parle. Tout m'énerve et m'irrite, y compris ma toute petite dernière, que j'adore par-dessus tout. Je ne peux plus écouter quelqu'un parler plus d'une minute à la file. Ça m'agace, ça me tape sur le système, ça m'énerve, sans aucune raison apparente.

— Je me rappelle encore quel papa poule tu faisais. C'était un impressionnant changement pour quelqu'un qu'on voyait plutôt en éternel célibataire.

— Tu sais bien que tout a basculé le jour où j'ai rencontré ma femme. Ça m'a changé la vie et j'étais vraiment heureux, même si les choses ont un peu changé depuis. Maintenant, je me dis que je me suis peut être trompé dans mon choix. Le mariage est une sacrée responsabilité et je me dis que je me suis peut-être un peu précipité pour le mariage et les enfants.

— Tu as des problèmes avec ton épouse ? Tu m'avais dit que c'était le grand amour !

— C'est ce que j'avais cru aussi, mais on ne peut vraiment pas prédire le changement de comportement des gens, ni soupçonner d'autres facettes cachées. Mais bon, c'est pas aussi grave que ça. Et toi alors, madame et enfants, comment ça va ?

J'écoutais attentivement tous les détails en m'efforçant de ne pas trop interférer avec mes propres sentiments. Mais c'était bien difficile car je ne pouvais m'empêcher de me dire : « Encore un bel esprit que la dépression envoie au purgatoire, sans ménagement, sans répit !! ».

L'état de dépression latente de Valentin était bien caractérisé et comme nous tous, il ne veut surtout pas tout dire, tout expliciter. Il sait qu'il a fait une grosse erreur dans sa vie mais il ne veut surtout pas le dire, ni même l'avouer à lui-même. Après tout, **personne n'aime montrer son échec**, ni aux autres, ni à soi.

Ce que vit Valentin à ce stade est le quotidien de millions gens à travers le monde. Les statistiques de l'OMS sur la dépression sont alarmantes. Si on y rajoute le fait qu'elles ignorent presque totalement le stade de la dépression latente car elles se focalisent sur les stades avancés, on se dit que l'estimation de l'OMS (environ 350 millions touchées dans le monde) doit être bien basse.

Le cas de Valentin et d'Emma sont des exemples médians dans le groupe que j'ai accompagné jusque-là. Très tôt dans mes recherches, en me focalisant sur les mots et les changements de comportement, j'ai décelé l'existence de STADES bien distincts dans la dépression. Ce premier stade de la dépression est très clairement identifiable, comparé à des situations de simple stress ou anxiété.

Ils décrivent tous et systématiquement les mêmes symptômes : la tête qui bouillonne et ne s'arrête pas, une insomnie dont l'intensité va en augmentant, une intenable bougeotte et une irritabilité envers tout et tous. Ils savent que quelque chose ne va pas mais ne savent ni le décrire, ni l'expliquer. Ils savent qu'ils ont perdu un composant important de la vie mais n'arrivent pas à le cerner.

Ce stade est plutôt méconnu car on a tendance à le mettre sur le compte du stress, de l'anxiété, du mal-être et bien d'autres termes. **Mais il y a un symptôme unique et systématique qui le distingue, c'est cette perte d'une composante centrale de la vie**.

Il est très difficile de distinguer l'état de la dépression latente car on a tous tendance à le cacher. A ce stade, les personnes peuvent encore mener leurs vies sans soucis apparent ; ils vont même tout faire pour le cacher aux autres : à la maison, au boulot, entre amis. Ils ne pleurent pas plus que d'habitude, ils ont encore de l'énergie pour bouger et « vivre » et ils ne sont pas à se morfondre dans leur petit coin. Donc, presque en opposition directe avec les symptômes des stades avancés de la dépression, ceux que tout le monde connait. C'est la raison pour laquelle ce stade n'a jamais été rapproché de la symptomatique de la dépression. Pourtant, il est le premier pas qui annonce tout le chamboulement à venir, il est annonciateur de la dépression sauf à s'en rendre compte tout de suite et de suivre la voie de sortie décrite dans les derniers chapitres.

Mais l'esprit perturbé et agité ne va pas s'arrêter là. Il a foi en nous et va continuer à nous donner d'autres signes pour essayer de dire le mal qui le ronge et il est plutôt doué pour ça.

Une vie sans couleurs

C'est seulement à la troisième entrevue que Valentin a enfin décidé de décrire un autre aspect de sa souffrance. Il le dit avec des mots bien tristes :

- Il y a des moments où je me demande comment peut-on **vivre sans âme, sans plaisirs, sans vibration, sans inspiration** ? C'est comme si quelque chose manque en moi et je n'arrive pas à la retrouver.
- Tu m'as bien parlé de manque d'inspiration mais il y a une grande différence entre manque d'inspiration et perte de plaisir !
- On se connait depuis tellement longtemps que tu connais surement une grande partie de mes plaisirs au quotidien : les discussions bien animées, les aventures, les voyages et surtout jouer avec mes filles. Aucun ne m'apporte guère de plaisir aujourd'hui, même depuis quelques temps. Et ce n'était pas faute d'avoir essayé. Au début, je me suis dit qu'il fallait que je lève un peu le pied au boulot et me donner un peu plus de temps à moi-même, mais tu sais combien je m'amuse au boulot, malgré les combines et les trahisons. Et puis, il y a eu ce voyage à Rome, en mission pour un gros client.
- Le voyage dont tu as tant rêvé…
- Tu t'en rappelles encore !?

- Bien sûr que oui, tu m'as tant emmerdé avec tes rêveries de visiter Rome que je me suis dit que tu as dû le faire depuis un bon moment…

- Eh bien, là c'était pour le boulot, avec hôtel de luxe, chauffeur et que des bonnes bouteilles. Mais faisant mes premières balades nocturnes de la ville tant rêvée, je me suis aperçu que ça ne m'apportait aucun plaisir, aucune vibration. J'avais tant rêvé de me perdre dans ses ruelles pour enfin m'y balader comme si j'étais à Paris, comme si je connaissais le moindre recoin de chaque rue. **Tout était fade, tout était « plat », aucun plaisir.** Même les plats cuisinés par des chefs et accompagnés d'une excellente bouteille ne m'ont guère fait plaisir, comme si je connaissais déjà tout ça…

- Toi, si Rome ne t'a fait aucun effet, tu dois me cacher quelque chose…

- Je t'assure que non mais c'est vrai que cette perte de plaisir se fait de plus en plus présente. C'est comme si une part de moi ne voulait plus vivre, peut-être même la meilleure part de moi. Parfois, **je sens un tel vide à l'intérieur** que je me dis que ça y est, je suis un zombi.

- …

- Ce qui me fait vraiment peur, c'est ce que je risque de devenir sans plaisirs : Suis-je encore humain si je n'éprouve pas de plaisirs ? Suis-je encore en vie sans plaisirs ? Est-ce que tout ça n'est que passager ? Et si c'était irréversible, que vais-je devenir ?

- …

- Et ce ne sont pas uniquement les « grands » plaisirs que je suis en train perdre, mais même les petits plaisirs de tous les jours ne me font plus aucun effet. D'habitude, jouer avec mes filles me détend et me repose, plus maintenant. **Sans plaisirs, j'ai**

l'impression que je suis condamné à ne pas « me reposer ». C'est effrayant, non ?

— En effet, oui… Mais tout finit toujours par s'expliquer et toutes les tempêtes finissent toujours par se calmer.

La perte de plaisir et les longues nuits sans sommeil, Emma aussi ne les compte plus. Sa tête bouillonne en permanence. A propos de quoi ? Pour quelle raison ? A quelle fin ? Elle n'en a aucune idée. Ce dont elle est sûre, c'est que ce bouillonnement, non seulement l'empêche de dormir, mais devient quasi continu, même en cours de journée. Elle essaie de se concentrer pour suivre ce qui se passe dans sa tête sans y arriver. Alors que Valentin pouvait encore continuer à travailler, Emma a du mal à maintenir son gagne-pain. Ses mots sont marquants :

— C'est comme si les couleurs disparaissaient une à une de votre vie, plus de plaisir, plus de joie, plus de rires et l'insomnie couronne le tout et tend même à l'accélérer. Comment pourrais-je danser alors que la danse est la couleur, la beauté du geste ? Comment puis-je danser dans un monde qui devient gris et fade ? C'est comme si quelqu'un m'a punie et c'est la plus horrible des punitions, **vivre sans plaisir, vivre dans le gris, vivre sans excitation, sans vibration** ».

Voilà le nouveau signe envoyé par notre esprit pour nous alerter sur ce qui lui arrive : **la perte de plaisir.** C'est le symptôme central de ce stade de dépression latente. A première vue, ça peut paraître anodin mais je vous assure que c'est une vraie souffrance car le plaisir n'est pas seulement quelque chose qu'on cherche comme un surplus de la vie, une sorte de récompense ou de cerise sur le gâteau, quelque chose d'optionnel dont on peut se passer pour continuer à vivre. Grosse erreur. Le plaisir ne constitue pas seulement la « beauté » de cette existence mais bien un composant indispensable qui nous aide à nous reposer.

Prenez l'exemple de votre retour à la maison après une longue journée de travail. Ce sont vos « petits » plaisirs qui vont vous reposer et vous faire oublier votre journée chargée : la petite bière bien fraiche, un bon diner, jouer avec les enfants, regarder un film, une petite balade... **Prendre du plaisir nous fait oublier nos moments de fatigue physique et psychique et nous repose**. Le plaisir n'est pas la « cerise » de l'existence mais bien un composant nécessaire à sa continuation. C'est pour cela que faire semblant finit toujours par vous peser lourd.

Emma ne peut se permettre de rester à la maison car si elle s'absente, on risque de lui reprendre la salle et son aventure s'en trouvera terminée. Alors, elle y va en abusant de l'anticerne et du maquillage et se force à sourire et à danser avec ses élèves.

— Après tout, je peux bien danser sans plaisir, c'est mon gagne-pain et je ne peux pas le perdre. J'espère surtout que personne ne s'en apercevra. Que ça m'énerve de **devoir faire semblant**, moi qui aime la vie vraie, la spontanéité et la joie. Ça m'agace de ne pas savoir ce qui m'arrive, mais au moins je peux continuer à manger. C'est pathétique. Aller voir un médecin ? A quoi bon si je suis incapable de lui dire ce qui ne va pas.

Les jours se suivent et se ressemblent. Ni l'un ni l'autre ne trouve d'explication à ce qui lui arrive, alors ils s'enfoncent un peu plus dans le boulot en espérant tenir le coup, le temps que ça passe.

Mais le mal-être psychique d'Emma commence à avoir de fortes répercussions physiques : « psychosomatiques », lui a-t-on dit.

Sa réponse ne s'est pas faite attendre : « Vivez la moitié de ce que j'endure et vous verrez bien si c'est uniquement dans la tête !! ».

Elle s'est mise à boire, de plus en plus, parfois à l'excès. Elle n'arrive toujours pas à trouver ce qui ne va pas, son insomnie la fatigue et elle n'éprouve plus aucun plaisir, que de vagues souvenirs d'adolescence. Ces derniers jours, elle commence même à se plaindre d'une **boule dans gorge** qui l'empêche de respirer, voire d'avaler correctement. Elle est bien sûr allée consulter un médecin qui n'a rien décelé de problématique dans sa gorge mais lui affirme que c'est psychologique. Il lui conseille une thérapie. Que va-t-elle dire au thérapeute ? Qu'elle ne sait pas ce qui lui arrive ? Et puis la seule psy en qui elle a confiance est son amie et elle ne veut surtout pas que ça s'ébruite. Alors, elle prend son mal en patience et passe ses horribles crises comme elle peut.

Elle ne va vraiment pas bien et elle continue à le cacher. Elle sent que tout son corps fatigue, elle sait que c'est psychologique mais ne trouve pas une explication rationnelle. Un mot qui revient régulièrement dans sa bouche est : « Je ne sais pas ce qui m'arrive ».

Encore quelque temps et elle commence à ressentir une **pression anormale dans la poitrine**. Là, elle se dit que ça ne peut être que physique. Alors elle consulte directement un spécialiste qui lui fait plusieurs examens sans déceler le moindre problème dans son système respiratoire ou cardio-vasculaire. Encore une fois, le spécialiste lui dit que c'est psychologique. « Mais dites-moi ce que c'est exactement le psychologique, bordel !! Qu'est ce qui peut faire que quelqu'un ressente une pression à la poitrine, sans que ça ne soit pas réel ? Suis-je en train de devenir folle ? Suis-je en train d'halluciner ? »

C'est très dur de ressentir que quelque chose de physique qui ne va pas et que tout le monde vous dit que c'est psychologique. Valentin, lui n'a pas voulu effrayer sa famille et a préféré vivre ça tout seul, des boules à la gorge, une pression à la poitrine, une impression de fatigue généralisée ; il est convaincu que quelque chose ne va pas chez lui mais ne sait pas trop ce que c'est.

Ils ont tous les deux consultés ce qui se dit sur le web et acheté quelques livres, mais personne n'est capable de leur dire ce qui leur arrive exactement. Ils voient des mots divers et variés passer, comme stress, anxiété, mal de vivre mais tout ça reste vague et rien ne semble indiquer une quelconque voie de sortie.

Qu'est ce qui m'arrive ?

— **Pourtant, je n'ai pas de problème particulier** en ce moment. Reprend Valentin. J'ai eu des moments difficiles dans ma vie, dans mon couple et au boulot, mais rien de dramatique, c'est comme tout le monde. J'ai des moments de questionnement, de doute mais comme tout le monde.

Il a beau fouiller dans le moindre recoin de sa tête, il ne trouve rien d'anormal, rien qui puisse justifier tout cela. Emma fait le même diagnostic :

— Je mène cette vie car je l'ai choisie et je suis épanouie. Je ne suis certes pas chanceuse en amour, mais suis-je la seule ? C'est vrai que j'ai dû batailler contre mes parents pour devenir prof de danse. Après de longues démarches, j'ai enfin mes cours, ma salle, mes élèves. Il y a bien des mois où je leur demanderais bien un petit chèque, mais ça passe et je m'en sors. J'ai perdu ma meilleure amie l'année dernière dans un accident de voiture, mais même ça, je l'ai compris, imprimé et intégré dans ma tête, on ne peut pas changer le destin et c'est ainsi. Alors qu'est ce qui cloche avec moi ? ça commence sérieusement à m'agacer ces nuits interminables, je deviens fatiguée et je perds ma joie de vivre. Mon Dieu, ma joie, c'est mon fonds de commerce.

33

— Valentin reprends : **je connais bien ma situation**, point par point. Pourquoi on ne peut pas encore déménager dans une maison plus grande pour les enfants ? Pourquoi est-ce que je suis encore chef de projet alors que je devrais avoir un meilleur poste ? Pourquoi est-ce que je circule dans une petite voiture incompatible avec mon statut social? Ce n'est pas une question matérielle, tout ça je l'ai admis depuis longtemps et je bosse dur pour le changer. Je suis du genre reconnaissant et remercie le bon Dieu pour tout ce que j'ai déjà.

— …

— J'ai eu des moments difficiles dans ma vie, dans mon couple et au boulot, mais rien de dramatique, comme tout le monde. Ça ne sert à rien que je fouille encore plus, ça ne fait que m'énerver et me rappeler une réalité que je connais déjà bien. Ma tête bouillonne bien assez comme ça et j'ai passé des nuits et des nuits à me demander ce qui ne va pas, je ne vois pas du tout. Comment peut-on être con à ce point ? Ne pas savoir ce qui se passe dans sa propre tête, c'est un comble pour un ingénieur qui n'arrête pas de faire des reproches à son équipe d'avoir mal réfléchi. Heureusement qu'ils n'en savent rien et que pour l'instant, ils prennent mes cernes pour du boulot tardif à la maison : le seul point positif de mes insomnies. Je ne sais pas combien de temps je pourrai encore tenir car la fatigue commence à prendre le dessus et j'ai peur que mon corps finisse par me lâcher.

En fait, ne trouvant rien, Emma et Valentin se posent surtout la question du timing : **Pourquoi maintenant ?** Ils connaissent leurs situations depuis bien longtemps et rien n'a changé. Aucun évènement majeur n'a eu lieu qui puisse expliquer ce qui leur arrive. Alors, qu'est ce qui fait que ça coince aujourd'hui ? Ils ne voient aucune causalité, alors que le bouillonnement est interminable et que l'insomnie tend à devenir systématique.

— C'est quand même un comble que ne pas savoir ce qui m'arrive, répète Valentin. Comme l'insomnie s'accentue de jour en jour, ça me laisse beaucoup de temps pour fouiller dans ma tête et je ne trouve rien qui justifie cela. Ça m'énerve à un point que personne ne peut imaginer. Mettez-vous à ma place juste cinq minutes. Vous savez que vous ne dormez plus très bien, impossible sans somnifères, **vous perdez tout plaisir à la vie mais vous êtes toujours en vie.** Certaines personnes vous demandent ce qui ne va pas et vous êtes incapable de donner la moindre réponse.

— …

— Comment pourrais-je leur faire comprendre que je ne sais pas, tout simplement ? Et ce qui t'énervait jusque-là devient douloureux, alors tu joues la comédie, en espérant que ça passe et surtout, tu plonges dans le boulot, la seule chose qui semble encore te passionner et qui peut te faire oublier cet affreux bouillonnement.

Mais très vite, ils remettent ça : ils repassent tout en revue, encore une fois. Ils repassent des nuits et des nuits se posant la question : Qu'est ce qui m'arrive ?

C'est un état très dur à supporter ; certains en perdraient le nord : **se sentir mal sans savoir pourquoi.** Ils repassent tout en revue, famille, boulot, amis, etc… Rien ne ressort qui puisse expliquer ce qui leur arrive. Ils trouvent bien des choses qui clochent mais ils sont déjà au courant et sont convaincus que ça ne peut pas causer tout cela.

« Mais bordel, **qu'est ce qui m'arrive**, je vais péter un plomb !! Je vais devenir fou ». Alors allons-y encore une fois, mais dans le détail cette fois ci. Commençons par les symptômes :

- Je ne dors pas bien ou presque plus et les somnifères n'y changent pas grand-chose,
- Ma tête n'arrête pas de bouillonner. A-t-elle quelque chose à me dire ? Mais quoi ? Je ne la commande plus,
- Je ne tiens pas en place,
- J'ai perdu tout plaisir et tout me parait fade, normal,
- Et je deviens nostalgique des années des fous rires, de la liberté et de la spontanéité,
- J'ai une boule dans la gorge,
- Et parfois une pression dans la poitrine,
- J'ai vu des médecins qui me disent que mon problème n'est pas physique mais psychologique, sans plus…
- Je n'ai pas de problèmes particuliers,
- Je connais tous les détails de ma situation que j'ai assimilée depuis bien longtemps,

« Voilà, quelqu'un pourrait m'aider à résoudre ce puzzle avant que je ne pète un plomb ? Aidez-moi, je vous en supplie. Hey, y-a-t-il quelqu'un qui me comprend ? »

Une vaine recherche

Quand elle rentre chez elle le soir, Emma a l'habitude de se servir un verre de vin rouge et de s'allonger un bon moment sur son fauteuil spécialement acheté pour ce rituel. Tenant sa coupe de la main gauche, elle finit toujours par la taper contre la table pas très loin. « Mais pourquoi suis-je gauchère ? ». « Gauchère, c'est séduisant pour une fille ». Mais qui a bien pu lui dire cette phrase ? Elle fouille et trouve : c'était la première phrase de son premier amour au lycée.

— Comment a-t-il fait pour me séduire avec une phrase aussi débile ? Il faut dire que c'était original, il était si doux. Ah la rage de mon père quand il m'a vu l'embrasser la première fois. On a du s'enfuir du jardin en sautant par-dessus le mur, j'en garde encore la cicatrice. Et on a eu notre premier rendez-vous en tête à tête dans la chambre des urgences de l'hôpital. Nos parents ne l'ont jamais su, c'est ma cousine, infirmière dans le même hôpital, qui a signé pour ma sortie. On avait passé une soirée torride dans un hôpital !! Ils n'ont même pas fait ça dans les films !! Qu'est-ce que je donnerai pour revivre un seul de ces moments, pour revivre un seul rire de mon adolescence, pour revivre une seule escapade de la maison, vers les montagnes du coin !! **C'était le temps de la liberté, le temps du spontané, le temps de l'authentique.** Regarde où tu en es aujourd'hui, même un comique professionnel ne te fait plus rire. Tu rigoles mais tu sais que c'est du bidon. Au fond, ça ne rit pas.

Valentin, pris aussi de **rêveries nostalgiques**, commençait à s'en inquiéter. Pourquoi cette nostalgie au temps de la liberté et de la spontanéité ? Une nostalgie qui se déclenche par des détails insignifiants, une nostalgie qui fait plaisir sur le moment mais qui fait mal, de retour à la réalité. Il a ressorti ses vieux disques de la cave, il a dû déballer une dizaine de cartons pour les retrouver. Il a aussi passé toute une nuit à scanner les photos de sa vingtaine et de ses premières conquêtes pour les stocker sur son ordinateur. Le soir, il se remet à regarder ces vieux westerns et en voiture, il écoute les tubes des années disco. Mais tout ça ne lui apporte guère de plaisir. A son grand désarroi, il a perdu sa vibration, son plaisir, sa joie de vivre.

Emma et Valentin ont tellement envie de retrouver leur **sourire et leur liberté d'antan**. Ils s'adonnent à tout ce qui leur fait d'habitude plaisir, mais point de plaisir. Tout reste fade, tout reste gris. Qu'est-ce qu'ils donneraient pour un seul rire à plein poumons, un rire avec les yeux, un rire hilarant ? Ça les plonge encore plus dans la nostalgie, qui ne laisse que du regret et de l'amertume, une fois de retour à la réalité.

Emma qui commence à fatiguer de ses recherches, de sa nostalgie, de son insomnie et de sa tête qui ne se repose pas, a fini par espérer changer, mais dans des termes déchirants [que j'ai préféré ne pas rapporter à la lettre] :

— J'aimerai tellement **changer quelque chose en moi** pour aller mieux, pour me débarrasser de tout ça et retrouver la vie, le sourire, pour me retrouver. Je troquerai n'importe quelle partie de mon corps ou de mon âme pour ça, pourvue que j'aille mieux et que je retrouve le plaisir des couleurs, le plaisir de l'esthétique, le plaisir de vivre et de partager. Je veux quelque chose ou quelqu'un qui me fasse vibrer de l'intérieur, **je veux quelque chose qui m'emporte, qui me submerge, qui me transporte**. Je suis fatiguée d'avoir mal à la mâchoire à force de simuler mes rires, je suis fatiguée de danser sans âme, je suis fatiguée de mon esprit qui tourne dans le vide.

Comme dernier essai pour s'en sortir et retrouver son fameux rire spontané, Axel s'est mis aux sports extrêmes. A la recherche de l'adrénaline, de la peur, il a tout fait : saut à l'élastique, saut en parachute, parapente, kayak, free ride... ça lui a pris des semaines pour enfin arriver à la conclusion que ce n'est pas d'adrénaline qu'il a besoin, mais de plaisir, de rire, d'amusement pour échapper à sa situation qu'il désespère de comprendre un jour.

Axel n'a pas toujours été un grand fêtard, c'est plutôt quelqu'un d'athlétique qui adore se dépenser. Il a décidé de rejoindre une ancienne bande qu'il a connue en début de carrière et de refaire les quatre cents coups, version trentenaire. Il sort en boite régulièrement, passe de soirée privée en soirée privée, change de partenaire une nuit sur deux, repasse en revue tout le kamasoutra et prend même des risques à ne pas se protéger. Sa famille et ses amis ne le reconnaissent plus, c'est un garçon plutôt sensible et intelligent qui sait se mettre des limites.

Juliette de son côté adore les voyages et les rencontres. Alors pour retrouver son sourire et vaincre son insomnie, elle utilise toutes ses économies et demande de l'argent à sa famille pour aller au bout du monde. Elle a prévu de faire une grande partie de l'Amérique Centrale avant de visiter le Brésil et le Chili. Un très gros programme l'attend, avec sa meilleure amie.

A peine une heure après l'excitation de la montée en avion et de l'installation à bord, elle s'emmerde déjà. Elle trouve le temps long, le siège inconfortable et la bouffe dégueulasse. Sa copine sait qu'elle a du mal à tenir en place, alors elle la calme comme elle peut.

En escale à Mexico City, Juliette en a eu tellement marre qu'elle voulait descendre à tout prix, quitte à modifier son voyage, mais heureusement que le personnel l'a laissé aller faire un tour dehors, le temps que les nouveaux passagers embarquent. Arrivée au Guatemala, un pays magnifique, une population accueillante tant que vous restez loin des zones à problèmes, Juliette commence sa première visite avant même d'arriver à l'hôtel. Au bout de dix minutes, elle regarde son amie et lui dit :

— Je pensais que ça allait être excitant, mais ce n'est pas terrible. Je veux qu'on rentre à Paris.
— Attends au moins de voir l'hôtel et la soirée, tu verras que ça en vaut la peine. On va s'éclater.

A peine la soirée commencée, Juliette s'emmerde encore, alors elle décide de se souler et attaque la téquila. Au bout de quelques verres, elle se dresse comme si elle a fait un arrêt sur image. Elle fait un 360° autour d'elle et ne se sent pas bien. Non, ce n'est pas la téquila.

— Comment est-ce que « mon truc » peut vaincre l'effet de plusieurs téquilas ? J'ai mal à l'estomac sans avoir le plaisir qui va avec. Bon, connerie pour connerie, ce soir je me tape un inconnu et je verrai bien si j'ai aussi perdu mon plaisir au lit.
— Juliette, ne fais pas ça, tu oublies que tu es mariée à un gars que tu aimes ? Ça ne te ressemble pas. N'utilise pas ton corps comme un défouloir. S'il te plait, ne fais pas ça. Ne ruine pas ta vie pour une connerie d'un soir.

40

Quand elle a vu Juliette monter avec un inconnu, son amie a pris peur et a décidé de monter avec elle. Juliette l'a repoussé et lui a demandé de respecter sa vie privée. Une demi-heure après, le gars sort de la chambre et son amie se précipite pour la voir. Elle la trouve sur son lit, en pleure.

— N'importe quelle femme au monde devrait prendre du plaisir à coucher avec un inconnu, le sexe sans les complications du lendemain. Mais pas moi. Le gars a été sympa, il a vu que j'étais ailleurs, alors il n'a pas insisté. Mon Dieu, qu'ai-je fait et que vais-je faire ?

— …

— Allez, on rentre. Ça ne sert à rien d'insister, le plaisir est parti à jamais, je dois en faire le deuil. Le deuil de mon sourire, de ma vie, de mon bonheur. Cette chose qui me colle ne partira jamais.

De retour à Paris, Juliette repart pour New York. Elle a eu l'idée d'aller se régaler pendant la saison du shopping. Arrivée sur place, elle passe de magasin en magasin et ressort à chaque fois avec plein de sacs. Après tout, son mari a les moyens de lui offrir ce qu'elle demande. De retour à l'hôtel, elle déballe tout, essaie quelques robes mais très vite, elle laisse tout et sort. Elle fait plusieurs blocks dans la direction du parc, la tête en bas, les yeux vides, on dirait qu'elle était complétement shootée. Au bout d'une heure de marche dans le parc, elle regagne son hôtel. Arrivée dans sa chambre, son esprit se remet à bouillonner et la pression dans sa poitrine reprend du service. Elle pensait les avoir vaincu.

— Chaque année, je me prépare des semaines à l'avance pour ma semaine de shoping à New York. Comment pourrais-je ne pas prendre du plaisir à essayer de nouvelles robes, à acheter la nouvelle tendance ? Toute femme dans ce bas monde devrait s'éclater en faisant ça. Et même en sortant dans la multitude de bars nocturnes new yorkais, rien n'est excitant, rien ne me fait rire, rien ne me procure du plaisir. Oh mon Dieu, qu'est ce qui m'arrive ? Qui pourrait m'aider ? Que vais-je faire ?

Axel continue ses nuits et ses aventures. Il y trouve un peu de plaisir au début mais ça tourne très rapidement. L'autre fois, il a passé une heure à draguer un mannequin, pour finalement la laisser dormir seule dans sa chambre. Il s'est rendu compte que tout ça est fade, sans gout, sans couleur. Ça ne lui procure qu'un plaisir très éphémère et surtout, quand il va au lit, l'insomnie reprend du service et ramène son lot de questions, **son esprit n'arrête pas de tourner ; il a l'impression qu'il joue contre lui, qu'il est son propre ennemi**. Quand je l'ai rencontré peu de temps après, il m'a dit :

- Tu sais, entre les insomnies et les nostalgies, le déplaisir et bouillonnement, la frustration de ne pas savoir pourquoi et la peur de perdre la boule, l'irritabilité et la solitude, la bougeotte reste un moindre mal… Au bout du compte, on se dit que ne pas tenir en place plus de quelques minutes ne fait que confirmer qu'on est sur le point de perdre la boule…
- Ça reste aussi une preuve que tu es toujours en vie, que ton esprit est certes perturbé mais toujours en quête…
- Quel esprit pour quelle vie ?!!
- Une vie en mouvement permanent, qui passe par des hauts et de des bas et un esprit rongé par quelque chose qu'il n'arrive pas à identifier, pas encore… Mais il y arrivera.

Et quand je leur ai demandé la raison pour laquelle ils ne parlent pas de leur souffrance à leurs proches ? La réponse est somme toute logique :

– **Dans tous les cas, ils ne vont pas comprendre**. Comment peuvent-ils comprendre quelque chose que je n'arrive pas à comprendre moi-même ? Ils ne peuvent pas comprendre que je n'éprouve même plus du plaisir à me doucher, à déguster une bonne pièce de viande et à lire un livre que je suis censé aimer. Plus rien ne me passionne et je me demande bien ce qui reste dans la vie sans les plaisirs. De toute façon, tous ceux qui parfois remarquent ma terrible situation s'empressent de me juger ou de me conseiller. Certains finissent même par vous reprocher votre situation. Alors autant garder tout ça pour soi.

Nostalgie et recherche effrénée de plaisir par tout moyen ne sont que des tentatives désespérées de retrouver quelque chose qu'on a perdu et qui s'avère indispensable à nos vies. Chacun y va selon sa condition, son environnement et ses moyens, mais très vite, ils se rendent compte qu'il ne sert à rien de s'acharner sur le sujet. Leurs tentatives ne sont pas la bonne réponse à ce qui leur arrive. Alors ils plongent encore une fois dans les questions et les investigations.

Je dois savoir

Sur le chemin du retour chez eux, ils ont décidé de faire face, de ne pas baisser les bras et surtout d'investiguer leur situation dans le moindre détail.

Alors ils **nomment un détective**, qui va utiliser leurs yeux, leurs oreilles et tout leur corps et esprit pour leur trouver ce qui ne va pas. Tout doit y passer, tous les détails, tout le monde, tous les domaines.

Emma est plus cérébrale, c'est une fille qui a toujours eu beaucoup d'imagination. Alors, avec l'aide de quelques verres, elle se perd dans ses pensées pour fuir son quotidien. Elle replonge dans ses souvenirs et ne veut plus en sortir. Elle rejette toute invitation à sortir et s'enferme peu à peu. Très rapidement, elle se dit que devenir alcoolique, ce n'est pas son truc, ce n'est pas son truc de fuir, ce n'est pas elle. Elle nomme aussi un détective qui va faire le boulot pour elle.

La mission du détective est de tout remettre à plat, de tout vérifier et surtout d'être vigilant aux détails. Ils se sont dit que s'ils n'arrivent pas à trouver le pourquoi de ce qui leur arrive, c'est qu'ils ne font pas attention aux détails.

Et tout y passe. Le conjoint, les enfants, les parents, les meilleurs amis et les amis, les voisins, les collègues, les patrons, tout l'entourage.

Valentin ouvre grand les yeux et ne laisse plus rien passer. Il remarque tout : les petits gestes, les petits mots, les petites grimaces, l'intonation de chaque phrase et s'essaie même à l'analyse des regards. Par défaut, tout est suspect. Très vite, il remarque des choses négatives, des choses incohérentes, des choses auxquelles il ne s'attendait pas : cela va des gestes de sa petite fille, au petites phrases de son fils ainé, en passant par le comportement de sa femme au réveil. Il est surpris, vraiment surpris.

Alors il commence à faire des petites remarques, que le commun des mortels pourrait trouver débile, bizarre, voire capricieuses. « Pourquoi personne ne respecte mon sommeil dans cette maison ? », « Pourquoi est-ce que ma fille m'ignore complètement à chaque retour de l'école ? », « Pourquoi personne ne me prépare mon café et ne se soucie guère si je pars au boulot sans petit déjeuner ? », « Pourquoi est-ce que ma femme rentre bien maquillée du boulot, ça devrait être le contraire !! »…

Bien sûr, tout le monde remarque ce changement dans son comportement et sa nouvelle tendance à tout remarquer, à tout critiquer. A chaque fois qu'on lui parle, il est très à cheval sur les manières et considère chaque petit détail de travers comme un manque de respect. Il se surprend à engueuler tout le monde parce qu'ils parlent tous dans son dos comme s'il était étranger dans son propre foyer. **Il ne remarque pas qu'il devient pinailleur et « chiant »**, comme l'a bien décrit sa fille. Sa femme, qui en prend pour son grade chaque jour, fait la sourde oreille et évite de rentrer dans son jeu.

— Un jeu tu dis ?! Je suis on ne peut plus sérieux. Après tant d'années dans cette maison, je me rends compte que personne ne me respecte. Tout le monde m'ignore et ne répond jamais à mes questions. Si je disparais un jour, j'ai l'impression que ça soulagera tout le monde, voire personne ne s'en souciera.

Tout son entourage a remarqué son changement, sauf au boulot où il s'abstient de faire des remarques à outrance. Tout le monde lui parait suspect. Il doit tout vérifier et en cas d'incohérence, il doit clarifier les choses, mêmes les plus insignifiantes. Pour lui, tout cela est logique et parfaitement légitime. Il ne voit pas que ses demandes de clarification deviennent pénibles et sont vécues comme accusatrices et suspectes par les personnes qui l'aiment.

Il ne voit point les effets du détective qu'il a mandaté pour scruter son quotidien. Son entourage voit cela comme un changement important, mais lui, il ne le voit pas de cet œil. **Il change sans le voir, sans le vouloir.**

Le moindre détail devient soudain agaçant. Il enfile son costume préféré mais le trouve trop large. Alors il l'enlève, appelle sa femme à l'aide, en met un autre pour enfin remettre le premier. Il se sert lui-même son café et mets deux sucres, au lieu d'un seul, ça l'agace et ça l'énerve, à en étonner sa petite fille. « Papa, ne te fâche pas, tu veux que je te serves un autre café ? ».

Le moindre détail le met en rogne. Se refaire un café, avoir à se lever pour le faire… Il imagine tout le scénario pour se refaire un simple café et ça l'énerve. Il est très irritable et ça se voit.

Mais son irritabilité et ses remarques vont bientôt engendrer quelque chose qu'il soupçonnait mais fuyait de toutes ses forces. En se focalisant sur le comportement de chacun à son encontre, il va faire des découvertes qu'il aurait préféré ne pas faire et beaucoup vont tourner autour du respect et de sa place dans sa famille. Certains comportements et mots à son encontre vont le surprendre et lui faire mal, comme la façon avec laquelle ses enfants lui parlent, les petites remarques et ignorances de sa femme, sa place et son rôle dans sa propre famille.

Trouvant des choses qui lui déplaisent, il va élargir son cercle d'investigation à sa grande famille : parents, frères et sœurs, cousins... et là aussi, il trouve des choses qui ne lui plaisent vraiment pas. Alors il élargit encore le cercle pour inclure les amis, les voisins et les collègues. A la fin, tout son entourage y passe et les découvertes se font nombreuses.

Très rapidement et devant toutes les découvertes, il transforme ses investigations en jugement et classement : avec chaque personne, il va poser des questions, pousser à bout, voire proférer des accusations parfois graves. Bien entendu, les gens répondent et ripostent et ça alimente ses premiers soupçons. Tout devient une histoire de loyauté ou de trahison, d'amour et de reproches, de considération ou de dédain.

Systématiquement, il va se mettre à faire le bilan de sa relation avec chaque personne de son entourage et la classer binairement dans la catégorie de la loyauté ou celle de la trahison. Seul son point de vue et ses propres critères importent. Chaque trouvaille amenant son lot de surprise, de déstabilisation et de tristesse. Tout son entourage devient suspect et son détective est à l'affut du moindre indice pour juger et classer.

Tout ceci engendre tristesse, isolement et solitude. Les trouvailles du détective alimentant ses nuits de d'insomnie et ses soupçons son obsédante recherche de ce qui ne va pas en lui.

Alors il décide de ne plus rien laisser passer.

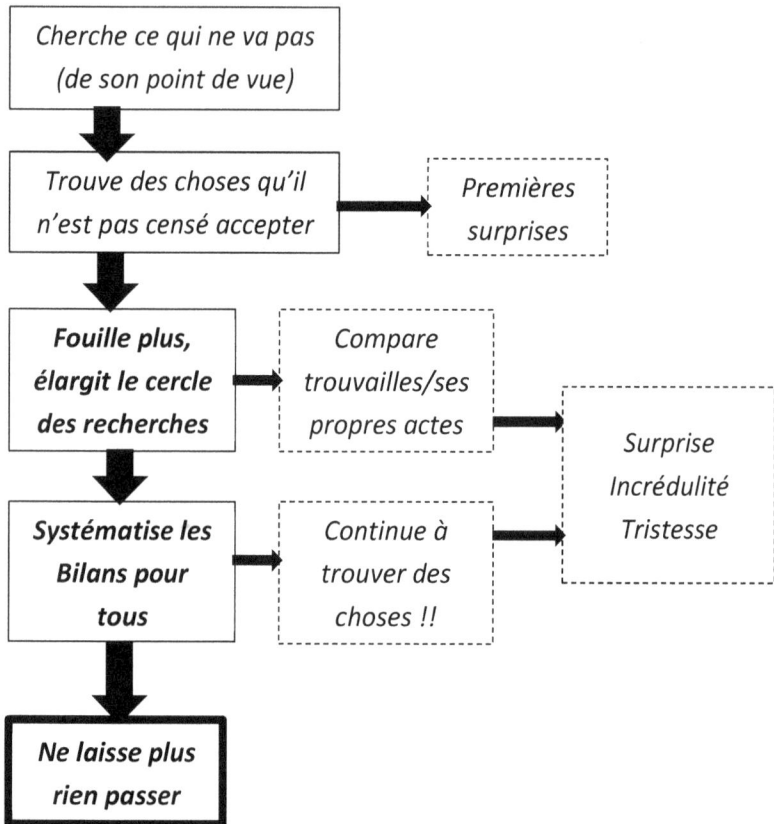

Figure 1 – Le travail du détective

Entre temps, ils en ont tous marre de leur situations et décident de ne pas se laisser faire par ce que découvre le détective en redevenant entreprenants. Valentin se concentre plus au boulot. Emma se rebiffe et se dit qu'il lui faut retrouver l'amour pour retrouver sa vie, alors elle recommence à sortir. Juliette reprend ses études de droit et se remet à la danse.

Mais de temps à autre, ils se racontent les découvertes du détective. Ça les touche et ils oscillent entre se faire des reproches, en faire aux autres ou bien blâmer la vie et l'existence.

A force de découvertes du détective les ont déstabilisés et ils en perdent la notion du vrai et du faux, du juste et de l'injuste, même s'ils continuent leur entreprise de jugement et de classement. Ils n'arrivent pas à démêler les remarques du détective, ils sont surpris et dépassés.

Une vague les monte, une autre les descend.

La plongée en dépression se profile mais ne s'opèrera pas en mouvement continu de descente. Comme expliqué dans le chapitre des causes de la dépression, on ne plonge pas progressivement mais plutôt par des à-coups. La dépression latente est certes intenable mais elle peut durer longtemps, chaque jour apportant son lot de découvertes et de classements par le détective. C'est seulement un vrai coup dur, systématiquement en relation avec les thèmes explicités dans un prochain chapitre qui les fera plonger. Ces découvertes vont en effet alimenter des doutes qu'ils avaient déjà mais qu'ils ne voulaient pas voir en face.

Jusqu'au jour où un évènement vient confirmer un doute déjà bien avancé : un adultère, une trahison, un licenciement… D'un seul coup, tout le boulot du détective acquiert une véracité avérée et tout s'écroule.

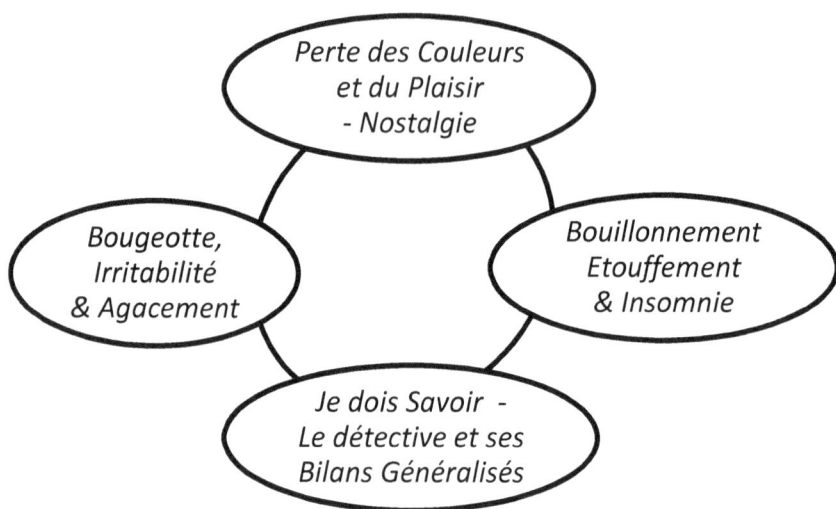

Figure 2 – Les états de la dépression latente

B. Des Stades dans la Dépression

Marie est une vraie battante.

C'est est une femme au regard si perçant que personne ne peut le soutenir pour plus de quelques secondes. Paradoxalement, dès que vous êtes en sa présence, vous vous sentez apaisé et presque heureux, sans aucune raison apparente.

Marie a inspiré chacun de mes pas depuis des années et continue à le faire au moment où j'écris ces lignes, un guide qui ne montre pas la voie mais qui vous pousse à chercher la vôtre, un coach d'une espèce si rare qu'il préfère vivre dans l'anonymat ; il en va ainsi des grands esprits de ce monde. Marie est ma force au quotidien ; en sa présence, je me trouve souriant, apaisé, même si elle ne cesse de me stresser et de me tester. Ses questions sont intenses et ses rires éclatants.

Comme on se connait depuis des années, on a développé une complicité certaine, qui va jusqu'à deviner nos états intérieurs à travers un simple regard mais ces derniers temps, elle ne cesse de fuir mon regard, ce qui n'est pas dans ses habitudes. Les rares secondes où elle m'a regardé dans les yeux, j'ai cru apercevoir douleur, chagrin et doute. Un jour, en entrant dans son bureau sans frapper, j'ai aperçu des larmes parcourir son doux visage ; ce fut une première.

En cherchant à savoir ce qui la faisait pleurer, elle s'est empressée d'essuyer ses larmes, s'est redressée sur son siège et me demanda des nouvelles de ma dernière entrevue client. Une façon nouvelle d'esquiver une question qui ne ressemble pas du tout à une personne qui fait toujours face.

Quelques jours passèrent et je la retrouve encore en pleurs dans son bureau. Alors que de grosses larmes sillonnaient ses joues ; elle leva la tête et me demanda :

— Suis-je quelqu'un de bien ?

— Si oui, pourquoi est-ce que tout le monde m'en veut ? J'ai pourtant beaucoup donné à tous, non ?

J'avais l'habitude de ses coups de théâtre dont elle usait pour me déstabiliser, mais là, c'était différent. Comment est-ce que quelqu'un qui vous enseigne la vie, qui ne vit que pour la réussite, un sage imperturbable, peut-il succomber de la sorte ?

Après plusieurs rappels de qui elle est : une battante qui vit dans le vrai et ne se cache pas, une sage qui a toujours fait face, elle a commencé à me parler et j'ai découvert bien d'autres symptômes qui convergeaient tous vers le terme « dépression ». C'est la première fois que je vois mon coach vaciller et ça m'a fortement déstabilisé. Mais très rapidement, je me suis repris et rappelé de ce qu'elle m'a appris : en cas de surprise, apprend à ton cerveau à d'abord chercher la solution.

C'est d'ailleurs de là qu'est partie ma quête : comment faire pour la sortir de là, sans séquelles, sans médicaments ?

J'ai plongé dans ce monde confus et difficile dans le seul but d'en sortir celle que j'estime le plus au monde, dans but de comprendre cette chose qui s'attaque à de grands esprits, qui peut user leur corps en un rien de temps et qui ne leur laisse aucune échappatoire. Mais avant de vous parler de Marie, je commencerai par le cas qui m'a marqué le plus.

53

Il replonge dans son passé

La première fois que j'ai rencontré Julie, j'ai eu honte de faire partie de cette humanité qui va à sa perdition, honte de mon ignorance et honte des caprices que j'ai pu faire de temps à autre, honte de dire « c'est pas facile » pour certaines choses et « impossible » pour d'autres. Que savais-je du difficile et de l'impossible ? Que savais-je de la galère et de la souffrance ? Que savais-je du dévouement et du sacrifice ?

Julie est mère célibataire avec quatre enfants à charges, dont deux ados et une pré-ado. Son ex-mari n'est plus sur les écrans ; officiellement, il a disparu des radars, alors qu'elle sait qu'il habite la cité à côté. Julie touche une aide insuffisante car elle ne rentre pas dans toutes les cases, comme lui a expliqué une personne des services sociaux. Elle est donc obligée de travailler comme aide-ménagère dans une entreprise le matin et dans des maisons l'après-midi. Julie avait été obligée d'arrêter ses études le jour où elle a eu son premier enfant, elle avait alors 19 ans. Depuis ce jour, initialement merveilleux, elle ne cesse de courir, comme elle me l'a répété cent fois, non sans ironie.

Julie est un être sensible, une âme pure envoyée faire la guerre sur le front de l'infanterie !! Quand on lui demande ce qu'elle pense de son mari qui l'a abandonnée, elle est d'une résignation qui ferait pleurer le plus grand des gangsters. Chaque jour, c'est le même rituel, réveil à 5h du matin, ménage à la maison, préparation du petit déjeuner et départ au boulot. Elle quitte le boulot pour aller directement chez un particulier où elle doit faire un ménage complet presque chaque jour. Quand elle finit vers 18h, elle est physiquement lessivée, mais elle vous dira qu'elle va bien, elle tient le coup, elle est juste un peu fatiguée, ça ira mieux demain !

Le weekend, pas de repos, car elle doit faire des heures sup pour gagner un peu plus d'argent. Elle ne se rappelle pas de la dernière fois où elle s'est acheté un vêtement ou une glace. Pour ses enfants, elle arrive parfois à faire les marchés, sinon elle se contente des aides de certaines associations. Dans la cité, on l'appelle la locomotive, un surnom qui lui donne une solidité apparente et qui perd tout son sens dès qu'on plonge un peu dans son être.

Des injustices, Julie en vit tous les jours et de toutes les couleurs : de l'administration, des voisins, des collègues et surtout des femmes chez lesquelles elle fait le ménage. Elle s'y est habituée, a-t-elle dit. Et à ma question : « Et si c'est trop blessant ? », elle m'a répondu : « Qu'importe que le couteau s'enfonce un centimètre de plus du moment que la plaie est déjà ouverte ». En entendant ces réponses incisives, je me suis abstenu de lui demander quoi que ce soit autour du plaisir, de la vie et du désir. Tout cela est mort chez elle depuis bien longtemps. Maintenant, toute sa vie, ce sont ses enfants. Leur éducation et réussite sont ses objectifs centraux. Une seule priorité passe avant, c'est celle de les nourrir.

Comme elle avance dans l'âge, Julie devient moins performante et finit par perdre son boulot dans les entreprises et ne peut travailler que dans les maisons, là où les tâches sont bien plus dures et la reconnaissance et la considération quasi inexistantes. Son quotidien est minuté sans aucun espoir d'amélioration. Julie fait partie des « travailleurs pauvres ».

Quant à la question fatidique de ce qui la touche le plus et qui peut facilement la faire tomber, la réponse est immédiate : ses enfants. Julie leur a consacré toute sa vie et elle n'accepte aucune exception ; elle vit très mal le moindre problème à l'école et se retourne contre elle-même pour la moindre défaillance de l'un de ses enfants. Elle me disait que ses enfants sont tout ce qu'elle a dans cette vie, leur réussite sera la sienne. Et comme des réussites elle n'en a point eu dans cette vie, elle a placé tous ses espoirs dans ses enfants.

Seulement, les enfants grandissent et leurs problèmes aussi. Elle a un ado turbulent et une autre pré-ado très enfermée sur elle-même. Malgré tous ses efforts, l'absence du père manque à certains de ses enfants, heureusement pas tous. Lorsque l'aîné a commencé à prendre du retard et à ramener de mauvaises notes, elle a dû rajouter deux heures supplémentaires de travail chaque jour pour lui payer des cours particuliers de Maths, ce qui lui a permis de remonter la pente et passer sa seconde scientifique, mais il s'est habitué à ce soutien et ne peut plus s'en passer ; alors, maman le laisse continuer à prendre ses cours particuliers. Mais le jour où la petite pré-ado a commencé à suivre l'exemple de son frère en ramenant de mauvaises notes, Julie est désemparée. Même si elle aime sa fille, elle vit cela comme une trahison de sa part ainsi que des services sociaux qui ne l'aident pas, car sa fille refuse le soutien scolaire gratuit au collège.

Je vous épargne les détails sur les premiers stades que Julie a passés sans même s'en rendre compte. Le jour où son aîné, son grand espoir est renvoyé du lycée pour possession et usage de drogues dans l'enceinte de l'établissement, c'est l'hécatombe. Le ciel lui tombe sur la tête et c'est le début du grand déballage. Du jour au lendemain, Julie est effondrée et ne trouve plus d'énergie pour revenir travailler. Elle ne comprend pas ce qui lui arrive et se dit qu'elle a perdu sa raison de vivre. Sa sœur lui rend visite et passe des heures avec elle pour l'aider, ce qu'elle n'avait jamais fait auparavant, ayant elle-même une grande famille à gérer avec un budget limité. Très vite, on retrouve Julie avec le détective qui passe tout en revue et ne laisse plus rien passer. Mais elle est déjà à saturation et c'est le début du grand déballage.

— Mais j'ai tout donné. Je n'ai plus rien à offrir. Je suis éreintée, épuisée, je n'en peux plus. D'ailleurs, à quoi bon. J'ai eu un enfant à 19 ans, quelle connerie ai-je faite de le garder ? Une connerie en appelant une autre, je me suis marié avec un gars que je savais moralement mauvais, je le savais, je l'avais senti, mais je l'ai aimé ! quelle connerie !!

— J'ai passé ma vie à courir pour in fine arriver à quel résultat ? Néant, je n'ai aucune réussite dans ma vie. J'ai été une femme dévouée à son mari, je ne l'ai jamais trompé et j'ai toujours couru après son plaisir, sans jamais contester le moindre de ses caprices. Je lui ai donné ma vie, ma jeunesse, ma fougue pour qu'il parte avec ma meilleure amie.

— Une amie qui m'avançais un peu d'argent de temps à autre, et que je lui remboursais toujours en faisant son gros ménage chaque semaine gratuitement. De tous les hommes de ce bas monde, elle ne pouvait séduire que le mien d'homme !

— « Homme !!», il faut le dire vite. Qu'ai-je vu de lui qui me rappelle que je suis femme : absolument rien. Et ce n'est pas une question matérielle, les mots ne sont pas payant aux dernières nouvelles. J'ai passé une dizaine d'années à faire des enfants et à espérer une petite attention de sa part, j'avais déjà perdu espoir quant à la moindre aide de sa part. Il travaillait au noir et je n'avais aucune idée de combien il gagnait car il m'a toujours poussé vers les aides sociales et il gardait bien son argent pour ses propres plaisirs. Contrairement à ce que j'ai dit à tout le monde, je n'ai pas commencé à faire le ménage dans les maisons après son départ, des années durant qu'il me voyait galérer jour et nuit entre ménage et enfants, sans rien faire. Il se rebiffait parfois pendant quelques jours, mais le soufflet finissait par retomber très vite.

— Je ne le pardonnerai jamais car il m'a volé ma vie et détruit ma féminité. J'en suis à complètement ignorer mon plaisir et mes désirs… Je ne le pardonnerai jamais.

Et Julie pouvait parler ainsi pendant des heures ; elle repassait toutes les injustices qu'elle a subies, surtout de personnes très proches : son mari, ses frères et sœurs jusqu'à sa mère qui ne l'a jamais aimée. Sa tristesse est si profonde qu'il lui arrive de ne plus parvenir à respirer. Par moment elle bégaie car les souvenirs remontent tous en même temps et son esprit va plus vite que ses mots.

Chaque mauvais souvenir en appelle un autre et le déballage peut continuer et doit continuer…

— Ça faisait déjà des mois que quelque chose en moi n'allait pas et insistait pour que je remarque des détails que je n'avais jamais vus auparavant. J'ai découvert que tous les gens que j'ai aidés tout au long de ma vie m'ont trahi, que pendant mes heures de ménage, je prenais un peu trop d'insultes, de remarques désobligeantes, blessantes, sans rien dire en retour. Je prenais toutes les brimades comme faisant partie du boulot, alors que j'accomplissais mes tâches à la perfection.

— Mes enfants qui connaissent bien ma galère ne m'aident jamais à la maison, ni au ménage ni même à ranger leurs chambres. Quand je l'ai engueule, je les entends rigoler en me traitant de vieille chiante. Je ne sais pas pourquoi ils me récompensent de la sorte, moi qui ai consacré ma vie à leur éducation.

— J'ai en effet tout foiré et la seule personne qui me souriait tous les jours, notre gentil boucher, m'a fait des avances l'autre soir, et lorsque je l'ai repoussé, il m'a traité de trainée et m'a dit qu'une femme qui vit ma condition devrait être fière que quelqu'un comme lui s'intéresse à elle, ne serait-ce qu'à ses fesses seulement.

— Mais tout ce que je raconte, je l'ai déjà laissé passer, je l'avais aperçu mais je me suis dit que ce n'était pas important. J'ai fait semblant de ne pas voir pour certaines choses, mais pour la plupart, je n'en reviens pas. On dirait que tout le monde m'en veut...

— Suis-je si mauvaise que ça ? Sinon pourquoi est-ce que tout mon entourage me harcèle ? Pourquoi est-ce que toutes les personnes à qui j'ai tant donné m'ont laissé tomber et ne se soucient guère de mon état, même mes enfants ?

— Tiens je les ai entendus hier soir chuchoter en parlant de dépression et figurez-vous que ce n'était pas par crainte pour ma santé, mais ils se demandaient s'ils n'allaient pas être placés en foyer ?

— Et moi dans tout ça ? Rien, c'est comme si mon existence n'importait à personne. J'aurais dû vivre pour moi-même comme le font toutes les femmes, vivre pour sa famille n'est qu'une utopie.

— Et vous savez ce que j'ai appris l'autre jour, la fille que tu [la sœur de Julie] m'as envoyée pour lui trouver un petit boulot avec moi dans l'entreprise, c'est elle qui a mon job maintenant. Moi qui pensais avoir été virée pour manque de performance à cause de quelques absences matinales, j'ai appris que c'était surtout parce que la jolie fille que j'ai aidée a eu une promotion canapé et s'est arrangée pour qu'on me vire afin de faire rentrer sa cousine. Comment est-ce que les gens peuvent agir de la sorte ? Moi j'en serais parfaitement incapable ? Pourquoi toute cette hypocrisie ? Pourquoi est-ce que les gens n'ont pas le courage de venir vous parler en face mais vous poignardent toujours dans le dos ? Alors que vous leur avez donné la chance de leur vie. Combien de fois a-t-elle postulé pour cette entreprise et combien de fois elle a été refusée ? Combien de fois j'ai dû couvrir ses absences en faisant mon boulot et le sien ? Il faut vraiment être con pour en arriver là. Naïve ?! tu parles, j'en sais plus rien…

— Et puis, depuis quand est-ce que la naïveté est devenue un crime ? Pourquoi est-ce que les gens ne vous traitent pas comme vous les traitez ?

— Oh mon Dieu, combien j'ai donné à ce beau monde pour être in fine trahie et jetée comme une « merde ». Certains m'ont déjà trahi et j'ai laissé passer car je ne suis pas rancunière. Ah je comprends maintenant pourquoi on me dit toujours que j'ai le cœur blanc comme du lait, mais pourquoi on me traite de la sorte alors ? Je ne le mérite vraiment pas.

— Je n'y comprends plus rien à ce monde.

— …

Julie raconte toutes ses injustices avec une telle émotion que vous avez l'impression qu'elles viennent à peine d'avoir lieu. Sa douleur est si profonde que seules vos larmes peuvent l'accompagner. Et plus elle raconte d'histoires, plus elle s'enfonce dans la tristesse. Une semaine après cet évènement, son visage était méconnaissable et son amertume indescriptible.

Et le processus ne s'arrête pas à la période de mariage mais remonte bien plus tôt. Elle se souvient de la réaction de ses parents quand ils ont appris qu'elle était enceinte. Eh bien, ils l'ont simplement reniée et mise à la porte, sans aucun contact pendant des années.

— Oui, ils m'ont mis à la porte comme une criminelle, mais ce n'est pas nouveau. Déjà adolescente, ils ne m'aimaient pas trop et je crois que ça remonte au jour de ma naissance. Ma mère m'a dit un jour en rigolant que j'étais une erreur. Elle n'a pas tout à fait tort, je constate aujourd'hui qu'elle a raison !!

— Raison ou pas raison, elle n'avait pas le droit de m'ignorer et de préférer tous ses enfants à moi. Je ne sais pas pourquoi elle ne m'a jamais aimée. In fine, mon métier de ménage, je l'ai appris trop tôt, déjà chez mes parents. Je me souviens encore des soirs où mes frères revenaient tous pourris du foot et salissaient tout et que pendant qu'ils prenaient leur diner, je devais tout nettoyer. « C'est ta responsabilité », disait ma mère, mais alors pourquoi ma sœur n'en a pas des responsabilités… [un long soupir s'en suivit et Julie s'endormit par épuisement].

Tous ces souvenirs et blessures remontent dans le désordre et Julie pouvait parler pendant des heures, tellement son sac est rempli. Elle avait aussi tendance à répéter les mêmes épisodes, avec plus ou moins de détails.

Et c'est le cas le toutes les personnes souffrant de dépression. Donc laissez les parler et ne les coupez pas. **Laissez les vider leur sac et surtout suivez leurs propos attentivement.** Je sais que ça va vous lessiver mais vous vous ressourcerez ailleurs. Votre écoute doit être attentive car si elle remarque le contraire, elle vous mettra dans la liste des gens qui l'ont trahi et cherchera un autre interlocuteur. Si elle n'en trouve pas, elle s'enfermera et s'enfoncera.

Surtout ne pensez pas que c'est une discussion. Les personnes qui souffrent de dépression n'ont pas besoin de conseils, ils ont besoin d'écoute.

— Je suis fatiguée qu'on me juge dès que je dis quelque chose. Je n'ai point besoin de conseils, ni de leçons de vie, ni d'exemples de ce que d'autres ont subi, j'ai juste besoin qu'on m'écoute sans jugement ni évaluation ; j'ai besoin qu'on m'entende…

Attention, ce sont aussi des personnes sensibles et intelligentes, elles ne cesseront jamais de vous tester, de tester votre amour inconditionnel pour eux. Donc ne tombez pas dans leur piège et restez spontané. Ne simulez pas votre intérêt, si vous n'êtes pas si intéressé par son bienêtre ou que vous êtes du genre à ne pas savoir écouter sans réagir, demandez à quelqu'un d'autre de l'écouter.

Comme on le verra lorsque nous révèlerons les causes de la dépression, il existe bien un processus qui pousse vers le déballage du sac que la personne ne peut arrêter, une sorte de purge forcée à laquelle la personne ne peut résister. C'est bien plus fort qu'elle. Marie me disait qu'elle était incapable d'arrêter ce flux de souvenirs, de blessures et d'injustices, c'est comme si ça devait sortir, tel un corps qui transpire quand il a de la fièvre.

C'est aussi un processus qui demande beaucoup d'attention pour la personne en dépression car lorsque le flux est parti, elle ne peut s'arrêter qu'une fois épuisée, alors elle tombe dans un sommeil, qui parfois n'y ressemble pas, un peu comme ce qui s'est passé avec Marie un soir. Je ne peux pas vous décrire ma frayeur le premier jour où Marie m'a fait ça au bureau. Elle a parlé pendant près de trois heures et soudain, entre deux histoires et des larmes bien chaudes, elle me regarde d'une façon que je n'ai jamais vue auparavant et tombe dans son fauteuil.

J'ai pensé qu'elle était tombée dans pommes mais elle était plutôt endormie tellement profondément qu'elle en ronflait… Donc si ça vous arrive, n'hésitez pas à demander de l'aide et ne supposez surtout pas qu'elle s'est endormie car bien des fois, elle s'est effectivement évanouie, le plus souvent par fatigue, mais cela reste corrélé avec ses antécédents de santé. Donc ne supposez rien et ne prenez pas de risques, appelez à l'aide si vous avez le moindre doute qu'elle s'est évanouie.

Et je le répète encore une fois, elles ont besoin de votre soutien inconditionnel, de votre amour et de vos émotions, et non de vos questions et de votre logique. Marie m'a dit un jour que je la blessais quand je discutais son point de vue sur un de ses épisodes difficiles. Donc écoutez et laisser parler vos émotions, vos larmes ne vont jamais l'enfoncer. Mais attention à ne pas plonger avec elle, nous avons tous nos injustices, donc ne laissez pas vos mauvais souvenirs remonter aussi. Dans mon cas, j'ai eu la chance d'avoir fait ma thérapie avant que tout cela n'arrive. Et devinez qui était mon thérapeute ?!!

Comme on l'a déjà expliqué, la personne va continuer à déballer son sac dans la plus grande confusion. C'est le signe. **C'est lorsque la personne commence à vider son sac qu'on dira qu'elle est entrée en dépression**. Quand ça arrive, elle est déjà à saturation et le processus de purge prend le dessus. Impossible de l'arrêter. Bien au contraire, il faut l'accompagner.

Il y aura des jours où vous vous direz que c'est fini, que depuis quelques temps, elle va mieux. Méfiez-vous des apparences !! C'est peut être un test pour votre patience car je me suis déjà fait avoir.

Voilà comment ça arrivera : elle semble aller bien mais au fond, elle est encore très fragile. Elle reprend un épisode dont elle a parlé des dizaines de fois [je n'exagère pas], vous vous dites que l'évocation émotive est terminée et vous essayez de discuter la chose avec logique, en lui faisant quelques reproches, du genre qu'elle voit la vie en rose, qu'elle est trop utopique, qu'il est temps qu'elle cesse de croire au père noël et qu'elle ouvre les yeux sur le jungle de la vie. Erreur fatale !!!

Alors que vous êtes en plein développement sur le bien et le mal, les hommes et les loups, vous apercevez de grosses larmes descendre ses belles joues et elle vous dira : « Tu me rejettes toi aussi ? Pourquoi est-ce que personne ne veut m'écouter sans me juger ?», « Mais je ne te juge pas, on en discute, c'est tout », Alors que vous avez déjà des centaines d'heures d'écoute au compteur, vous voilà parti dans une discussion surréaliste, de reproches et de justifications interminables…

Comment faire alors ?

Eh bien, vous commencez d'abord par la fermer. C'est à vous qu'on demande d'être calme et d'écouter, pas à elle. Vous vous dites qu'elle n'est pas reconnaissante elle non plus, pourquoi elle me fait ce que les autres lui ont fait ? Je ne le mérite pas, je ne lui ai rien fait de mal, bien au contraire, je l'aime et je la respecte et elle le sait… oooohhhh réveille-toi… Il ne s'agit pas de toi ici, donc recentres toi sur le sujet, c'est elle qu'on est venu aider, pas toi… Si tu ressens une injustice de sa part, c'est pas gave, il y en aura bien d'autres, mais toutes par mauvais jugement de sa part, par confusion… Très souvent, elle s'excusera par la suite donc ne fais pas l'erreur du débutant en lui demandant des excuses car elle t'a blessé, j'ai fait cette connerie et je vous décrirai le résultat.

Ces propos sont en effet ceux qui ont eu lieu dans ma propre tête quand Marie m'a fait ça. Je m'entretenais avec cette foutue composante orgueilleuse qui est en moi, de ce foutu reflexe d'attaque qu'utilisent les descendants d'un certain 10 Août pour se défendre.

Et puis comment se défendre face à celle que j'aime et à qui j'ai dit un jour : Je ne suis pas ton ennemi ma chérie, me voilà désarmé devant toi, fais ce que bon te semble…

Assistant aux débuts de notre relation amoureuse, mon maître, notre maître m'a dit : Point d'amour avec orgueil. Et de rajouter : C'est toujours à l'homme de calmer son orgueil en premier. Pourquoi ? Parce que c'est un homme !!

Alors loin de cet exemple qui peut sembler excessif, ne vous battez pas avec eux, ne discutez pas, écoutez et ne réagissez pas. Elles vont vous tester, vous blesser, voire tout remettre en cause, mais n'oubliez pas qu'elles sont dans une situation confuse. Ne soyez pas triste si elle vous dit qu'elle doute de son amour car elle doute de tout. Soyez solide et ne vacillez pas, elle a besoin d'avoir une référence immuable pour la rassurer.

Je vous ai promis de vous donner sa réponse quand je lui ai reproché de m'avoir blessé par ses mots. Elle m'a regardé pendant un moment, un regard bien perdu, ce qui ne lui ressemble point et elle m'a dit : « Tu as tout à fait raison, tu vois bien que je ne réussis rien dans ma vie, même le gars que je sais m'aime vraiment, je le blesse, je suis une bonne à rien, je ne mérite rien, je ne mérite pas ton amour ». Elle se lève pour partir avec un air on ne peut plus sérieux, elle croyait vraiment chacun de ses mots et avec une grande tristesse, elle s'apprêtait à partir, à me quitter… Il m'a fallu deux heures pour lui rappeler qui elle est et ce qu'elle est pour moi, avec toutes mes émotions qu'elle remet parfois en question mais qui finissent toujours par me sauver de ma bêtise.

Conclusion : ne discutez pas, ne réagissez pas, ne donnez pas de conseils, ne lui dites pas que vous connaissez d'autres personnes qui ont vécu pire, écoutez avec attention et émotions. Montrer que votre effort est inconditionnel. Ne demandez rien, n'attendez rien en contrepartie.

Et le déballage reprend de plus belle. Afin de vous faire oublier tout ce que vous y mettez comme énergie en écoute, revenons à ses débuts et voyons ce qui le déclenche.

Le jour où la personne nomme le détective pour chercher ce qui ne va pas en elle, ce qui lui arrive, ce dernier va commencer par là où il faut commencer : l'entourage direct, le quotidien. Et après avoir bâti des images parfaites pour tout son entourage, surtout des gens qu'elle aime et qui ont dit l'aimer, ces images idéalisées vont être écornées, une par une.

Soudain, la personne va faire attention à tous les gestes et paroles de chacun, elle va tout vérifier et elles sont douées pour cela car elles utilisent leurs émotions et leur empathie. En enlevant cette image idéalisée, elles sont capables de vérifier la cohérence des discours, voire la cohérence du discours et des gestes et même la cohérence du discours et des émotions. Et elles vont découvrir des incohérences, des incompatibilités, des mensonges, des trahisons…

Elles passeront de surprise en surprise par ce qu'elles auront découvert, Marie disait :

— Je n'en reviens pas. Comment est-ce que cette personne que j'ai tant aidée soit si hypocrite dans tout ce qu'elle m'a dit ? Je ne comprends pas. Pourquoi elle fait ça ? Pourquoi elle me ment ? Qu'est-ce qu'elle y gagne ?

Et c'est parti pour un bilan. Ne comprenant pas la raison de ce qu'elle a découvert, elle va mener l'enquête dans tout son passé avec cette personne, à partir de leur rencontre jusqu'à leur dernière entrevue.

— Oh mon Dieu, j'ai tant donné à cette personne, depuis le premier jour où je l'ai sauvée des griffes de cet amant agressif. Comment peut-elle être si hypocrite et si ingrate ? Comment peut-elle raconter autant de mensonges sur moi ? Dire que j'ai passé des heures et des heures avec elle, pour in fine être trahie de la sorte ?

Ces paroles ainsi dites ne montrent pas assez combien la personne en souffre. En effet, sa douleur et sa tristesse augmentent à chaque épisode raconté et ce qui lui fait encore plus mal, c'est le pourquoi de leurs gestes : c'est cette incompréhension vis-à-vis de leur comportement qu'elle ne trouvera jamais logique.

Et tout le monde va y passer, à commencer par le conjoint, les enfants, frères et sœurs, parents, amis proches, voisins, collègues, patrons... Tous les gens qu'elle connait, y compris la jalouse boulangère qui ne cesse de la regarder de travers.

Maintenant, imaginez le nombre de personnes et le nombre d'injustices découvertes, multipliés par le nombre de répétitions nécessaires pour apaiser leur douleur et tout cela dans le désordre le plus complet, passant d'un tel à un tel, se rappelant de tel épisode, qu'elle va aussitôt laisser pour parler d'un autre encore pire... Vous comprenez ainsi pourquoi il leur faut un bon bout de temps, il leur faut beaucoup de temps.

A chaque fois qu'elle découvre une incohérence dans le comportement de quelqu'un, elle va tout repasser en revue, toute la relation, tous les moments, bons ou mauvais, mais surtout les mauvais. En fait, sa tristesse ne la laissera pas s'attarder sur les bons moments, elle ne voudra même pas en parler et ira jusqu'à les nier. Au bout du compte, elle aura fait le bilan de toute la relation avec cette personne, non sans tristesse et incompréhension. Pourquoi fait-elle ça ? La réponse réside dans le sac qui est bien rempli et ne peut plus rien prendre, elle ne peut donc plus fermer les yeux sur la moindre chose, un épisode en appelant un autre, la tristesse appelant la tristesse, elle se rappellera de chacun de ses agissements et ne laissera rien passer.

Alors bien sûr, elle va en découvrir des centaines, des milliers, ce qui va la faire vaciller, ce qui déclenchera le doute en elle ; on y reviendra. Mais ce qui est important à noter, ce sont les mots qu'elle utilise, surtout une phrase en particulier:

— J'ai tant donné, tant sacrifié pour tous !
— Pourquoi on me fait ça ?
— Je ne le mérite pas !!

Plus ou moins rapidement, du grand déballage, des épisodes vont revenir plus que d'autres, des injustices qui font mal et qu'elle va répéter sans cesse. **Et c'est là que vous allez identifier le thème principal de sa dépression [voir le prochain chapitre].**

Attention à la réaction…

Nul ne peut rester de marbre face à tant de découvertes. Alors que toutes les personnes souffrant de dépression vont vivre douleur, tristesse et incompréhension face à tant de découvertes sur tant de personnes, certaines vont refuser de croire ce qu'elles ont découvert, non pas la véracité des épisodes mais surtout « la méchanceté gratuite des autres envers eux », la déloyauté, la trahison.

A force de poser la question sur le pourquoi de cette question, la raison parait de plus en plus claire : c'est la peur du changement de leur vision du monde, la peur de changer de monde, la peur d'un nouveau monde, la peur de ce à quoi aboutiront ses bilans sur chaque personne. Elles vont alors nuancer les bilans effectués sur chaque personne, plutôt une bonne chose me diriez-vous ? Seulement en apparence !!

On pourrait dire que l'acceptation de nuancer le bilan est plus logique et laisserait une petite porte de sortie une fois la saison des bilans terminées ; mais, intelligents comme sont la plupart d'entre eux, les gens souffrant de dépression vont se mettre à tester et à espérer, chose qui va leur faire encore plus mal. Au lieu d'accepter le bilan basé sur quelques évènements, ça ne leur suffit pas et il leur faut des confirmations, il leur faut plus de statistiques. Pour une fois, le binaire ne leur suffit pas pour établir leur conclusion sans erreur possible, sans remord possible. Et cette peur de voir le monde tel qu'il est va durer des semaines et semaines, voire des mois.

En cherchant à tester les personnes dont le bilan parait boiteux, elles vont se heurter à plus d'épisodes : plus frais, plus actuels, plus clairs et leur malheur ne fera qu'empirer. En creusant plus profondément, elles ont en effet peur d'abandonner leur conception du monde, leur vision des autres, cela constitue leur vie, ce qu'ils sont. Si j'abandonne ma conception du monde, quelle autre conception vais-je prendre ? Comment puis-je prendre toute autre conception alors que la mienne s'est avérée non opérante, ma faculté de choisir ce nouveau moi, ce nouveau monde est altérée. De toutes les façons, si j'abandonne ma conception, alors il ne sert à rien d'en prendre une autre car sur quels critères se baser pour la sélectionner ? Et qui me dit qu'elle sera meilleure que l'ancienne ?

Il est difficile d'abandonner son soi, sa vision du monde... il est difficile de changer...

Alors ça tourne à l'obstination : trouver quelqu'un qui déroge à la règle et qui confirme sa vision de la vie. Et quand elles en trouvent un qui en vaut la peine, le voilà sous la batterie des tests qu'il ne va pas comprendre, le voilà poussé à bout et rejetant cette façon de faire qui le blesse et finira par l'éloigner.

Gifle après gifle, elle finit par comprendre que quelque chose ne colle pas. Comme déjà dit, leur processus logique est toujours en éveil et il va finir par constater une erreur. Une erreur de soi, une erreur des autres, une erreur sur le quoi, sur la vie, sur l'existence... Quelque chose cloche et il ne va pas la lâcher avant de savoir de quoi elle retourne. Quel soulagement que de la voir enfin voir ce monde tel qu'il est, de ne plus chercher à comprendre pourquoi le loup est méchant...

D'autres, moins obstinés, et surtout moins entêtés vont tout de suite comprendre que quelque chose ne tourne pas rond dans leur conception ou dans celle des autres, et vont très vite accepter de considérer une nouvelle conception, sans se poser tous les pourquoi et tester tout le monde. Un échantillon leur a suffi, un échantillon leur suffira. Cela dit, même si elles conviennent de la nécessité d'une nouvelle conception, elles n'interrompront pas les bilans et les épisodes ; il leur faut aller jusqu'au bout, même si elles n'ont plus d'espoir de changer d'avis ou de rester sur leur ancienne conception.

Donc, au risque de me répéter, ne discutez pas ces épisodes douloureux, vous le ferez plus tard. Il vous faut d'abord écouter et surtout écouter dans le détail pour comprendre ce qui s'est vraiment passé. Même si elle répète la même histoire trois fois par jour, écoutez la et faites attention aux détails. Ces détails peuvent détenir les clés de la guérison : si la personne évoque encore ces épisodes, c'est qu'elle se pose encore des questions, c'est que ça lui fait encore mal, c'est qu'elle n'a pas encore tout raconté.

Pourquoi doit-elle tout déballer, dans le détail ? La réponse vous sera donnée dans la partie dédiée à la voie de sortie car cette question porte un des plus grands secrets de la psychologie humaine.

Ainsi, le deuxième stade de la dépression réside dans le déballage du sac à injustices et va durer tout au long de la dépression, vous aurez l'impression qu'il n'en finit jamais et qu'il n'arrête pas de revenir alors qu'il a cessé pendant des jours, voire plus. Voilà donc ce qui fait de la dépression une maladie bien complexe : plusieurs stades vont en effet coexister et avant de clôturer un premier stade, un deuxième va se déclencher, apportant confusion et enchevêtrement. Quand on est en présence de plus de cinq processus majeurs en action, tous ensembles, il devient très difficile de les démêler, à moins de les identifier par des clés.

Dans la grande complexité et confusion des processus simultanés de la dépression, on peut découvrir le fil du début et les clés de l'ordonnancement de la suite.

Toutes ces clés sont dites par des questions !!

Nous avons vu que ce premier stade est dominé par la question du « **Pourquoi on me fait ça alors que je ne le mérite pas** », très vite, la personne souffrant de dépression va se poser d'autres questions, car contrairement à ce qu'on peut remarquer de l'extérieur, leur processus logique d'analyse est toujours en éveil. Attention, c'est leur logique qui importe, pas la vôtre, ni celle du commun des mortels.

71

```
┌─────────────────────────┐
│   Bilan et Trouvailles   │
│     du détective         │
└─────────────────────────┘
             │
             ▼
┌─────────────────────────┐
│   Renvoient au passé     │
│   vécu avec chacun       │
└─────────────────────────┘
             │
             ▼
┌──────────────┐    ┌──────────────┐    ┌──────────────┐
│ Ouvre le sac │───▶│ Découvertes  │───▶│  Profonds    │
│  en silence  │    │ et Surprises │    │  Regrets     │
└──────────────┘    └──────────────┘    └──────────────┘
       │                   │                    │
       ▼                   ▼                    ▼
┌ ─ ─ ─ ─ ─ ─ ┐   ┌ ─ ─ ─ ─ ─ ─ ┐   ┌ ─ ─ ─ ─ ─ ─ ┐
   Processus          Etouffement        Pourquoi
   difficile à        Tristesse          ai-je
   arrêter            Incompréhension    accepté ?
└ ─ ─ ─ ─ ─ ─ ┘   └ ─ ─ ─ ─ ─ ─ ┘   └ ─ ─ ─ ─ ─ ─ ┘
```

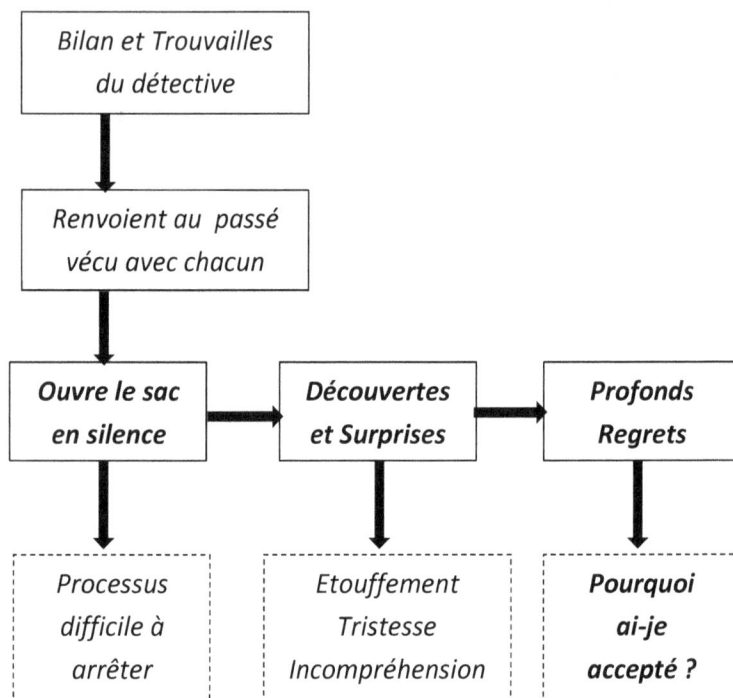

Figure 3 – Déballage du sac et découverte

Une question insistante sur le passé

Pourquoi ai-je accepté ?

Comme déjà expliqué, le déballage du sac va vite se centrer sur des injustices bien particulières, généralement de gens très proches et qui vont être à la base de la détermination du thème principal de la dépression.

Dans la plupart des cas que j'ai rencontrés, le thème majeur le plus récurrent est celui du couple. Comme les thèmes sont très corrélés, ces problèmes de couples sont souvent liés à des problèmes d'échec dans d'autres projets, d'échec dans l'éducation des enfants, d'échec au boulot. Mais cela peut être aussi une vie de couple qui se transforme en prison pour la personne souffrante, une situation difficile qu'elle a pu tenir pendant des années mais qui a fini par devenir intenable.

Le second thème récurrent est celui de l'échec : échec dans ses projets, ses rêves, sa vie intime et/ou familiale. Cet échec donne généralement une vague, fausse mais insistante impression d'être un looser. Cela peut venir d'un manque de performance au boulot, comme l'entrepreneur qui n'a pas réussi son entreprise et qui a fini par perdre tout ce qu'il possède. Cela peut venir aussi de l'omniprésence d'une situation indésirable et impossible à dépasser ou à changer, comme le cas de Noah et sa condition de galère matérielle qui ne change pas malgré tous les espoirs qu'il a eu à travers plusieurs opportunités qui n'ont finalement rien donné.

Dans l'un ou l'autre des cas, la personne se retrouve prisonnière de sa situation, d'où la corrélation avec le troisième thème de la prison.

Lorsque les épisodes et leurs injustices se concentrent autour du thème dominant, la personne va d'abord faire un constat puis se poser une question :

— C'est bien moi qui ai choisi cet homme pour vivre avec lui, qui a accepté d'avoir des enfants et qui a fait toutes ces concessions.
— Il ne faut pas se voiler la face, j'avais bien décelé un certain nombre de signes annonceurs de sa vérité mais j'ai moi-même choisi de les ignorer.
— J'ai eu tant d'occasions de dire non, de refuser, de me rebeller, de briser mes chaines, mais j'ai choisi la résignation.
— Pourquoi ai-je accepté ?

Cette question, même si elle se rapporte à des choses du passé, va faire très mal au présent. C'est une douleur très profonde qui jaillit à chaque fois que la personne vient à se rappeler que c'est bien elle qui a « choisi ». Mais très vite, le réflexe de défense va prendre le dessus :

— J'ai certes choisi de ne pas réagir mais je n'avais pas le choix.

Le « je n'avais pas le choix » se réfère aux choses hors de notre contrôle, tel que la peur de perdre sa famille, la peur de ce que vont dire les autres et surtout, comme disait Julie :

— Réagir ? Se rebeller ? Pour aller où ? Pour vivre seule, loin de mes enfants ? Je n'ai rien fait de mal et c'était à lui de partir, pas à moi. Et puis, le plus important, ce sont mes enfants : j'ai tout supporté pour eux et je serai prête à le faire encore une fois encore si c'est important pour leur réussite.

C'est tout à votre honneur Madame. Une grande partie des personnes que j'ai rencontrées qui ont beaucoup donné, ont choisi de se sacrifier pour d'autres et ont été dévouées jusqu'au bout. Je vous tire mon chapeau.

Donc le « je n'avais pas le choix » se transforme très vite en reconnaissance de concessions faites pour un thème au détriment de l'autre, et c'est une des plus importantes découvertes annoncées par ce livre. **Ce sont ces concessions, ces compensations que nous faisons qui vont nous amener à la dépression, car le sac à injustices est fourni en série avec une capacité limitée.**

Mais allons plus en profondeur et essayons de voir pourquoi fait-on ces concessions ?

J'ai eu beau analysé toutes les réponses que j'ai pu collectées, elles tournent toutes autour d'un processus très puissant chez l'homme, je l'ai même nommé le processus dominant de la psyché humaine : la peur et plus spécifiquement ici **la peur de refaire la même connerie.** Peur et doute travaillant toujours de concert, c'est en effet le doute sur ce qu'on va trouver ailleurs qui nous fait peur d'abandonner ce qu'on a déjà, même si ce dernier nous fait souffrir au quotidien. Voilà donc une première thèse du pourquoi qu'on peut généraliser pour la peur de l'échec, la peur de se faire jeter, la peur de ne pas trouver un autre boulot, la peur de ne pas trouver une copine qui nous est compatible. Notons dans le passage que si peur il y a, des complexes primaires ne sont jamais loin…

La deuxième thèse repose sur un processus qui m'a personnellement surpris. Ayant déjà travaillé sur l'essence de la vie, j'avais au début pensé au refus de l'échec comme cause justifiant toutes ces douloureuses concessions, mais il s'avère que c'était bien plus particulier que cela. Bien au-delà du refus de l'échec qui est bien ancré en nous, que choisit-on de faire quand on sait qu'on a déjà échoué et que le mal est fait ? Eh bien, vous le savez déjà car vous l'avez tous pratiqué, on va tout faire pour le camoufler ; c'est donc le fait de **vouloir cacher son échec qui nous pousse à toutes ces concessions**. La cacher à qui ? Aux autres bien sûr, mais parfois à soi-même aussi.

Bien entendu, cela dépendra de la personnalité et du tempérament de chacun, surtout de la place qu'elle accorde aux autres dans sa vie. Il est inutile de se dire que l'avis des autres ne nous intéresse pas, ce n'est pas vrai, même si je me suis personnellement obstiné à le croire pendant de longues années. Nous vivons ensemble naturellement et il nous est impossible d'ignorer ce fait. Ce qui va donc être déterminant, c'est le degré de « dépendance » que nous avons vis-à-vis des autres, de leur regard, de leur jugement, de leur avis sur nous.

Certaines personnes telles que Marie et Julie n'acceptent pas l'échec, pas le moindre échec. Ça peut paraitre comme de l'entêtement, mais elles n'abandonnent jamais. En plus, elles donnent, sans doute à tort, beaucoup d'importance au regard des autres ; leur image chez les autres est centrale dans leurs vies et il est hors de question de faire des concessions à ce propos. Elles préfèreront sacrifier leur bonheur et leurs vies pour maintenir leur image extérieure, même si elles savent pertinemment qu'elle est fausse et qu'elle les fait souffrir au quotidien. Mais attention, elles ne sacrifieront jamais l'autre, le conjoint, l'amour ou l'enfant pour cela ; au contraire, elles le défendront jusqu'au bout.

Faire des concessions viendrait donc de la peur de ne rien trouver de mieux ailleurs, de refaire la même bêtise ou bien et surtout de la volonté de cacher son échec aux autres, au détriment de sa propre vie. Sans doute, comme je l'ai souvent remarqué, la vérité tient un bout de chacune de ces thèses, encore faut-il que la personne accepte de l'admettre.

Ne perdons pas de vue la situation psychique de toutes ces personnes, leur état leur rendant la tâche bien plus difficile à analyser et décortiquer, elles vont errer de cause en cause, de thèse en thèse sans savoir ce qui les a vraiment poussé à tant de concessions, pour un si maigre retour. Il faut en effet remarquer que ces deux thèses touchent à notre orgueil, qui rend les choses plus difficiles à admettre : comment admettre avoir peur de trouver mieux ailleurs ? Comment admettre donner tant d'importance aux autres ? Dans le cas de Marie, reconnaitre ces aspects, parmi d'autres, a pris des mois !!

— Je ne sais pas pourquoi j'ai fait ça. C'est vrai que je ne voulais pas montrer ma connerie aux autres ; ils me voient tous avec un grand respect et je représente un exemple important de réussite à leurs yeux. Je ne peux déroger à cette image, c'est important pour moi, très important…

— Bien sûr que j'avais d'autres opportunités ailleurs, mais j'ai choisi mes enfants, c'est tout.

Et ici se cache un aspect important pour trouver la voie de sortie. Aidez la personne à raisonner, à voir les choses mais surtout laissez la arriver toute seule à la vraie raison de ce qui s'est passé. Elle va d'abord errer, ensuite refuser chacune des thèses, mais tôt ou tard, le processus logique reprendra le dessus et elle finira par se convaincre elle-même de la cause principale de sa dépression, parmi les thèses qu'on vient de citer. C'est un processus long, qui prend des mois car rappelez-vous dans quel état se trouve la personne, elle est confuse, surprise et surtout fatiguée.

Difficile de se pardonner, très difficile…

Faisant partie des gens qui ont du mal à se pardonner, j'ai dû me pencher sur le sujet pendant ma thérapie et le résultat est plutôt bizarre !!

Il ne fait aucun doute que la plupart des personnes souffrant de dépression sont exigeantes, à l'image de Julie et Marie dont l'exigence transcende tout et ne laisse aucune place à la pitié en cas d'erreur. C'est pour cela que vous pouvez assister à des séances qui peuvent ressembler à de l'auto-flagellation de la part de gens souffrant de dépression. Marie me disait :

— Je ne pourrai jamais me pardonner, je n'y arrive pas.

C'est ici que votre rôle devient central. Aidez-la à accepter ce qui s'est passé et à se pardonner pour continuer à vivre. L'argumentaire n'est pas difficile. Voici un exemple de mes échanges avec Marie :

— Nous faisons tous des erreurs et c'est comme ça qu'on apprend. Prends ta leçon et avance. Il serait stupide de gâcher ce qui te reste de vie à cause d'une erreur qui t'a déjà couté cher.

Appuyez-vous sur ce qui est fort dans sa personnalité et vous verrez que ça marche, avec un peu de temps et plusieurs répétitions, sans forcer. Je vous donnerai plus d'exemples dans la partie dédiée à la voie de sortie.

Obstiné du « pourquoi » comme je suis, j'ai longuement cherché si autre chose se cachait derrière ce difficile pardon et j'ai remarqué des mots qui reviennent chez presque tous, des mots anodins au premier abord, mais cruciaux quand il s'agira de trouver la voie de sortie.

A chaque fois qu'une personne se remémorait ce qu'elle a fait comme concession, elle identifiera presque toujours un autre aspect qui relève du « SI STUPIDE » :

— C'était de ma faute ; comment ai-je pu laisser quelqu'un d'autre s'immiscer entre nous ? j'aurai du m'opposer à ces petits voyages à répétitions, j'aurai du avoir la puce à l'oreille le soir où j'ai découvert ce SMS douteux… Pourquoi n'ai-je pas douté ? Tous ces « trucs » stupides m'ont amené à des choses horribles… C'est impardonnable…

— Depuis le départ, je ne sais pas comment est-ce qu'il a pu avoir l'ascendant sur moi, à finir par me donner des ordres, par commander ma vie… Mon Dieu quand je pense que je suis dix fois plus forte que lui, cent fois plus belle et mille fois plus désirable… Pourquoi suis-je restée avec cet imbécile qui m'a pourri la vie pendant si longtemps ? Comment ai-je pu le laisser me commander de la sorte ? C'est pitoyable, impardonnable et si stupide…

— Comment est-ce que j'ai pu ignorer tout ce que m'a rapporté mon assistante sur l'attitude de mon adjoint ? Elle m'avait bien dit qu'il faisait tout pour prendre ma place, je me suis dit que c'était normal, que c'était la règle du jeu, mais je pensais à un jeu honnête, pas un jeu mesquin, pas un jeu de trahison… Qu'est-ce que j'ai pu être naïf ? Quelle connerie ai-je fait ? Je n'ai même pas d'excuses… c'est vraiment con…

Ne vous fiez pas toujours à ces arguments car ils sont parfois trop « binaires », mais il y a surement du vrai dans ce que ces personnes rapportent, il y a surement du vrai dans le « quel naïveté !! », « je ne le pensais pas capable de faire ça ? », « pourquoi n'avais-je pas réagi ? », « pourquoi n'avais-je pas douté ? ». Toutes ces personnes s'en veulent de ne pas avoir réagi car elles en avaient la possibilité, mais elles s'en veulent encore plus car tout cela a été cause par une connerie trop stupide de leur part : une naïveté, une inattention, une « je n'aurais jamais cru »… Ceci peut paraitre anodin, mais nous verrons que l'analyse profonde de cet aspect « stupide » souvent évoqué, va permettre d'ouvrir une porte vers la voie de sortie.

Mais ce n'est pas encore autour de cette question du « Pourquoi ai-je accepté ? ». Bien d'autres aspects vont encore permettre de la disséquer afin d'aider la personne à faire le « deuil » de son passé et de regarder vers l'avenir. Il est en effet central que cette question trouve une réponse claire et convaincante pour que la personne puisse aller de l'avant.

Faute de pouvoir exposer tous les cas rencontrés, nous insisterons sur un autre aspect répétitif qui ne cesse d'apporter son lot de chagrin et de regret à chaque fois que l'esprit, par un petit détail déclencheur, revient sur ces concessions et leur pourquoi :

— J'avais pourtant d'autres pistes à l'époque, pourquoi ai-je choisi celle-ci ?
— Il y avait ce gars de la fac qui avait tout fait pour m'approcher et qui me respectait énormément. Comme une conne, j'ai choisi celui qui m'a réduite à l'esclavage.

— J'avais tant de temps pour prévenir cette trahison, mais je n'ai rien fait… Il faut vraiment être con pour faire tant de bêtises à la fois.

De plus en plus de souvenirs vont remonter et elle va continuer son analyse jusqu'au bout ; c'est ce qu'il y a de plus bénéfique pour elle ; elle est en effet en train de faire sa propre thérapie !! Vous pouvez intervenir quand vous sentez qu'elle tourne en rond et qu'elle n'arrive pas à se pardonner. Aidez-la à faire remonter ses souvenirs, à se placer dans la situation du choix initial et ne pas s'attarder sur le « si seulement je savais ce qui allait arriver !! ».

In fine, cette question va rester au cœur de la dépression et elle va malheureusement en appeler d'autres aussi profondes. Entre temps, elle continue son déballage de sac et elle s'enfonce dans la douleur et la tristesse, une tristesse de ce qu'elle découvre, une tristesse très profonde car elle croyait que toutes ces personnes l'aimaient et ne pouvaient jamais lui faire du mal, de quelque manière que ce soit.

A ce stade de la dépression, on commence à remarquer des débuts de confusion. Il faut dire que les épisodes sont nombreux, les gens aussi et en plus, les processus sont complexes et très corrélés, alors il arrive de plus en plus que la personne ne sait plus où elle en est et a vraiment envie de fuir ailleurs.

Par ailleurs, la découverte de toutes ces trahisons, les souvenirs et les analyses la fatiguent de jour en jour et sa fatigue psychique se voit sur son physique. Elle est triste, n'a plus de plaisir, ne veut plus manger et a tendance à dormir ou à tomber dans les pommes.

Ça commence à devenir dur et ce n'est que le début. Elles ont énormément besoin d'aide même si elles repoussent les personnes qui les approchent.

Questionnement, Tristesse, Peur, Doute, Confusion…

Le « Pourquoi ai-je fait ce choix ? » finira par être chassé par un « Mais à qui la faute alors ? C'est moi qui a merdé ou suis-je victime des autres ? ». La réponse va être décisive pour la suite.

Figure 4 – Un profond regret

Une question centrale pour le futur

A qui la faute ?

Dans la panoplie des réponses possibles, je peux déjà vous annoncer que dans les premiers stades que nous sommes en train d'étudier, il est rare que la personne fasse son choix. Elle oscillera en permanence entre les trois principales pistes plausibles : une vraie torture pour l'esprit, à tel point que j'ai vu Marie s'endormir instantanément par épuisement à chaque fois qu'elle revenait sur cette question.

Pourquoi ? Car les processus en jeu sont puissants et primaires dans notre psyché, mais aussi parce que la réponse dépend de notre conception philosophique de la vie et de l'existence. Cela demande de la logique, du courage et de la sagesse. Comment choisir entre :

- Je suis responsable de ce qui s'est passé.
- Je suis victime des autres qui m'ont trahi.
- Je suis victime de mes conditions d'existence difficiles.

Et pour ne pas leur faciliter la chose, il se trouve que chaque choix va se heurter à une autre question, bien plus problématique. Nous l'appellerons la contre-question. Cette contre-question va apparaitre au moment où la personne pense avoir enfin compris ce qui s'est passé et identifié un fautif qui ne fait plus de doute à ses yeux, mais pas tant que ça…

A partir des corrélations que nous avons pu établir, la réponse va surtout dépendre de la personnalité et du caractère de la personne, plus que tout autre paramètre. C'est un aspect central de notre psyché, de notre conception de la vie, de notre place dans ce monde, parmi les autres.

Je suis victimes des autres.

Je dois d'abord vous signaler qu'ici réside un des grands dangers pour les personnes qui souffrent de dépression et qui peut les mener à la tentative de suicide. Aussi, je lui ai consacré un chapitre entier dans la partie dédiée à la voie de sortie.

Devant toutes les injustices subies et ce que le sac continue à déballer au quotidien, il est parfaitement normal que le premier réflexe de toute personne souffrante soit de blâmer les autres pour ce qui lui arrive. J'ai entendu des phrases récurrentes du genre :

— Je suis entourée de prédateurs, de méchants loups…
— Ils m'ont tous fait mal et je ne le mérite pas
— J'ai baissé ma garde !! Comment pourrais-je avoir une garde levée avec les gens qui me sont les plus proches ?
— Ce n'est pas de ma faute s'ils sont tous hypocrites !
— Ce n'est pas de ma faute si j'ai été trahie, non ?!
— Je me suis comporté avec honneur et pas eux.
— Je leur avais fait confiance et ils m'ont trahi.
— Ils ont tous trahi ma confiance…
— Comment pourrais-je le savoir ? l'anticiper ?
— Et puis, Il est impossible de vivre sans confiance !

Et la contre question : Pourquoi les as-tu laissé faire ?

Je suis victime des conditions difficiles.

Nous entendons par « condition » tout ce qui sort de notre contrôle : la naissance, la maladie, l'accident non fautif, « la faute à pas de chance ». C'est ainsi facile à dire mais de ces situations peut résulter une énorme souffrance. Si on arrive au monde avec une maladie difficile, dans des conditions misérables ou qu'un imbécile nous a heurté avec son camion pour nous réduire au fauteuil roulant au printemps de notre âge, si on a tout tenté pour nous en sortir et que ça n'a pas marché, si on nous a forcé à quitter l'école trop jeune pour nous condamner aux petits boulots et à la galère au quotidien, alors on blâme les conditions.

Je vous avoue que je n'ai pas trouvé les mots face à au moins une dizaine de cas qui saignent le cœur. Un long débat politique et sociologique s'en suivirent dans ma tête avec pour objet : la responsabilité de la société dans l'égalité des chances, mais comme ce que pensent la plupart des citoyens de ce monde, la réponse que peut apporter un politique, quand elle existe, reste rarement satisfaisante. Cela dit, dans beaucoup de cas, l'état a apporté l'aide qu'il pouvait, sans pour autant satisfaire la personne qui a ses propres ambitions et rêves.

Lorsque vous entendez des mots comme :

— Que pouvais-je faire d'autre ?
— J'ai tout essayé pour m'en sortir, mais tous mes plans ont échoué ! Statistiquement, j'aurais dû en réussir au moins un… Le sort s'acharne…
— De l'espoir, mais j'ai dû en dépenser des tonnes !! A chaque nouveau semblant d'opportunité, je donne tout ce que j'ai, je bosse jour et nuit pour in fine être recalé…

— Ce n'est pas juste tout ça… Pourquoi est-ce que je n'ai pas le droit de bien vivre, voire de vivre mes rêves comme tous les autres ? On me dit qu'il faut bosser, mais je bosse deux fois plus que les autres !! Ensuite on me dit, dans tous les cas, « sans études, c'est impossible », je me dis alors : Comment ont fait tout ceux qu'on voit à la télé, ceux qui ont réussi sans diplôme ? C'est injuste…

— Quand vous n'avez aucun espoir de renouveau et que vous survivez chaque jour, vous finissez par vous dire que ça fait trop d'efforts pour juste rester en vie… Il serait plus rentable de la quitter…

— Et les gens en rajoutent à votre calvaire… On vous regarde de travers, on vous considère comme un moins que rien, on vous juge d'après ce que vous possédez et comme vous ne possédez rien, vous n'êtes rien… Et je ne vous parle pas de ce qu'on endure dans ces conditions !! Nous sommes des proies faciles à tous les prédateurs inhumains, aux pédophiles, aux obsédés sexuels, aux violents, aux abus de tout genre…

— Si avec ce que je vous dis, vous pleurez ; alors si je vous liste tout, vous allez vous étouffer, mais nous, on l'a déjà assimilé et on survit, mais pour quelle vie ?!!

— J'ai passé des nuits à me demander ce que je fais de travers pour mériter tout cela, rien n'en ressort. Même si j'ai fait des erreurs, tout le monde en fait… Pourquoi est-ce qu'on leur pardonne à eux et pas à moi ?!

— Dans tous les cas, aucun autre choix ne se présentait à moi… Depuis le jour de mes 15 ans jusqu'à aujourd'hui, donc 18 ans déjà, je n'ai développé aucun espoir de jours meilleurs, je n'ai pas eu la moindre vraie opportunité…

— Les conditions ??! Vous avez essayé celles des ouvriers agricoles ??! C'est ce qui se fait de plus dur, plus dur que l'armée !! Dans un petit village perdu au milieu de nulle part, comment voulez-vous que j'aie des opportunités ? Je pouvais aller dans une grande ville mais je ne pouvais pas laisser ma mère et ma sœur et je n'avais pas les moyens de les emmener ; à quoi bon échanger une galère par une autre... Donc je reste, je meurs jour après jour...

— Tout était bien parti pour moi dans la vie jusqu'à ce maudit accident. Qu'ai-je fait de mal pour mériter cela ? Aucune perspective, aucun espoir, me voilà condamné à l'esclavage... Je me sens comme un parasite, incapable d'aller seul au petit coin. Une maison adaptée ça coute cher, alors on se débrouille comme on peut. Mes parents vivaient déjà à la limite, je pensais les aider, les voilà avec une charge qu'ils n'avaient pas imaginée, une charge de plus en plus lourde... A quoi peut bien servir une vie comme celle-ci !!

— Pourquoi moi ??!

— Et pourtant je suis quelqu'un de bien, je n'ai jamais fait de mal à personne, même pas à un petit chat et me voilà au lit, avec une maladie incurable, à 27 ans !!!

— J'avais tant de rêves...

Même si la plupart des situations rencontrées sont difficiles et que les personnes font beaucoup de reproches au sort et à « pas de chance », ils sont toujours en vie et c'est un fait. Une vie qu'ils n'acceptent plus car ils avaient tous des ambitions, des rêves, des espérances. C'est dur, mais il y a toujours une voie de sortie à toute situation « désespérée », il y a toujours de l'espoir en nous, une énergie infinie qui ne cesse de nous pousser, sauf que la dépression vient la contrer avec un processus plus fort qu'elle, momentanément.

Je vous décrirai dans les voies de sortie comment fonctionne l'espoir et ce qui le détruit, je vous dirais surtout comment ne pas le détruire et résister à ce qui l'achève aussitôt qu'il apparait. Tenez bon et faites-vous aider car il est difficile de s'en sortir tout seul, surtout après tant de fatigue et de souffrance.

Mais comme on l'a déjà dit, la contre question qui ne va jamais quitter leur esprit et qui va les faire souffrir d'avantage est : Qu'as-tu fait pour t'en sortir ?

Et la personne va tourner en rond pendant des jours, des semaines, voire des mois, avec cette question qui ne leur laisse pas de répit. En as-tu fait assez, au lieu de t'apitoyer sur ton sort et de blâmer des choses que personne ne peut contrôler ? Les mots sont durs et blessants et les justifications interminables, comme dans une spirale qui aurait deux sorties, l'une pire que l'autre : Ou bien on se dit qu'on n'en a pas assez fait ou alors qu'on n'avait aucun choix. Dans les deux cas, la souffrance est énorme mais d'après ce que j'ai vu et entendu, se blâmer soi-même n'est pas la plus mal des options. D'ailleurs, beaucoup vont directement se blâmer eux-mêmes, certes avec quelques reproches aux autres et aux conditions et à la chance, mais ils vont se traiter de tous les noms, car pour eux, leur malheur a une seule origine : « ils ont merdé quelque part ».

C'est de ma faute.

— Bon d'accord, j'ai merdé certaines choses, mais rien ne justifie que ça me mène ici… Rien ne justifie cet acharnement, rien ne justifie tant de haine…

— Et puis, quelle faute ai-je faite ? Celle de voir la vie en rose et de refuser de valider l'existence des prédateurs !!

— S'il y a bien une faute que j'ai faite, c'est celle de ne pas avoir pensé à ma vie plutôt, quelle con…

— Ce n'est pas de ma faute si je suis timide, si un peu quand même… Cette peur de me prendre un râteau m'a toujours paralysé, mais c'est ainsi que j'ai été éduqué, avec la peur et les contraintes. Mais c'est vrai que j'avais largement le temps de changer, j'ai presque 35 ans aujourd'hui. Il est difficile de reconnaitre son manque de courage, il est difficile de changer sa conception du risque, il est difficile d'affronter sa peur…

— Tout le monde pense que j'ai choisi ce gars pour son argent alors que je l'ai aimé pour son charisme et sa douceur… Des années après, je me rends compte que je me suis trompée, qu'il ne m'aime plus, c'est sur… Je me demande bien s'il ne m'a jamais aimée !! Je ne trouve pas de mots pour vous décrire ma douleur. C'est moi qui ai choisi, alors il faut assumer…

— Pourquoi on me fait tant de reproches à propos de ma carrière ? J'ai été claire sur ce sujet dès le départ et mes enfants, dont je me suis occupée toute seule, l'ont bien compris et ils m'encouragent. Je ne sais pas pourquoi monsieur devient toxique avec moi, c'est insupportable. Comme le dit ma petite : maman, c'est toi qui l'a choisi papa, donc assume… Eh bien j'ai assez assumé comme ça, à tout faire pendant 14 ans, ça suffit…

— Ah lala, j'avais pourtant d'autres options… Il y avait bien ce gars charmant qui m'a couru derrière pendant des mois et des mois, il n'a laissé tomber que lorsqu'il a appris pour mon engagement... Un vrai gentleman... Et je l'ai raté comme une conne !

— J'aurai du mettre fin à cette relation depuis bien longtemps, j'avais entretenu un espoir que je savais faux sur une quelconque amélioration, ne serait-ce qu'un petit changement, rien... J'ai perdu 14 ans de ma vie pour rien, enfin, j'ai 3 beaux enfants bien éduqués...

— Et puis, je n'ai pas pu divorcer, je l'ai voulu mais c'était très difficile, le « qu'en dira-t-on » me paralysait et j'avais peur pour mes enfants... l'excuse classique !!

— Moi je ne suis pas un looser, je ne renonce jamais... J'ai tout fait pour la changer en une personne meilleure, mais pas moyen... J'aurai du voir qu'un mauvais cœur ne change jamais...

— Et puis il faut dire que j'avais aussi peur de recommencer et de me planter encore une fois, alors à quoi si on n'est pas sur... Et comment être sûr alors qu'on vient de foirer les plus belles années de sa vie ?

— Comment est-ce qu'on peut me dire de ne pas avoir peur du regard des autres, qui n'en a pas peur !!

— Jour après jour, mois après mois, je me suis concentrée sur mon travail et mes enfants, je n'ai pas vu le temps passer... Merde, j'ai presque fini par oublier mes plaisirs... Et que reste-t-il de ma féminité ?!

— Bon d'accord, ma vision de la vie et de sa jungle était fausse, mais est-ce une faute en soi ? De croire en l'homme, l'homme bon par nature comme le disait Rousseau...

— J'aurai du partir depuis longtemps...

Comme pour les autres options, il y a toujours une contre question qui vient la contrarier :

Pourquoi ai-je fait ce choix ?

Si chacune des personnes pouvait faire un choix dans ces trois options, les choses auraient été simples à suivre, mais la dépression appelle toujours la complexité et le brouillage ! En effet, chaque personne ne va pas tourner en rond dans une seule option, mais va tourner en rond entre les trois options. Pendant une semaine, elle se blâme et ne se pardonne pas de ses mauvais choix initiaux, un autre jour elle va repasser en revue toutes les malchances qu'elle a eu dans sa vie et un mois après, la voilà en train de dénombrer tous les coups reçus des autres, avec un jugement pour sa réaction devant chacun de ces coups.

Cet état peut durer des mois et des mois et c'est celui qui va demander votre intervention directe pour l'aider, face au bouillonnement incessant dans leurs têtes, de jour comme de nuit, avec de rares petits moments de répits. Les moments difficiles de la dépression ont commencé. Douleur des découvertes, épuisement, questionnement et maintenant confusion.

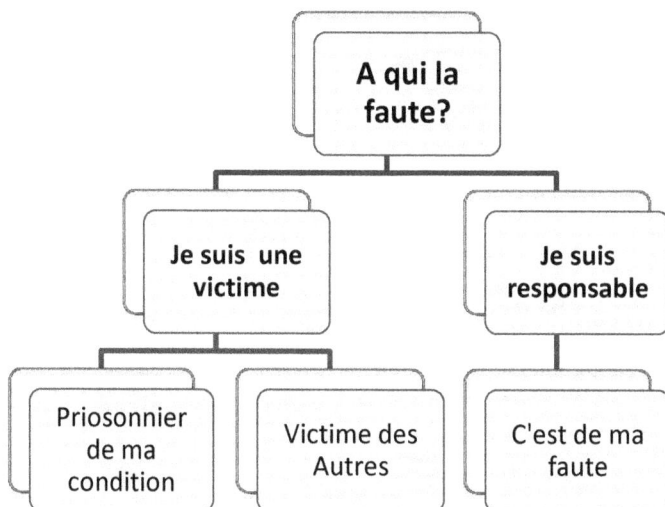

Figure 5 – Une question différenciatrice

Il s'installe dans la confusion

Qui a raison ? Moi ou les autres ?

— Mais je n'ai rien fait de mal, je suis leur victime, victime de leur hypocrisie, victime de leur trahison.

— Je n'ai rien fait de mauvais dans ma vie, même à ceux qui m'ont fait du mal.

— Et lorsque je leur parle, ils continuent tous à me montrer ce visage hypocrite comme si de rien n'était, je ne suis pas folle quand même, comment est-ce que les gens peuvent être faux à ce point ?

— D'accord, je suis la victime... Mais on me dit que non, tu dois surement avoir une part de responsabilité dans ce qui t'arrive. Je ne comprends pas du tout comment est-ce qu'on peut être responsable d'être la victime !!

— Et maintenant, qui est fautif dans tout ça ?

Et la personne repart de plus belle pour tout analyser encore, avec le lot de douleur que ça apporte. La plus grande souffrance est peut être celle des personnes directes qui ne vont jamais comprendre le pourquoi des hypocrites, des faux. Leur erreur va consister à leur trouver une logique interne, comme ils ont eux-mêmes construit la leur, mais point de logique avec ces gens-là, vous entendrez alors :

— S'ils ne m'aiment pas, pourquoi ils me montrent ce visage faux et trompeur ? Pourquoi ils agissent d'une manière devant moi et ensuite ils disent des choses horribles sur moi, dans mon dos, ce n'est pas logique…

— Moi je suis toujours sincère et direct, pourquoi elle me fait ça ? Pourquoi me tromper et ensuite me mentir ? Moi j'aurai dit les choses clairement… Pourquoi elle cache ça pendant des années, j'y comprends rien…

Ce genre d'exercice est horrible pour la psyché de tout humain, à qui il usera les batteries très vite. Alors imaginez une personne y jouer une dizaine de fois par jour, voire plus… En quelques jours, elle est K.O.

J'ai mis du temps pour trouver un moyen de rentrer dans cette spirale infinie de qui a tort ? Qui a raison ? En effet, comme on a tous tendance à le faire, pour analyser et comprendre un problème, nous avons tendance à utiliser notre propre logique et nous faisons l'erreur d'utiliser notre logique pour comprendre les agissements des autres. Eh bien, on tournera en rond pendant des jours et des jours et l'exercice finira par ressembler à de la torture.

Malheureusement, mon analyse est plus facile à dire en public qu'à dire aux personnes qui souffrent. Lorsque le questionnement devient récurrent, et qu'on a été trahi par ceux qui nous sont les plus proches, on ne se rend pas compte mais tout ce qui nous reste c'est cette petite logique.

Donc attention à ne pas briser leur logique, vous risquez de les faire sombrer précipitamment et ça peut devenir dangereux pour eux. Ne cassez pas leur logique, mais essayez juste de la rectifier, sans trop de précision sinon elle vous dira qu'elle n'est même pas capable d'avoir un bon jugement, à quoi bon continuer à interagir avec les gens !!

D'ailleurs, au tout début de la confusion, une grande peur s'empare de la personne car tout son « modèle », sa logique, sa façon de voir le monde sont mises à rudes épreuves et elle finit par avoir peur de les perdre. Une telle peur les rend obstinés à appliquer leur logique sur les autres, ce qui les fait tourner en rond encore plus. Imaginez que vous soyez encore surpris d'une grande découverte et que cette découverte défie votre « modèle », alors vous avez peur car, « logiquement », votre modèle s'écroule. Vous le voyez s'écrouler et vous avez peur. Marie m'a dit un jour :

— Je sens que tout ce que je suis s'écroule et j'ai trop peur de ce qui va rester... Est-ce que tout ça, ça sera encore moi par la suite ou pas ? Que va-t-il rester de moi ? Et puis, comment savoir que je serai encore moi !!

Il est quasiment impossible à une personne bien portante d'imaginer la souffrance psychique et intellectuelle qu'engendre la confusion, qu'engendre la perte de ses repères, de son jugement et de ses références. Chaque jour, une partie de qui vous êtes, de ce que vous êtes est démolie et vous ne pouvez rien y faire. Et le questionnement logique repart :

— Et s'ils avaient raison et moi tort ?! Après tout, on ne peut pas avoir raison contre tous, même si on me dit que j'étais entourée de loups...

— Et si tout mon entourage est constitué de loups, alors logiquement je devrais en être une... Mon Dieu...

— Quelque chose en moi me dit que j'ai raison, mais je n'arrive pas à la faire exprimer... Elle ne fait que murmurer... Si ça se trouve, c'est mon esprit qui agonise... Comment ai-je pu vivre de cette manière pendant tant d'années ? Il faut vraiment être con pour se tromper pendant des années et des années.

— In fine, c'est peut être cette image de « gentille » que je me suis faite et que tout le monde me dit qui est fausse ?

Suis-je mauvais ? Le sont-ils ?

— Si des loups vous disent que vous êtes quelqu'un de bien et vous les croyez, c'est que vous êtes débile ou bien un loup comme eux…

— Et si in fine, c'était moi la méchante !!

Attention : moments destructeurs en vue…

La logique de la personne, ayant perdu ses repères peut lui construire ce qu'elle veut, la preuve que la logique ne pouvait pas être le maitre guide de l'homme et ne le sera jamais. Elle va alors tout re-parcourir encore et bien sûr trouver des agissements qui semblent durs ou hypocrites ou malins de sa part. Elle les sortira de leurs contextes respectifs et en fera une base à sa nouvelle « elle », la « elle vraie », la « elle méchante ».

C'est ici que vient votre rôle. Intervenez avec délicatesse pour casser ses arguments, pas en discutant de la logique, mais surtout en rappelant le contexte de chaque agissement, de lui rappeler que la plupart était des réflexes d'autodéfense qu'on ne peut reprocher à personne.

— Et si ce qu'ils ont fait avec moi étaient aussi des réflexes de défense ??!

Et le « jeu » repart encore une fois. Ça sera votre rappel des contextes contre sa logique négative qu'elle mènera jusqu'au bout et pour cela, une seule solution pourra vous en sortir : alterner logique et émotions. Rappelez lui sa douceur, ses sentiments nobles, pour ses enfants par exemple et intercalez une petite réflexion pour rompre la spirale.

Autre clé de sortie des spirales : éviter les logiques binaires qui seront prédominantes car rassurantes. Par exemple :

— Quelqu'un doit avoir tort, moi ou eux ??

Essayez toujours de dérouter la discussion par un peu d'humour ou par des émotions, sans qu'elle se rende compte et surtout, rappelez lui toujours qui elle est, pour vous, pour ses enfants, pour les gens qui l'aiment vraiment... Elle le remettra en cause à chaque fois, mais ce n'est pas grave car ça lui rappellera de bons souvenirs qui casseront la spirale infernale des questions sans fin.

Et à chaque fois qu'elle se traitera de quelque chose de négatif, ne la laissez pas tout dire avant de répondre, ça sera trop tard, les idées vont très vite dans le cerveau. Il faut faire une « objection » [à la manière des avocats dans les tribunaux américains],à chaque adjectif négatif, surtout du genre « méchant », « bon à rien », « hypocrite », « ne vaut pas plus que les autres » et surtout ne sous estimez pas le fait que lorsqu'elles disent ça, ça les affecte profondément, même si ça ne se voit pas.

Je me sens perdu.

— Je ne vais vraiment pas bien, tout ça est si confus... Qui a raison, qui a tort, qui est gentil, qui est méchant... ça frise le débile de se poser ces questions d'enfants mais je n'arrive pas à les arrêter... ça m'épuise, chaque jour, chaque heure...

— Je ne sais plus comment m'y prendre ni par où commencer. J'ai presque tourné le problème dans tous les sens et rien de clair n'en ressort...

— Je n'en sais plus rien, je suis épuisée...

Dit comme ça, se sentir perdu peut paraitre anodin, mais il ne s'agit point d'être perdu le temps d'une promenade ou d'une rêverie ; ces personnes n'ont pas choisi de se laisser perdre afin d'en apprécier la liberté, le laisser aller et la découverte, bien au contraire, se perdre veut plutôt dire qu'ils n'arrivent plus à choisir, à décider, à avancer : un sentiment des plus horribles sur cette terre :

— Vous êtes au milieu d'un carrefour, vous n'avez aucun critère en tête pour sélectionner une direction, en plus, à chaque fois que vous pensez vous orienter vers une route, une peur paralysante, accompagnée d'un doute saisissant viennent vous paralyser. Alors vous ne savez plus s'il faut avancer ou reculer, aller à droite ou à gauche... Vous tournez en rond pendant des heures, dans un mètre carré, comme si au-delà de cette frontière, un danger immédiat vous guette. Essaie d'imaginer la scène et tu verras à quel point c'est dur, à quel point le « se sentir perdu » est intenable. Il use ton intérieur chaque jour, il t'épuise au quotidien.

Une vague le monte, une autre le descend…

N'arrivant plus à avancer ou à reculer, il reste là à se faire ballotter par les vagues : une vague le monte, une autre le descend.

Tantôt, il admet ses erreurs, se lamente, regrette et sombre dans la tristesse ; une heure après, le voilà victime de tout et de tous, ce n'est pas de sa faute et puis il n'avait pas le choix à l'époque des faits. Imaginez-vous vous convaincre que les autres sont des loups et que vous êtes leur victime, l'idée fait son chemin dans votre cervelle et commence à s'ancrer, vous vous dites, enfin un truc dont je suis sûr, un truc auquel je peux m'accrocher, quand très rapidement un petit évènement remonte à la surface pour vous rappeler que vous avez quand même fait des erreurs que vous devez assumer, aussitôt, il faut « nettoyer » la première idée, qui continue à s'accrocher et semer la nouvelle idée, complètement opposée. Argument, contre argument, l'idée et son opposée, vous êtes convaincu des deux mais en fait de rien. J'ai essayé de faire l'exercice mentalement et j'ai aussitôt eu mal au crane, imaginez que les personnes souffrant de dépression ont droit à ce ballottement quotidiennement, à tout moment tranquille de la journée, à tout semblant de début de rêverie plausible…

Même ceux qui n'ont pas le mal de mer savent à quel point c'est dur de subir le ballottement des vagues, sans savoir où va s'échouer leur radeau, sans avoir dans quel coin ils vont finir, sans savoir s'ils seront adaptés à vivre là où ils vont atterrir. Ce n'est point une aventure, c'est de la torture, une torture pour un esprit déjà bien fatigué et un corps mal en point et surtout pas préparé à un tel périple.

A force de tâtonner et se ballotter, basculant d'un reproche à l'autre, d'une thèse à l'autre, ne sachant plus comment juger ni par où commencer, il finit par ne plus savoir ce qu'il cherche...

Sa notion du gentil et du méchant est détruite, son jugement des autres aussi et il finit par ne plus différentier le vrai du faux... Un stade que je ne souhaite à personne, un stade si horrible que la personne commence à se demander qu'est ce qui est réel et qu'est ce qui ne l'est pas... Elle est tellement épuisée qu'elle finit par ne plus différentier le réveil des rêveries...

Au milieu de toute cette souffrance, de ces doutes, de ces peurs, l'esprit va tout de même arriver à faire quelque chose, dont le degré relève le plus souvent de la personnalité de la chacun : elle finit par ouvrir les yeux sur la vérité qu'elle ne peut plus nier.

A qui la faute ?

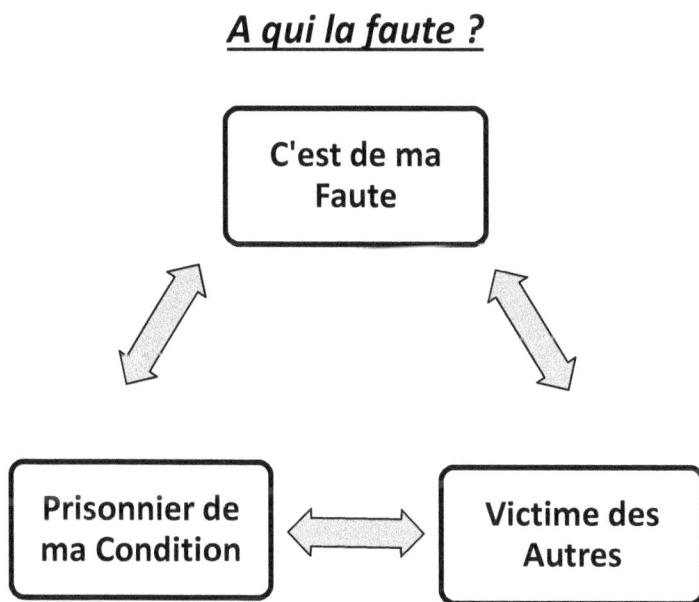

Figure 6 – Terrible confusion

Pourtant, il ouvre les yeux et change

Il ouvre les yeux sur les autres

Entre temps, à force d'analyses et de questionnements, à force de souvenirs et de vérifications, après des jours et des semaines de confusion, de souffrance et de perdition, sa logique arrivera à une conclusion vis-à-vis des autres qui ne changera plus pour la suite :

— Quelque que soit l'issue de ces étapes, quel que soit l'issue des questionnements incessants et des mises en doute de tout, voire de ce que je suis, je reste sure de quelque chose : maintenant je vois et je refuse de fermer les yeux dorénavant.
— Plus jamais de blessures, d'injustices et de pleurs…
— A partir de maintenant, je refuserai tout ce qui ne me plait pas, je ne me tairais plus jamais…

Même s'il ne sait pas qui a raison et qui a tort, même s'il est dans la plus grande des confusions, ne sachant plus s'il faut avancer ou reculer, il va préventivement et définitivement fermer son sac à blessure à l'entrée. A partir de cet instant, il refusera d'y mettre le moindre petit évènement, sachant que son sac n'est pas encore tout à faire vide à ce stade. Il peut donc continuer le déballage mais hors de question de le remplir encore une fois. Ceci va se manifester par l'abandon d'une mauvaise habitude, celle de chercher et de trouver des excuses pour les autres, dès qu'ils ont commis un acte blessant à son encontre. De facto, le mécanisme de compensation entre les thèmes de la dépression va s'estomper petit à petit. Plus question de se taire sur des blessures afin de préserver autre chose (enfant, vie de couple, boulot…). Alors que d'extérieur, on aura tendance à faire le raccourci qu'il devient égoïste, alors qu'il ne fait qu'équilibrer sa vie, il ne fait que vivre normalement, comme les autres. On s'habitue tant à ce qu'une personne ne demande jamais rien que le jour où elle fait une demande mineure de quelque chose qui relève de ses droits les plus basiques, on dira qu'elle devient égoïste !!

— Plus jamais de ça, plus jamais de silence, plus jamais de concessions, plus jamais de compensation…

— Je ne ferais plus jamais rien au détriment de moi-même, de mon confort et de ma personne et quel que soit la raison, y compris mes propres enfants.

— A partir d'aujourd'hui, je réponds « au tac-o-tac », je fais payer cash tout ce qui me touche.

— Qu'ai-je à perdre ? ça ne peut pas être pire qu'avant… Dans tous les cas, je ne supporte plus tout ça et même si je veux fermer les yeux, quelque chose en moi le refuse et me relance tout de suite.

Est-ce vraiment une décision que la personne va appliquer à la lettre consciemment ? Est-ce que la mise en œuvre de sa résolution dépend de sa volonté de tout instant ? J'avoue que la réponse est nuancée. Il ne fait aucun doute que la volonté des personnes est là pour refuser de se taire devant de nouvelles blessures, mais j'ai surtout remarqué que la réaction du refus de la blessure est accompagnée d'une peur, comme si quelque chose de l'intérieur vient dire à la personne de ne plus accepter cela et qu'il faut absolument réagir tout de suite. Cet aspect peut paraître anodin mais il a une importance cruciale dans la suite des évènements ; il a même un effet salvateur « imposé » à la personne, comme quelque chose de son for intérieur refuse de continuer dans la même vie et lui impose, à force de perturbation, de se bouger, de changer…

L'un des plus grands signes de la dépression.

Cet instant marque une étape cruciale dans les stades de la dépression et sert surtout comme un marqueur certain pour ce qui peut paraitre au début comme une cause d'enfoncement alors qu'il constituera une première des portes de sortie.

Rappelons ici que la personne a déjà nommé un détective qui ne s'arrête pas. Son rôle se limitait à pointer du doigt tout agissement sujet à quotient venant des autres. La nomination de ce détective avait déjà entrainé un premier changement, surtout des remarques sur des choses qui peuvent être anodines ou alors des regards de travers ou des demandes ignorées de la part de ses plus proches. Ces petits gestes ont été suivis d'étonnement puis de recherche et de corrélation jusqu'à la découverte de la vérité sur une personne proche. Donc plutôt une démarche volontaire, mais comme on l'a déjà précisé, l'instant dont il est question ici relève plutôt du forcé.

A partir de cet instant, il n'acceptera plus jamais ce qu'il avait déjà semblé accepter :

- Le respect de ses demandes par tous,
- Remise en cause des règles de la maison, des règles de sorties, voire des règles de discussions,
- La moindre voix un peu élevée lui apparait comme une insulte à son respect,
- Le moindre geste devient un manque de respect,
- Les discussions « démocratiques » sur tous les sujets,

- Voire même la couleur de certains meubles qu'il n'a jamais aimés.

Tout ce qui ne lui posait pas problème auparavant devient une source à discussion, voire à dispute. Et bien entendu, les complexes primaires de chacun ne sont pas très loin. Son estime de soi va d'ailleurs influer ce jugement de ces petits évènements du quotidien. Comble de l'histoire, il va faire une évaluation précise des réponses et en prendra des conclusions « qui feront rire sa famille ». Il aura tendance à trop faire référence à ce qu'il a fait pour chacun et ne ratera pas une occasion pour faire des reproches aux auteurs des indélicatesses à son encontre. Ces reproches devenant parfois trop récurrents, son entourage sa répondre et il sera très attentif à ces réactions, y compris celle de ses enfants.

Encore pire, il ira même jusqu'à tester la capacité de chaque membre de son entourage à supporter ses reproches, qu'il trouve parfaitement justifiés. Et attention, il peut prendre des décisions graves basées sur ces tests : les plus importants que j'ai personnellement vécu sont de quitter celui qu'on aime, de rejeter ses enfants pendant une certaine période... Lui qui a toujours donné sans compter va se retrouver avec des reproches d'égoïsme qui vont encore confirmer ses conclusions.

— Mes enfants : qu'est ce j'y ai gagné ? J'ai donné ma vie, en tout cas sa meilleure part pour les éduquer et voyez comment ils me répondent... Et ne me dites pas que c'est normal, ce sont des adolescents !! Quand j'étais adolescente, je ne faisais pas ça à ma mère car je l'aimais ma maman...

— Et puis ados ou pas, je m'en fous, je ne veux plus jamais fermer ma gueule sur des choses qui me dérangent, qui me font mal. Autant que ça me fasse mal une seule fois, quand ça

arrive, mais hors de question de fermer les yeux et de la laisser me faire mal à l'intérieur...
— Et surtout qu'on ne me dise pas « je t'aime » car j'y crois plus, je ne veux plus y croire.

De jour en jour, il va changer et surtout devenir pinailleur sur les détails et « chiant », comme me l'ont décrit certains enfants. Il se dit que c'est le moment ou jamais de reprendre sa vie mais comme il manque de savoir vivre avec les autres, il va basculer de l'autre côté et ira jusqu'à les agresser, agissement qui ne restera pas sans réponse de leur part.

Vous vous dites qu'on a déjà vu ça avec le détective, mais là c'est encore pire car le détective ne faisait que chercher, ne faisait que poser des questions alors qu'ici, on peut être face à des réactions parfois violentes, les complexes primaires de chacun n'étant pas très loin.

Pour être sûr qu'il ne stockera plus rien dans son sac, il va donc nommer un gendarme qui scrute tout, passe tout en revue, commente tout et surtout ne laisse rien passer. Le rôle principal du gendarme consistant à le pousser à réagir et à refuser ce qui lui déplait alors que le détective ne faisait que constater et analyser.

Les temps durs pour ceux qui l'aiment viennent de commencer !!

Et tout y passe, surtout l'amour. Le gendarme ne laisse rien passer ; il fait surtout des interprétations « erronées » [pas pour lui] qui induisent des réactions disproportionnées. Mais il s'en fout et se focalise surtout sur deux aspects :

— J'ai déjà fait des conneries anodines qui m'ont menée loin dans la souffrance. Il est hors de question de refaire les mêmes bêtises, il est hors de question d'accepter ou de fermer les yeux sur les choses qui me font mal.

— Je me suis fait avoir une fois, plus personne ne se paiera ma tête, plus personne n'abusera de moi, plus personne ne me prendra pour un imbécile.

— Je me suis promis de ne plus jamais chercher des excuses aux autres car ils n'en ont pas fait autant pour moi. Plus jamais d'excuses, plus jamais d'acceptation forcée.

Et le gendarme va prendre très au sérieux sa mission et surtout le fait que s'il laisse encore passer des choses, c'est qu'il est vraiment con. Il va même se jurer de ne plus se faire avoir, surtout après tout ce qu'il a découvert. Et son obsession de ne rien laisser passer va se concrétiser dans une bataille intérieure quasi permanente. Comme la personne est souffrante et que sa situation n'a pas tout à fait changé, elle vit toujours avec le même conjoint toxique, elle est toujours au chômage, elle est toujours seule... Elle aura tendance à préserver le minimum car elle n'a pas encore décidé de quitter la source de la toxicité de sa vie. Cette compensation va donc la forcer à continuer à accepter un certain nombre d'aspects qu'elle est censée refuser, ce qui entrainera des discussions intérieures sans fin avec le gendarme, qui ne veux plus entendre parler de compensation. Ces discussions qui peuvent paraitre anodines, constituent une vraie torture au quotidien.

Dans l'opposition entre ce que réclame le gendarme et ce qu'impose la compensation, la personne est encore plus perdue qu'avant. Elle est fragile et sans repères. La voilà déjà en pleure, ne sachant pas quoi faire, replongeant dans ses questionnements du bon et du mauvais, du vrai et du faux, du bien et du mal.

Malgré ces tâtonnements et hésitations, son comportement vis-à-vis des autres a catégoriquement changé et pour un bout de temps. Elle est plus vindicative, plus exigeante et en apparence plus agressive. Bien entendu, même si les gens très proches comprennent ce qui se passe et ne lui tiennent pas tête et essaient d'éviter les confrontations inutiles, ça ne sera pas le cas des autres qui vont tout de suite réagir à ce qu'ils appelleront une agression.

Elle devient irritable [n'en est pas consciente] et se sent agressée, voire persécutée par les autres [sans raison apparente ou convaincante pour elle].

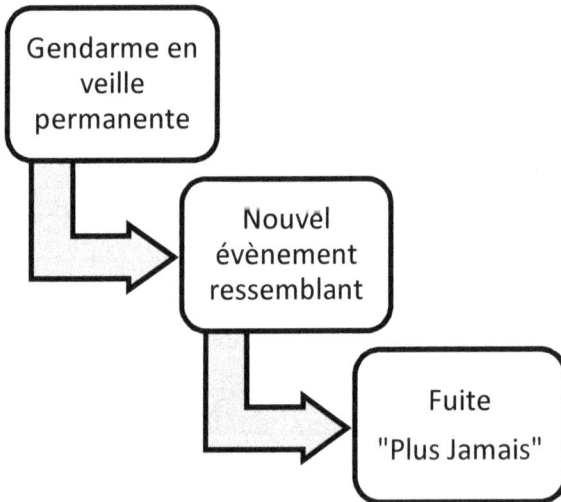

Figure 7 – Il ouvre les yeux à jamais

Hypersensibilité et persécution

Rappelons d'abord que les stades que nous énumérons n'arrivent pas tous dans l'ordre, et que plusieurs peuvent parfois se déclencher simultanément. L'ordre que nous avons considéré nous a semblé le plus logique et le plus statistiquement prouvé, mais il reste dépendant des évènements et surtout du tempérament et des complexes primaires de chacun. Cela dit, la logique des déclenchements des différents stades reste assez constante.

Je vous avouerai que dans plusieurs cas rencontrés, les personnes se trouvaient presque à ce stade et commençaient à s'enfoncer. Elles me parlaient toutes de persécution mais je n'arrivais pas à en comprendre l'origine. Avec leur permission, j'ai alors entrepris de parler à leur famille, amis, collègues et c'est seulement là que j'ai pu identifier le processus qui les a menés à se sentir persécutés.

— Pourquoi est-ce qu'ils m'en veulent tous ? Pourtant je n'ai fait que les servir pendant tant d'année !! j'ai même sacrifié ma carrière, mes enfants pour certains.

— Tout le monde m'en veut… Ce n'est pas une exagération, c'est la réalité. On dirait qu'ils attendent tous un petit mot de ma part pour montrer leurs griffes…

— Dès que je dis un mot, on m'attaque… On dirait que tout le monde s'y prépare à l'avance… On dirait qu'ils sont tous de mèche, y compris mon mari…

— Ce qui me dépasse, c'est : qu'est-ce que j'ai bien pu leur faire pour qu'ils me fassent ça ?? Je n'ai fait que défendre mon point de vue.

— Que faut-il que je fasse alors ? la fermer ? hors de question. Partir loin ? J'y pense sérieusement.

Il ne voit pas du tout son changement et surtout ne mesure plus ses réactions. Là où les gens voient de l'agressivité, lui ne voit que son droit de dire ce qu'il pense sans retenue. Et si vous lui demandez d'y aller mollo, il vous dira qu'il a passé sa vie à ne pas dire les choses comme il les pense, hors de question qu'il recommence. Le gendarme veille.

Très rapidement, alors que les personnes en face n'ont encore rien dit ou ont été plutôt gentil avec lui, il va commencer à imaginer qu'ils sont méchants mais le cachent : ils attendent en effet leur moment pour frapper, comme tous les autres. L'impression de persécution va alors se généraliser et les discussions avec lui deviennent difficiles.

Voyant venir de l'agressivité ou une potentielle méchante réponse, il va aller encore plus loin et devient vraiment agressif, jusqu'à pousser les gens qui lui sont les plus proches à bout. Et le gendarme veille et enregistre leurs réponses.

Le processus qui se met en place chez lui est bien complexe et lourd de sens. Il est en effet tellement persuadé que tous les gens qui l'entourent lui en veulent ou cachent leur jeu pour l'agresser plus tard, que jour après jour, il va pousser tout son entourage à bout, histoire de filtrer ceux qui restent avec lui et ceux qui ne le sont pas.

Malheureusement, il le fait en ayant à l'esprit que tous ceux qui l'entourent sont des hypocrites, des faux et tôt ou tard, ils vont le poignarder. C'est comme s'il voulait en finir une fois pour toute et démasquer tout le monde. Et ceux qui restent ne sont pour lui que les plus habiles à cacher leur poignard.

C'est un processus dangereux qui va le pousser à l'isolement. Il se dit autant en finir et tout découvrir.

— Chérie, pourquoi tu m'accuses de choses dont je suis innocent, tu sais que ce n'est pas mon genre de regarder ailleurs…
— Ah bon et la fille que tu as connue juste avant notre mariage, je suis sure que tu l'aimes encore. Je t'ai vu comment tu regardais ma sœur l'autre soir à diner… Je t'en supplie, ne me torture pas comme ça, si tu ne m'aime pas, dis le moi franchement, je l'accepterai…
— Mais je t'aime énormément, tu es toute ma vie !!
— Tu parles, menteur. Je te coincerai un jour, tu verras.

Et si la personne a le malheur de réagir avec un peu de violence, ne serait-ce que de la violence de l'émotion, elle va vite la caser avec ceux qui ne l'aiment pas, car il ne peut pas supporter son délire et que les agressions, elle connait déjà ça et elle ne veut plus les revivre. C'est un « jeu » interminable qui vous demandera beaucoup d'amour et de ténacité.

Je ferai juste une parenthèse pour ceux dont la personnalité fonctionne sur des principes décidés, ce sont en général les plus rigides et les plus binaires. Et elles iront jusqu'à vous faire craquer. Quand ça vous arrivera et ça arrivera un soir, surtout ne la laissez pas seule. Prenez un peu d'air, changer d'endroit, mais toujours avec elle car il vous sera bien plus difficile de vous excuser par la suite et de la convaincre, encore une fois, que vous l'aimez vraiment. Ah oui, j'ai bien dit « vous excuser » car il vaut mieux que vous admettez une erreur que vous n'avez pas faite que de partir dans un délire sans fin, du genre : « Je suis cocue, d'accord. Je suis vraiment bonne à rien alors. Tu as peut être raison de le faire !! Ce genre de discours risque de vous prendre largement plus de temps à corriger que d'avouer des petites choses qu'elle n'hésitera pas à agrandir dans tous les cas.

— C'est comme si tout le monde m'en voulait. A peine je prononce un mot qu'ils me critiquent, alors que je ne dis rien de mal ou de méchant. Je le vois dans leur regard aussi. Ils me regardent de travers comme si je leur ai fait du mal alors que je n'ai jamais fait de mal à un mouche…

— Ah mes petites remarques : rien de méchant, je ne fais que constater des choses qu'ils savent déjà ; pourquoi sont-ils hypocrites à ce point ? Tout le monde m'a fait du mal avec des petites remarques, des petites piques et je n'ai jamais répondu. Aujourd'hui, je n'en peux plus et me voilà méchant juste parce que je refuse qu'on m'agresse !!

— J'ai l'impression de voir de nouveaux visages chez des personnes que je croyais pourtant bien connaitre !! Du jour au lendemain, ils se mettent à me chercher des poux dans la tête et m'agressent pour rien. D'un seul coup, leur vrai visage de vipère est apparu !!

Donc, au tableau déjà horrible de la fin du stade précédent, vous pouvez y ajouter l'hypersensibilité et la persécution !! Je n'ai à vrai dire plus de qualificatifs pour vous décrire son état psychique et intellectuel. Ce qui demeure une certitude, c'est que ce mélange est intenable et qu'aucun être humain ne peut y faire face. Il va finir par l'épuiser et l'enfoncer dans les méandres de la dépression.

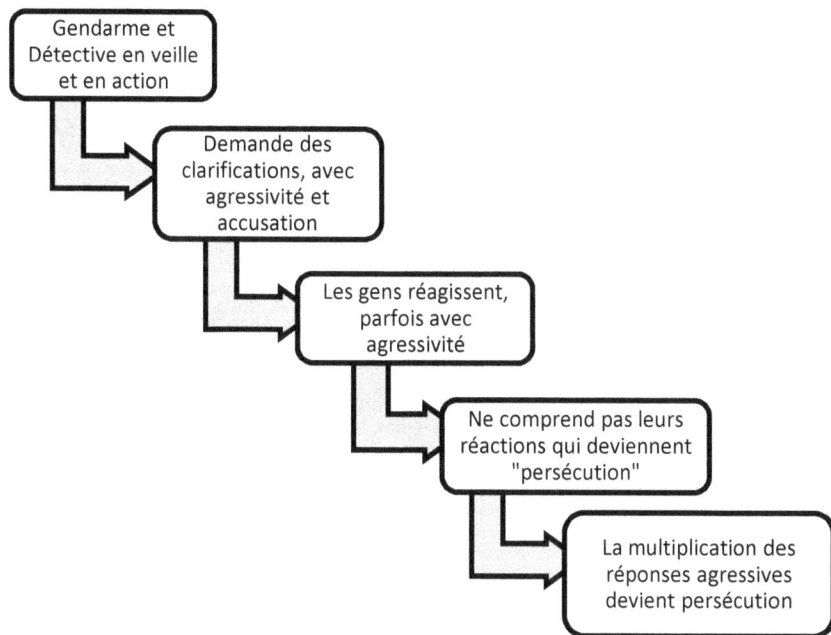

Figure 8 – Mais pourquoi ils m'en veulent tous ?

Il s'enfonce, Il s'épuise

Voici la liste des idées, des maux et des processus négatifs qui se relaient dans sa tête :

Trahison

Douleur

Tristesse

Perte de plaisir

Bouillonnement et maux de tête

Etouffement et pression à la poitrine

Ne tient pas en place

Confusion, Perte de repère

Gendarme qui ne laisse rien passer

Hypersensibilité

Persécution

Le plus dur réside dans le fait que tous ces processus se relaient et ne lui laissent pas un moment de répit. Alors il se fatigue très vite et va s'endormir d'épuisement psychique. Il passe des questions, parfois philosophiques, à quelques souvenirs marquants qui ne quittent pas sa tête et qu'il va rabâcher jour et nuit, avec de nouveaux petits détails à chaque fois. Le voilà encore en train de se poser la question sur l'existence du bien et du mal, s'il a tort ou si les autres sont tous des loups ; ensuite il enchaine sur un petit mot de travers que tu as dit, il le sort de son contexte et va continuer son exercice de te pousser à bout. Soudain, il tombe en pleure et se traite de tous les adjectifs négatifs.

A force d'exercice et de recherche, de gendarme et de détective, il va encore découvrir des petites choses pour chacun, des poux dans la tête dans tous ceux qu'il connait. En étant maladroit et agressif, il va essayer d'avoir des clarifications, ce qui va vite se transformer en interrogatoire. Si la personne d'en face laisse tomber et fuit la confrontation parce qu'elle ne veut pas le blesser, il en conclut qu'elle est coupable et que ses remarques sont bien placées ; alors il retombe encore dans la tristesse et les pourquoi. Il ressort tout l'historique de sa relation et énumère tout ce qu'il a fait pour elle, pour mériter une telle réaction. Si la personne décide de faire face, elle va tôt ou tard le blesser en essayant de répondre à ses agressions, alors il en conclut qu'il avait raison à son sujet et se dit « encore un à rayer de ma liste, au suivant ! ».

En le racontant ainsi, vous avez peut-être l'impression qu'il fait tout ça consciemment et avec préparation, eh bien, non, pas la plupart du temps. En effet, même si la recherche des poux est bien faite par le détective et le gendarme, il n'en demeure pas moins que tout ceci lui échappe et que ce qui peut paraitre comme une confrontation voulue l'est en effet sans qu'il s'en rende compte. Il ne peut arrêter ces processus et la moindre nouvelle découverte le plonge dans une grande tristesse et confusion.

Fuite et renaissance...

Alors il commence à avoir des envies de fuite et il rêve d'un monde ailleurs, un monde pas tout à fait parfait, mais un monde nouveau pour lui, où personne ne le connait, où il peut tout recommencer sans que personne ne puisse le juger.

— Je ne veux plus rien de ces gens-là. Les masques sont tombés et je pensais m'en sortir, je pensais être capable de m'adapter, mais je n'y arrive pas. Je ne suis pas faite pour ce monde, pour ces gens. Si j'avais les moyens, je me serais installée dans un autre pays, là où personne ne me connait, là où personne ne me jugera, là où je peux mener ma vie en paix.

— Mais il reste des gens qui t'aiment ici ?

— Tu crois !! Ce n'est qu'une question de temps avant que leur masque ne tombe. Je ne veux pas y assister, j'ai déjà bien assez souffert comme ça. Et c'est valable pour toi aussi. Je t'en prie, dis le moi vite, ne me fais pas souffrir d'avantage, dis le moi que tu ne m'aimes pas !!

Elle a de l'espoir de retrouver une vie paisible ailleurs, loin d'ici, il reste donc de l'espoir en elle !! Elle cherche à fuir son environnement toxique pour recommencer de zéro ailleurs : c'est l'histoire de toute épopée humaine. Et je vais vous le dire franchement, si vous avez la possibilité de bouger ailleurs, faites-le. Il faut l'aider à plier la page et surtout la déchirer et la jeter. Et rien de tel que de recommencer sa vie ailleurs. Mais comme on le sait tous, c'est difficile et non sans risque. N'ayez pas peur, la vie joue des risques, joue avec les risques et les déjoue. Alors si vous pouvez, faites-le.

Je vous en parle en connaissance de cause car c'est ce que j'ai fait afin d'échapper à la dépression moi aussi. J'étais déjà bien parti dans les premiers stades, mais mon maître m'avait presque ordonné, chose qu'il ne fait que rarement, de changer de rythme. Il m'avait soufflé une règle simple et simpliste : « Tu dois profiter de chaque moment de ta vie, tu dois améliorer ton efficacité. Compte ton temps à 5 minutes près ». A l'époque je venais d'obtenir mon MBA et de démarrer ma société. J'ai donc foncé dans le boulot, à coup de voyages, de travail acharné, j'ai aussi repris les études de droit et démarrer mon premier livre de psychologie des enfants. Maintenant je comprends mieux ce qu'il a fait.

Il faut occuper tout le temps de la personne pour ne pas la laisser sombrer dans les ténèbres. Il faut la pousser vers la réussite et bien lui faire comprendre qu'elle ne joue pas parmi les loosers. Une fois en meilleure santé psychique, il faut faire sa thérapie : complexe après complexe, douleur après douleur, peur après peur... Je suis l'homme le plus chanceux sur terre.

Et l'envie de renaissance ne s'estompe pas, bien au contraire, une fois la thérapie terminée, on respire un nouvel air, on revoit enfin les coulcurs et on apprécie les moments. Mais ceux qui n'ont pas eu cette chance, leur envie de renaissance reste dans l'espérance et le rêve. Mais pourquoi fuir ?

Parce qu'on s'obstine à cacher son échec, parce qu'on ne supporte pas de rester sur un échec, on veut renaitre (pour effacer nos échec) et vivre ailleurs (loin de ceux qui connaissent notre échec). Décidemment, la vie n'est jamais loin de nous, elle est là, elle attend, elle est patiente.

J'ai tellement peur de lâcher.

Mais la dépression le ramène vite à la réalité. Il retrouve son quotidien sombre et triste, il pioche encore dans son sac et démasque de nouvelles personnes. La chute est vertigineuse : depuis son espoir de renaissance à sa conviction qu'il ne pourra jamais faire face à ces gens. Le voilà prisonnier de sa situation : il se sent incapable de faire face et il n'a aucune possibilité de fuir ailleurs.

En continuant à s'enfoncer et surtout en découvrant de nouvelles surprises, il commence à se dire qu'il ne pourra jamais faire face ; il y arrive aujourd'hui mais si ça continue ainsi, il ne pourra jamais tenir plus longtemps. Il a peur de tout lâcher un jour, il a peur de tout abandonner car il ne sait pas où ça pourrait le mener. Mais, même s'il ne le reconnait pas, il n'y a pas que de la peur dans cette peur de tout lâcher, il y a aussi de l'espoir, de la vie : il a envie de vivre mais ne sait pas trop comment changer.

Entre temps, le gendarme qu'il a nommé continue à faire son travail en lui ramenant de nouvelles histoires, de bien tristes découvertes. C'est in fine ce gendarme qu'il a mis en fonction pour le protéger, pour ne plus avoir à subir des injustices et se taire, qui finira par l'épuiser à force de ne rien laisser passer.

III. Les causes de la dépression enfin identifiées

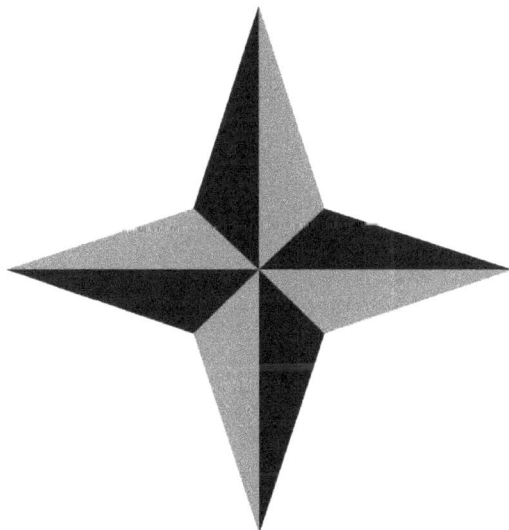

Des blessures bien particulières

Même dans ses moments les plus douloureux, Marie trouvait encore la force de me rappeler à l'ordre quand j'étais tenté d'écourter mes recherches en lisant tout ce qui a été écrit sur le sujet pour la sortir de là au plus vite. Avec des mots poignants, elle me disait :

— Pourquoi accordes-tu plus de confiance aux analyses des autres qu'aux tiennes ? Si tu n'as pas confiance dans ton raisonnement et tes analyses, arrête d'écrire, laisse tomber la science et oublie tes rêves !!

De telles paroles n'appelant aucun commentaire, j'ai tout de suite commencé par lancer un appel à mes amis en recherche de cas similaires, dans le but d'essayer de caractériser ce fléau. Moins de trois jours après, j'ai eu ma première surprise : il n'y a presque pas un groupe de personnes ou une grande famille qui n'aient au moins une personne souffrant de cette chose que personne n'arrive à cerner.

Mon premier entretien a eu lieu un beau matin d'été, dans une terrasse bien ensoleillée. Une amie d'enfance m'avait parlé de la souffrance de sa meilleure amie et a longuement insisté pour que je la rencontre ; je l'appellerai Rachel.

Rachel est une jeune femme, la trentaine, élégante et souriante, mais inquiète et réservée ; elle oscillait entre un style direct, de vendeur, de spécialiste marketing, déformation professionnelle a-t-elle reconnu, et un style timide fait de phrases incomplètes et demandant beaucoup de lecture entre les lignes, un style dévoilant une femme bien sensible, une femme anormalement attachée à satisfaire tout le monde dans son entourage, surtout son mari et ses trois enfants.

Rachel est cadre dirigeant d'une grande société, responsable marketing et vente et surtout, un manager de poigne promise à diriger la boite dans quelques années. Elle aime réussir tout ce qu'elle entreprend et ne lâche jamais rien. Elle aime le succès et ne cache pas ses ambitions. Rachel, la pro, parle beaucoup mais ses yeux en disaient bien plus. Dès qu'elle a compris que je m'intéressais plus à son bien être qu'à ses décisions de segmentation marketing, elle s'est effondrée en pleur en disant amèrement :

— J'ai tant donné à tant de personnes de mon entourage : à mon mari, à mes enfants, à mes amis. J'ai tout fait pour garder cette famille en un seul morceau, j'ai sacrifié tant d'opportunités d'avancement de ma carrière pour rester auprès de ma famille…

— Je ne compte plus le nombre de fois où j'ai dû la fermer pour éviter un conflit, alors que j'étais blessée ; j'ai tant accepté des autres que je ne sais plus qui je suis, ni ce que je veux vraiment.

Cinq secondes après, elle continue :

— Et tout ça pourquoi? Qu'est-ce que je récolte ? Pas la moindre reconnaissance de mon mari, ni même de mes enfants. Comme si c'était normal ; je n'avais aucun mérite. Mon Dieu, vous imaginez que c'est moi qui organisais les voyages pour changer d'air et essayais de sauver mon couple ; qui préparais le diner aux chandelles à l'hôtel et qui apportais le vin que monsieur adore ; c'est encore moi qui achetais les fleurs, les coupais et les installais dans le vase. Que peut-il bien rester de ma féminité ?!

— Tout ça pour rien. Monsieur ne veut rien entendre tant que je n'arrête pas ma carrière. Il me reproche d'être égoïste alors que c'est moi qui fait tout à la maison et avec les enfants.

— Pourquoi ai-je accepté de vivre comme ça depuis le début ? Pourquoi est-ce que je dois me sacrifier pour les autres sans rien recevoir ? Suis-je de ces individus condamnés à se sacrifier pour le bonheur des autres ?

— Dans tous les cas, pourquoi faire des reproches à mon mari et mes enfants alors que ma propre mère me rejette. Je me souviens encore des soirées où je m'interposais pour lui éviter les coups de mon père ivrogne, pour in fine l'entendre dire que seuls ses garçons ont une place privilégiée dans son cœur. Qu'ai-je fait dans ce monde pour que ma propre mère ne m'aime pas, malgré tout ce que j'ai fait pour elle : je suis son seul support depuis le départ de mon père, mais ça ne compte pas.

— Suis-je si mauvaise ? Dans quel cas je le mérite ; mais franchement, je ne pense pas être une mauvaise personne, ni une mauvais fille, ni une mauvais mère, ni une mauvaise épouse. C'est injuste…

Rachel pouvait parler pendant des heures de ses sacrifices, de ce qu'elle a fait pour untel et unetelle et de ce qu'elle a eu au retour. Pourtant, elle adore le sacrifice et la dévotion. Elle est dévouée à son mari, à ses enfants et fait systématiquement passer son boulot en second lieu. Mais plus elle donne, plus on lui demande, comme si ça n'était jamais assez. Elle est épuisée à force de donner ; elle est triste de constater que dès qu'elle fait quelque chose pour elle-même, tout son entourage se retourne contre elle, la traite de tous les mots et oublie tous ses efforts.

Je ne rapporterai pas toutes nos discussions, même si elles ont amplement leur place dans ce traité, mais je vais surtout m'attarder sur ce qu'elle a décrit comme lui faisant le plus mal, lors tous ces tristes épisodes : c'est la « trahison » qu'elle a subie des autres, c'est cette « déloyauté » dans leurs agissements envers elle, c'est cette « ingratitude » qu'elle n'arrive ni à accepter ni à expliquer, à en devenir une vraie source de tourments.

Une incompréhension qui a vraiment marqué Marie et l'a fait cogiter pendant des semaines, avant d'assimiler son origine. Lorsqu'elle a déballé son sac en racontant ce qu'elle avait sur le cœur, Marie n'a pas dérogé à la règle : tous les épisodes qu'elle a rapportés étaient systématiquement liés à une trahison, à une déloyauté de gens très proches :

— J'ai tant supporté pour que d'autres réussissent, j'ai tant veillé pour que d'autres puissent dormir, j'ai tant sacrifié de mon temps et de mon énergie pour des gens si proches ; et le jour où je me dis qu'il est temps de m'occuper un peu de ma petite personne, personne ne l'accepte, comme si je n'avais aucune importance à leurs yeux ; ma vie était une simple dévotion pour eux et je n'avais aucun mérite à cela. Mon sacrifice était normal, comme si au fond je ne méritais pas de vivre pour moi-même.

— Personne ne m'a vraiment aimé dans cette vie, même pas mes enfants, qui ne voient en moi qu'une source de financement et une protection infaillible.

— In fine, c'est peut être logique ce qui m'arrive car comment en vouloir à des personnes de ne pas m'aimer inconditionnellement alors que ma propre mère ne m'a jamais aimée. Je me souviens encore du jour où, cherchant un câlin, je me suis jetée sur elle ; elle m'avait repoussé tellement violemment qu'en tombant, j'ai failli me fracasser la tête ; j'avais à peine six ans. Pourquoi est-ce que mes plus proches me détestent tant, ou m'en veulent à ce point, alors que je n'ai fait que dévouer ma vie à leur bonheur ? Pourquoi est-ce que personne ne pense au mien de bonheur ? N'y ai-je pas droit comme tout le monde ?

Ce qui fait mal aux personnes qui souffrent de dépression, à n'importe quel stade, ce sont ces injustices subies de la part de gens très proches, ce sont ces « trahisons », « déloyautés », « ingratitudes » qui sont vécues comme des injustices. Ne demandez surtout pas à un dévoué de comprendre le leitmotiv d'un déloyal. Ne lui reprochez pas le fait ne pas saisir le pourquoi de la trahison alors qu'il n'a œuvré que dans leur bien. **Un loyal voit la loyauté dans la nature des choses. Un dévoué voit la reconnaissance dans la nature des choses.** Le contraire le fait souffrir à un tel point que ça nous parait exagéré, voire enfantin :

— Mais qu'ai-je fait de mal pour qu'on me traite de la sorte ? Suis-je une mauvaise personne ? Si je ne le suis pas, pourquoi on me fait ça alors ?

Tous les évènements racontés par les personnes que j'ai pu accompagner constituent des injustices : des injustices de leur point de vue bien sûr. Peu importe que notre jugement puisse nous faire nuancer l'aspect injuste de certains épisodes, ce qui compte, c'est leur ressentiment au moment où elles ont subi ces injustices.

D'ailleurs, ce qui m'a frappé le plus, c'est à quel point leur récit est rempli d'émotions ; même aujourd'hui ; trente ans après :

— Je m'en rappelle comme si c'était aujourd'hui, m'a dit Marie.

Avec des larmes plein les yeux, elle me décrivait toute la scène avec une précision de metteur en scène. Elle se rappelait du temps qu'il faisait, du timing, du regard de sa mère, de ce qu'elle lui avait dit par la suite, de la blessure restée sur sa tête.

Soyez patient et écoutez tous les détails. Soyez attentifs et entendez toute la douleur qu'est la leur. **Elles vous racontent ça avec une telle fidélité et une telle émotion que ça vous donne l'impression que ça vient juste de se passer, voire que ça se passe maintenant, aujourd'hui, maintenant.**

L'injuste prend tant de formes selon ce qu'on a vécu et qui nous sommes. C'est le fiancé qui offre des fleurs à sa bienaimée, qui fait semblant de ne pas les avoir vues ; c'est le père de famille qui travaille jour et nuit et constate avec impuissance qu'il n'arrive pas à subvenir aux besoins de ses enfants ; c'est l'ami que vous aidez pendant ses moments difficiles et qui vous tourne le dos quand vous avez besoin de lui ; c'est la femme battue presque chaque jour par un ivrogne qu'elle ne peut quitter ; c'est l'enfant victime d'abus qu'il ne peut les repousser ; c'est la maman battue par son ado juste pour avoir plus d'argent de poche ; c'est le travailleur qui bosse dur alors que personne ne reconnait ses efforts…

Vous imaginez bien que toutes les personnes souffrant de dépression ne vont pas déballer leurs injustices aux premières sollicitations. C'est un processus bien difficile qui demande délicatesse, patience et empathie. C'est aussi pour cela que rares sont les personnes qui parlent de leur dépression autour d'eux. Bien au contraire, elles feront tout pour cacher ce qui leur arrive à leur entourage familial et professionnel, laissant transparaître juste quelques signes que nous apprendrons à reconnaître. **Ils souffrent en silence et en cachette**. Il n'est déjà pas aisé de parler de soi, si en plus, il faut évoquer des injustices, la tâche devient délicate.

C'est qu'on en a presque honte car personne n'aime parler de son échec.

Déjà que la plupart d'entre nous n'arrivent pas à accepter le rôle de la victime lorsqu'ils évoquent des épisodes difficiles de leurs vies ; si en plus, vous y rajoutez un aspect qui montre ce qui ressemblerait à de l'impuissance, enlevant dans le passage toute possibilité de riposte, on finit rapidement par comprendre toute la difficulté à parler d'injustice. On s'en veut de l'avoir subie, on s'en veut de ne pas avoir riposté, on s'en veut de l'avoir subie plusieurs fois, on s'en veut de ne pas avoir essayé de l'éviter. Nous en avons tous subies, petits ou grands, nous en avons honte, nous détestons nous en rappeler et nous détestons celui qui nous les rappelle.

C'est pour cela que vous entendrez souvent la phrase suivante chez les gens souffrant de dépression : **Pourquoi ai-je accepté ?** Une question qui détient l'un des secrets de la cause de la dépression.

Si le souvenir de toutes les injustices est douloureux, il y en a bien certaines qui laissent un gout amer, un gout de « pseudo-lâcheté » : elles nous font terriblement honte. Nous en avons tous quelques-unes dans nos mémoires, nous les cachons bien et nous n'aimons pas nous en rappeler au point d'espérer trouver le moyen de les effacer pour toujours. **Ce sont les injustices que nous avions laissé passer sans réponse, sans réaction, sans un mot : nous les avons appelé des injustives.**

Quelqu'un est venu nous poignarder dans le dos, on retire le couteau et on l'avale avec notre propre sang et on n'en parle plus. Rachel disait :

— C'était toujours à moi de faire l'effort de recoller les morceaux et qu'y ai-je gagné ? Après huit ans de mariage, je me découvre cocu. Et pour couronner le tout, j'ai fermé les yeux sur ça aussi caressant le fol espoir que ça ne se reproduira pas.

— J'aurai dû être ferme et réagir vigoureusement à la première fois. Le pire, c'est qu'il sait que je sais, alors il considère que c'est acquis. Dire que j'ai fait tout ça pour sauver un mariage voué à l'échec de toute façon. Mon Dieu, comment ai-je pu en arriver là ? Comment ai-je pu tant laisser passer ? Pourquoi avais-je accepté ?

— **Mais non, je n'ai jamais accepté, j'ai juste laissé passer...** Quelle différence ? Quelle conne ?

Une différence cruciale.

Lorsque j'ai publié mon premier livre sur la psychologie des enfants, on m'avait reproché quelques points, en particulier celui du « Demandez-lui de riposter ne serait-ce que par un coup, quitte à ce qu'il se fasse tabasser ». Pourquoi ? D'abord par que ça lui apprendra le courage de riposter, même s'il en récoltera des coups supplémentaires et surtout dans le but de ne pas lui laisser l'impression intérieure qu'il est lâche car ce sentiment le consumera de l'intérieur et influencera négativement toutes ses réactions et décisions quand il fera face aux difficultés de la vie.

On peut très bien perdre une bataille dans notre vie, voire en perdre plusieurs, mais aucun gout amer ne restera en nous si nous nous sommes battus, de mieux que nous pouvions, avec nos moyens, même si l'adversaire possédait logiquement toutes les chances de l'emporter. Au moins, on aura donné un coup, qui aura fait plus ou moins mal, qui n'a in fine pas changé l'issue de l'histoire, mais ça nous aura soulagé. Marie me disait :

— Qu'est-ce que je donnerai pour revenir en arrière et riposter à tout ce que j'ai subi, ne serait-ce que par une petite phrase, un petit mot, une fugue, une gueulante… Rien, je suis restée là sans rien faire, pire encore, j'ai continué ma vie comme si de rien n'était, ce qui a ouvert la porte à bien d'autres injustices.

— C'est bien fait pour ma gueule, je n'avais qu'à l'ouvrir quand il le fallait, a poétiquement dit Rachel. Le pire c'est que j'avais vraiment la possibilité de m'éviter toute cette souffrance, c'était là, à portée de main et je n'ai rien fait ; un peu comme ces rêves où vous vous trouvez immobilisé par quelque chose, vous êtes dans la scène, vous devez vous défendre ou vous enfuir, mais vous ne pouvez pas bouger, comme si une araignée vous a anesthésié avec son venin…

Les injustives sont parmi les pires ennemis de la psyché de l'humain. La mémoire leur garde une place de choix dans nos cervelles pour les ressortir au moindre signe de ressemblance avec les horribles scènes vécues et passées sous silence, un silence bien amer, que notre psyché n'arrive pas à digérer, que notre cerveau n'arrive pas à oublier, que notre dignité préfère ne pas avoir vécu les jours où elle les a subies.

Cela dit, bien au-delà de l'amertume, Marie insistait sur un point central :

— C'est vrai que je n'aime pas m'en rappeler, un peu par honte mais aussi parce que je m'en veux de m'être mise dans une telle situation : une situation où une réaction n'apporterait rien de toute façon. C'est comme si mes choix m'ont amené dans une prison dont je ne peux plus sortir et si je me rebellais, je n'y gagnais rien ; tant de choses ne pouvaient plus changer, tant de choses impossibles à faire revenir en arrière, tant de mauvais choix…

— Rachel disait que ça ne servait à rien de la ramener car c'était déjà trop tard et surtout elle voulait préserver autre chose dans sa vie : ses enfants.

Des injustives devant lesquelles il ne sert à rien de se rebeller, des choix qui ont mené à une prison dont on a soudé les barreaux soi-même ; la vie ne tient plus qu'aux quelques petites choses que nous voulons malgré tout sauver : des enfants, un semblant de relation, un boulot qui nourrit tout ce beau monde…

Alors, devant le mal subi, **nous choisissons de forcer leur oubli, nous nous interdisons leur évocation**, ne serait-ce que dans notre propre esprit. On fait comme si elles n'avaient jamais existé, une façon de faire que nous paierons très cher car elle ne fait que creuser le mal encore plus profondément.

Les injustives nous consument de l'intérieur tel un cancer qu'il faut extraire pour continuer à vivre ; un cancer dont on ignore les effets et l'étendue. Alors en attendant qu'on se décide à y faire face, notre psyché lui a réservé un traitement bien particulier.

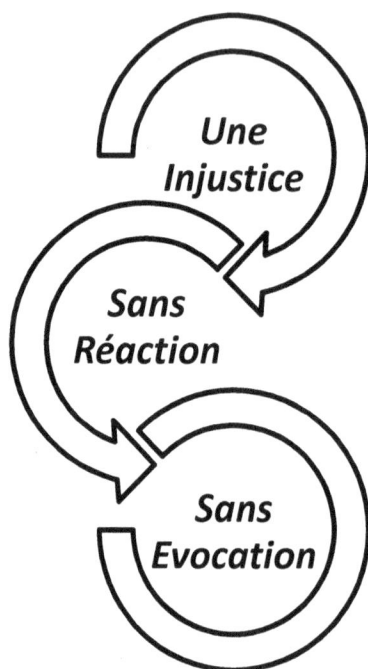

Figure 9 – Le cheminement d'une injustive

Une cause profonde

Comme déjà évoqué, lors de toutes mes entrevues, j'ai été frappé par la précision avec laquelle tous ceux que j'ai rencontrés évoquaient leurs injustices, c'était comme s'ils les vivaient au présent :

— Je ne sais pas pourquoi je me rappelle de tant de détails, ça doit être parce que ça m'a marqué. C'est sûr, ça m'a tellement marqué que jamais je me débarrasserai de ces souvenirs, même si un jour j'arrive à vaincre cette dépression.

Je n'ai pas besoin de faire référence aux dernières avancées de la neurologie, surtout aux recherches sur le fonctionnement de la mémoire, pour affirmer que celle-ci réserve un traitement bien particulier aux injustives que nous avons subies tout au long de notre vie. On sait que la mémoire retrouve plus facilement les évènements avec des « clés émotives » fortes. Nous sommes ici au summum de la condition, à savoir que la douleur ressentie lors de ces injustives est une des plus fortes qu'un humain puisse ressentir tout au long de sa vie.

— Quelle trahison !! J'en avais tellement mal au bas ventre que j'étais pliée en deux ; je n'arrivais plus à respirer et la douleur dans ma poitrine était tellement intense que j'avais l'impression de sombrer dans un puits bien étroit.

131

J'étais aux cotés de Marie quand elle a découvert une de ces injustives. Ses larmes ont commencé à couler et ne se sont pas arrêtées pendant près d'une heure. Elle avait envie de parler mais n'y arrivait pas à cause de sa respiration accélérée. Lorsque j'ai voulu attraper mon mobile dans l'autre bureau pour appeler un médecin, elle m'a attrapé la main et m'a dit de ne pas la laisser seule. Elle pleurait avec une telle douleur que je n'ai pas pu retenir les miennes. C'était un moment des plus tristes de ma vie et je m'en souviens encore à la seconde près, alors imaginez son cas. J'essayais de la consoler mais rien n'y faisait, elle pleurait et ne pouvait pas s'arrêter. Sa respiration allant en s'accélérant, j'ai fini par appeler son médecin, qui est arrivé une demi-heure après. Têtue comme elle est, elle a refusé de le voir ; mais au moins il avait accepté de rester un moment au cas où. Dix minutes après, ses larmes coulaient encore mais elle arrivait à articuler :

— Pourquoi on me fait ça ? Qu'ai-je fait de mal ? Pourquoi dois-je subir les ignominies de chacune des personnes que j'ai aidées ? Est-ce parce que je veux enfin vivre pour moi-même ? N'ai-je pas le droit de faire mes choix comme ils ont fait les leurs ?

— Pourquoi ils me font du mal alors que je ne leur avait fait que tu bien ? Ma déception est tellement profonde que j'en suffoque !!

Cet épisode a duré toute une soirée, sur le même sujet et les mêmes personnes. Au bout d'une heure, elle s'est écroulée sur le canapé de son bureau, dans un sommeil tellement profond que j'ai rappelé le médecin en douce pour qu'il prenne ses constantes. « Elle était en état de choc », m'avait-il dit et devait se reposer et surtout changer d'air. Facile à dire, avais-je dit !! Je me suis alors rendu compte de la puissance de tels épisodes et surtout me suis posé la question : Si tel est le cas d'une injustive « exprimée » sur le champ, elle a au moins pu pleurer et en parler, non sans difficulté ; alors comment doit être la puissance d'un choc que la personne a dû subir en silence, car elle ne peut pas montrer sa douleur, pour une raison ou une autre ?! Mon Dieu, j'avais beau me rappeler des pires de mes injustives, parce que nous en avons tous quelques-unes, aucune n'étais équivalente à ce que Marie venais de subir.

Alors imaginez la même douleur, la même énergie, tournée à l'intérieur, bien étouffée, sans possibilité d'évocation intime ou publique. Elle reste là et doit faire un grand sillon dans la zone du cerveau dédiée à ce genre d'horribles mémoires.

Dans le chapitre précédent décrivant les premiers stades de la dépression, nous avions souvent utilisé le terme « vider son sac », pas seulement en référence au sens populaire de cette expression, mais aussi parce qu'elle renferme un aspect qui a particulièrement servi à construire cette découverte. Il est caractérisé par le moment où la personne commence à déballer toutes les injustives subies dans sa vie, absolument toutes, parfois dans l'ordre, parfois dans le désordre ; en remontant jusqu'à l'enfance. Elles sont évoquées avec une telle précision que le cerveau a dû les stocker dans un coin bien spécifique, un coin qui leur est réservé.

Nous l'avons appelé le sac à injustives.

Ce sac contient en effet toutes les injustices et toutes les blessures subies tout au long de la vie, avec une place de choix pour les injustives ; la douleur qui les a accompagnée servant de clé d'accès rapide pour la mémoire.

Le sac à injustives se remplit au fur à mesure que nous en subissons dans notre vie, mais il a une caractéristique qui relève de la plus profonde justice dans la construction de la psyché humaine : **sa capacité est limitée**. Cette découverte fait suite à l'analyse de la constance dans le changement de comportement dès les premiers stades. Et qui dit « capacité limitée », dit moment de remplissage total, moment de saturation.

La SATURATION du sac à injustives est ainsi la cause directe et profonde de la dépression.

C'est un processus psychique situé dans les profondeurs de l'inconscient, un inconscient qui n'est pas si profond et sombre que cela ; un inconscient que la psychologie première considère comme un ami de l'homme, un inconscient qui moulinerait en arrière-plan et nous éviterait ainsi d'être conscient de chaque processus actif dans notre cerveau. On en deviendrait fou et c'est totalement inutile : à quoi servirait d'être conscient de chaque rayon traversant ma rétine ainsi que du flux nerveux qu'il engendre dans le nerf optique et de l'activation de mes neurones, les uns derrière les autres !! L'inconscient a la fonction centrale de nous « masquer » les processus « non indispensables » pour mener notre vie au quotidien.

Cela dit, il ne manque jamais de nous envoyer des signes quand un processus vital ne fonctionne plus correctement. Et lorsque nous ne prêtons pas attention à ces signes « soft », il insiste et nous en envoie des « hard » qui se manifestent dans notre corps, des signes qu'on ne peut pas rater, mais qu'on peut parfois, hélas, mal interpréter. Telle est la quête de la psychologie première : plonger dans l'inconscient pour identifier les principaux processus qui fondent notre psyché.

Même si elle essaie de se cacher parmi tous ces processus vitaux, la saturation s'exprime pourtant bien à travers certains mots qui reviennent systématiquement :

— Je suis fatiguée, épuisée. Je sens que je vais tout lâcher et j'ai peur de ce qui arrivera, de ce qui restera de moi.

Vous entendrez souvent le mot « fatigué », avec ses différents degrés : « épuisé », « lessivé », éreinté »… Alors vous penserez directement à toute cette tristesse et ses chagrins, à cette interminable insomnie, aux effets des médicaments… Mais si vous entendez un peu au-delà, vous comprendrez surtout qu'il s'agit d'une « **fatigue de vivre** » et que la seule fatigue physique ne suffit pas à expliquer ces mots. Dans des stades avancés de la dépression, les personnes souffrantes finissent d'ailleurs par l'exprimer dans ces termes :

— Je suis fatigué de vivre, d'exister. Je crois que j'ai épuisé mon temps ici.

Je me rappelle encore de la peur qui m'a envahie le jour où Marie a prononcé ces mots. Quelle douleur. Intelligente comme elle est, elle a tout de suite lu ma peur et m'a dit de ne pas m'inquiéter outre mesure, c'est inévitable et il fallait bien que ça arrive un jour. Elle disait ça avec une telle certitude que j'en avais les larmes aux yeux. Je les ai encore en écrivant ces quelques lignes !!

Dès que vous entendez ces mots la première fois, assurez-vous de ne plus jamais les laisser seuls.

La fatigue physique dans ses formes les plus extrêmes ne peut à elle seule expliquer de tels propos, c'est pour cela qu'on parle de fatigue de vivre. Mais que peut bien signifier ce terme ?

Eh bien, sans rentrer dans un débat théorique, voire philosophique, et surtout suite à ce que j'ai constaté chez les personnes souffrant de dépression, il est évident que l'homme dispose d'une énergie intérieure. On la sent tous au quotidien, même si on n'arrive pas à la quantifier. Appelant la « énergie intérieure » ou « énergie psychique » pour faire simple. Voici deux exercices qui vous prouvent son existence et la possibilité de son transfert : d'abord, choisissez la personne la plus négative que vous connaissez dans votre entourage, une personne qui se plaint de tout, elle ne voit que le négatif. Vous l'invitez à boire un café et vous vous concentrez sur chacun de ses mots. Dix minutes plus tard, vous vous sentez lourd et vous avez envie de vous échapper. Eh bien, vous avez gaspillé votre énergie en la transférant à cette personne négative, qui va la gaspiller à son tour.

Deuxième exercice : une personne qui souffre de dépression, à qui vous soutenez que la vie continue, qu'elle est belle et qu'il suffit de faire un effort pour le constater. Elle vous sort toutes les excuses du monde et vous avez du mal à la convaincre, elle vous « pompe » carrément votre énergie, mais généralement pour une bonne cause cette fois ci. C'est pour cela que l'écoute fait du bien ; en effet, écouter, c'est transférer de son énergie à l'autre. Donc si vous partagez la vie d'une personne souffrant de dépression, ressourcez-vous ailleurs, avec vos amis, famille, sorties… Vous devez vous ressourcer pour pouvoir l'aider.

Les « spécialistes » vous diront : « surtout pas ; attention au transfert !!». Au diable leur jargon !! Si vous voulez aider l'autre, vous devez y mettre du vôtre. Vous devez faire don de votre temps et de votre énergie intérieure.

Veuillez excusez mes mots s'ils vous paraissent violents, mais si vous lisez ce livre parce que vous voyez un être cher souffrir de dépression, sachez qu'il a besoin de votre amour et de votre soutien. Il a besoin de voir vos émotions, il a besoin de l'énergie intérieure que vous lui transférez à chaque fois que vous lui dites un mot de soutien. C'est bien pour cela qu'on se sent fatigué, lessivé après une séance d'écoute attentionnée, qu'on appelle écoute active. C'est pour cela que j'ai insisté sur l'obligation de se ressourcer ailleurs.

Je vous supplie encore de ne pas les laisser seuls. Certains d'entre eux ont vécu des choses tellement horribles dans leurs vies qu'ils vont remplir leur sac en moins de vingt ans ; certains vont succomber à la dépression alors qu'il sont encore enfants, d'autres à l'adolescence : des adolescents frappés par la cruauté d'un monde qu'ils ne comprennent pas trop, un monde rempli d'injustices et de préjugés, qui les frappent à un moment où ils sont les plus fragiles, un moment où ils changent de monde.

Face à ce fléau, nous ne sommes malheureusement pas tous égaux. Selon le vécu de chacun, certains vont remplir leurs sacs plus rapidement que d'autres. Mais face à une même expérience de vie, certains vont se montrer plus fragiles que d'autres, nous en parlons plus loin lorsque nous aborderons les prédispositions, mais sachez dès à présent qu'une première famille est celle des âmes sensibles. Elles sont très émotives et prennent tout à cœur. Dans ce monde rempli de prédateurs, elles finissent par remplir leurs sacs les premières, chacune à son âge, en fonction de ce qu'elle aurait subi.

Lorsque les personnes arrivent à saturation, la psyché et le corps lancent des signaux d'alertes que nous avons presque tous répertoriés dans les prochains chapitres. Et même si la saturation est un état bien défini, avec ses processus et ses signes, il reste difficile à déceler, surtout dans les premiers stades de la dépression. En comparant systématiquement les états psychiques de chaque personne rencontrée, j'ai remarqué que certaines pouvaient donner des signes convaincants de « mieux-être », comme si elles avaient guéri sans raison apparente. La dépression ne nous enfonce pas dans son sombre monde par un processus continu, mais elle passe par un processus bien plus insidieux et trompeur.

Un processus complexe

J'ai rencontré Thomas lors d'un brunch parisien, un dimanche bien pluvieux. Un jeune homme timide, la petite trentaine, habillé casual et apparemment ne présentant aucun symptôme de dépression. Une de ses amies le présente :

— Je vous présente Thomas le solitaire, on l'appelle « Seul Thomas ». On l'a sorti de dépression il y a de ça des mois, mais il replonge à chaque fois, à croire qu'il s'y plait notre saint préféré.

Tout le monde en ri, même lui ; et aussitôt, tout le monde le décrit comme sensible, solitaire et mélancolique et ce n'était pas faute de lui avoir présenté des filles. J'apprends qu'il est ingénieur studieux et qu'au boulot on l'appelle « l'éternel étudiant » car, jusqu'à récemment, il s'habillait comme un étudiant, marchait comme un étudiant et vivait comme un étudiant.

Lorsque j'ai croisé Thomas un autre soir, il était seul dans son petit coin, son verre d'alcool bien rempli ne s'éloignant pas trop de ses lèvres, le regard vide et la larme presque aux yeux. Il venait de subir un autre râteau d'une fille dans laquelle il avait mis tout son espoir de quitter sa solitude chronique. Comme il ne voulait pas en parler, j'ai appelé l'un de ses amis qui m'a raconté ce qui s'est passé et surtout la cruauté qu'il a subie, car tout cela s'est passé en grand public, devant tout le monde.

La dépression ne procède pas par mouvement continu, elle avance plutôt par à-coups : un jour, un coup arrive et vous mets un genou à terre, ça vous fait souffrir quelques temps mais plus ou moins vite, vous reprenez le cours de votre vie, le cours de votre projet de vie, ou simplement d'un projet qui vous tient à cœur. Vous vous enfoncez dans une passion dévorante ou dans un boulot prenant et ça vous fait oublier ce qui s'est passé, la vie reprend son cours. Un autre coup arrive, il vous enfonce encore un peu mais très vite, votre famille vous sort de là et vos amis vous présente une nouvelle jeune femme qui vous prendra quelques semaines de votre vie, avant de vous rendre compte que ça ne peut pas coller ; et vous vous enfoncez encore un peu.

Dans ses débuts, la dépression va affronter plusieurs facteurs qui font le cours continu de la vie, des facteurs qui essaieront jusqu'au bout de vous maintenir à flot et surtout de vous rappeler que la vie finit toujours par reprendre ses droits, que la vie finit toujours par reprendre son cours. Tout le monde autour de vous se dit que c'est fini pour de bon et vous y croyez aussi. Pourtant, le prochain coup vous met directement à terre, alors qu'il est largement moins dur que les précédents. Cette fois ci, vous sentez que vous n'êtes pas loin de tout lâcher et ça vous fait peur.

Tant qu'il y a de l'espoir et de la passion…

Ce qui vous permet de rester sur les rails, c'est un grand espoir que vous avez déjà placé dans un grand « projet » : une belle histoire d'amour, une passion pour l'art, le théâtre ou la mécanique, une énorme envie de réussir dans votre nouveau poste… Le secret est dans l'occupation du temps, depuis le réveil jusqu'au coucher !

Tant que vous êtes bien occupé par votre passion, vous ne pensez pas au passé, aux injustices, à votre condition, à ce qui vous fait mal. C'est exactement de cette façon que mon maître m'a fait échapper à la dépression, même s'il a fallu revenir tout déballer par la suite, mais bien loin des coups et des trahisons, dans une situation bien plus stable et hors de tout danger.

Et un autre coup arrive. Vous vous sentez à la limite de la rupture mais des amis, des vrais, se relayent pour vous forcer à sortir, à changer d'air, à penser à autre chose, à aller de l'avant. Quel bel effort. C'est d'ailleurs en voyant ce petit groupe d'amis autour de « Seul Thomas » que je me suis dit que ce sont plutôt eux les saints dans l'histoire. Quel dévouement, quelle leçon d'amour, quelle organisation autour de lui !!

L'avancement de la dépression agit plutôt comme si on vous a mis la tête sous l'eau, vous vous débattez pour sortir respirer, mais vous n'y arrivez pas. Et vous vous dites : il faut que j'apprenne à respirer sous l'eau et alors je dois laisser tomber. Quand soudain, quelque chose vient vous sortir la tête de l'eau, vous respirez l'air libre, mais vous avez peur du prochain coup qui vous fera replonger, car vous n'avez toujours pas appris à respirer sous l'eau.

Malheureusement, très souvent, le coup fatal viendra de la chose qui vous a toujours sorti de l'eau jusque-là : un amour qui se rompt, un projet qui échoue, un nouveau boulot qui ne dure pas, et là, on est inconsolable. C'est ce qu'a subi Thomas. Il a cru retrouver l'amour avec l'une des filles qu'on lui présentées, mais ça n'était pas réciproque, alors il s'est tourné vers son boulot à travailler comme un fou, jours et nuits, afin d'obtenir une promotion qui lui permettrait de changer de service et surtout de groupe de travail. Ce jour-là, j'ai rendu visite à un Thomas effondré, il venait d'apprendre que son collègue, moins diplômé et moins bosseur que lui, a eu le poste pour lequel il pensait être prédestiné.

Nous plaçons notre espoir dans notre couple, dans nos enfants, dans notre boulot, dans nos passions. Cet esprit est heureusement flexible et peut se déplacer d'un hôte à un autre, mais que faire quand tout s'effondre ? Quand on ne trouve plus rien ni personne en qui placer cet espoir ? Les gens nous disent qu'il ne faut pas perdre espoir, que les choses se corrigent, se rattrapent, mais on sait au fond que c'est fini, c'est irrécupérable et on en devient inconsolable.

Je me suis alors penché à chercher la nature du coup de grâce qui nous fait sombrer, mais il continuait à échappait à toutes mes analyses jusqu'au jour où, prenant un café avec Marie à une belle terrasse parisienne, elle me regarde et me dit :

— Tu sais pourquoi c'est toi que j'ai choisi de coacher ?
— Ma ténacité à toute épreuve, ai-je répondu !
— Non, c'est parce que tu sais poser la bonne question.

En effet, je posais la mauvaise question à propose des caractéristiques de l'évènement fatal. Il ne faut pas chercher à caractériser le coup de grâce, mais **plutôt son moment, son timing**. La vraie question était donc :

- Pourquoi certaines personnes vont encore trouver les ressources internes pour aller de l'avant alors que d'autres finissent par succomber ?

La réponse dépend du scénario.

Il n'existe pas un seul type de coup de grâce qui nous ferait succomber, mais tout dépend de la succession des injustives qui nous y ont amené. Parfois, la personne va lâcher à cause d'une histoire qui peut nous sembler « pas si grave que ça », mais pour elle, c'est la goutte qui fait déborder le verre, **c'est la goutte qui va l'amener au doute**. Le doute se conjuguant toujours avec la peur, ces deux ennemis de l'humain, qui sont préexistants en chacun d'entre nous, vont précipiter sa chute et le faire rentrer dans une nouvelle phase de sa dépression.

Mais avant d'étudier l'effet de ces deux catalyseurs, identifions d'abord le coupable.

Eh oui, il y a bien un coupable et un seul qui nous précipite dans la dépression : une constante que j'ai vérifiée dans tous les cas rencontrés ainsi que sur la plupart des témoignages publics. Il n'existe pas un processus spécifique dans notre psyché qui nous auto-précipite dans la dépression, le coupable est exogène à notre esprit.

Un coupable insoupçonné

— Mais qu'ai-je fait de mal ?

— Est-ce de ma faute ?

— Suis-je responsable de ce qui m'arrive ?

— Est-ce qu'on se laisse tomber soi-même en dépression ? par manque de volonté ?

— J'ai entendu un psy dire que si une de nos relations « merde », nous en portons toujours une part de responsabilité !!

— A quoi bon faire vivre une relation qui me tue chaque jour un peu plus !!

Et la liste est encore longue des paroles de personnes souffrant de dépression et qui se demandent comment elles se sont retrouvées là et surtout qui les y a emmenées.

Il ne s'agit pas de nommer un bouc émissaire ; j'ai d'ailleurs longuement hésité à utiliser le terme « coupable » mais face à l'évidence, je n'ai pas trouvé le moyen de le contourner ; il faut dire qu'il porte bien le sens de ce que j'ai déjà annoncé en introduction. Il ne s'agit pas non plus de nommer des responsabilités, mes études de droit m'ayant appris que tout est gris ; et même après le verdict, des zones de gris demeureront toujours.

Lorsque j'avais vu venir cette conclusion qui s'est dégagée au fil des témoignages, des mots et des questionnements des gens en dépression, mon esprit a tout fait pour refuser ses propres conclusions, à tel point que j'ai fini par mettre par écrit toutes les objections possibles... Hélas, rien n'y a fait. Après des nuits et des nuits à essayer de démonter cette conclusion, je me suis rendu à l'évidence.

En effet, au fur et à mesure que je clarifiais la nature des injustives, j'avais fini par comprendre que ma conclusion s'imposait par essence même. Toute injustive est causée par quelqu'un d'extérieur, généralement quelqu'un de proche. Mais dans ce cas, où est notre part de responsabilité dans la non-risposte ? De la non-protection contre ces injustices ? Sommes-nous systématiquement « victimes » de nos injustives ?

Eh bien, oui, le contraire nous amènerait à cela :

— A ceux qui me disent que j'ai obligatoirement une part de responsabilité de ce que j'ai subi, je dis ceci : Comment pouvez-vous être aussi insensibles et reprocher à la victime d'un viol d'en être en partie responsable ?

— Est-ce de ma faute si je vois la vie en rose, les gens gentils et sympas, comme dans un conte pour enfants ? Suis-je fautive de ne pas comprendre l'existence et la méchanceté des loups ?

— Est-ce de la naïveté que de partager l'avis de Rousseau sur la « bonne » nature de l'homme ?

— **J'ai envie de croire pour vivre ma relation. Si je ne fais que calculer, ça n'ira nulle part. J'ai donc pris un risque calculé, comme dirait l'autre, alors qu'il n'est en**

effet pas calculé du tout, l'envie de croire annihilant de facto la probabilité du mauvais scénario.

— Ça me rend malade de voir tous ces gens me traiter de naïve. D'ailleurs, à force, je me traite de conne presque systématiquement maintenant. Ça rend bien compte de ce qui m'est arrivé. Naïve d'avoir cru en quelqu'un, conne d'avoir tout accepté pour préserver ma croyance et mon espoir.

Votre entourage le plus proche est systématiquement coupable de vous avoir précipité dans le ravin de la dépression. Le fait que vous n'ayez pas pris des précautions en temps voulu n'enlève rien à sa culpabilité.

La détermination du coupable en dépression ne relève pas du droit positif !! Mais il est clair que sans interactions, personne ne tomberait en dépression. Mais en même temps, pouvons-nous vivre sans interactions ?

Aucun humain ne peut vivre seul dans ce bas monde. Je ne vais pas me livrer à une démonstration de sociologie ou d'anthropologie ici, même si cet aspect central dans la psychologie de l'homme fera l'objet d'un prochain écrit. Relevons juste que le simple inventaire des organes et des fonctions biologiques qui nous servent à interagir avec l'extérieur suggèrent que notre conception fait de nous des êtres plutôt tournés vers « l'extérieur », par construction même. Et au-delà de la biologie, nous savons tous que nous avons une tendance à aller vers l'autre, à vivre ensemble et ce depuis que l'homme est venu sur terre. Certains expliquent cela par une simple nécessité pragmatique de partage des fonctions pour un meilleur confort collectif, mais la raison est bien plus profonde que cela. **Aucun homme ne supporte la solitude, tous les sages solitaires vous le diront.**

Mais alors, si l'homme est « condamné » à interagir avec les autres, pourquoi est-ce que la solitude demeure un facteur majeur de la dépression ? Un beau paradoxe qui n'en est un qu'en apparence !

Le fait qu'on déprime à cause des autres et qu'on déprime sans les autres prouve bien ce qui a été avancé plus haut et vous dit que « point de salut sans amour ». Si les autres vous amènent à la dépression, la solution n'est surement pas dans l'isolement. Rappelons que nous avons été spécifique sur la nature du coupable que nous avons nommé : l'environnement direct, c'est-à-dire les gens avec qui on interagit tous les jours : famille, amis, boulot, voisins... Vous pouvez donc vivre dans un « environnement toxique » que vous devez quitter pour votre salut, non en vous isolant mais en en cherchant un autre, plus chaleureux, plus doux. Vous allez me dire que c'est plus facile à dire qu'à faire !! En effet, mais c'est aussi pour cela que nous avons réservé toute une partie de ce traité à la voie de sortie, qui passe, entre autres processus, par la « neutralisation des acides ».

Il ne faut donc pas jeter le bébé avec l'eau du bain, ce n'ai pas parce que votre entourage est toxique pour vous que tous les humains ne méritent pas votre amour et votre dévouement. Il faut juste savoir les choisir ; et ça, personne ne nous a appris à le faire, seule la vie nous l'apprend à grand coups douloureux et ineffaçables. Combien de fois j'ai entendu ces phrases :

— Je ne l'ai pas cru capable de trahir à ce point !
— J'ai pourtant vu des signes que j'ai choisi de minimiser, d'ignorer. Voilà où ça m'a mené...

La deuxième phrase porte l'un des plus grands regrets de Marie. C'est presque ce qui lui fait le plus mal, même aujourd'hui, après avoir passé les temps les plus agités. Il ne s'agit pas ici de qualifier une faute en droit positif, comme l'indique le Code Civil et de déterminer qui a fait quoi et quelle a été la réaction de la victime ?! Lors d'une discussion publique, un imbécile a réussi à me dire un jour que les victimes de dépression ont toute été « consentantes » à un moment ou à un autre de leurs histoires ; je n'ai pas pu retenir ma rage et ma tristesse à entendre de telles conneries. J'ai alors répliqué sur le moment : « Monsieur, allez dire aux victimes de viols qu'elles étaient quelque part consentantes, voire complices, car leurs débattements n'a pas suffi à briser la corde qui les attachait » !!

Nous reviendrons très en détail sur ce sujet que j'ai décrit auparavant comme celui qu'on a poignardé et qui n'a de choix que d'avaler le couteau avec son propre sang, dans l'espoir d'éviter une rupture qu'il ne peut envisager, une rupture qu'il est incapable de supporter. Il accepte le sacrifice de soi en espérant des jours meilleurs. Nous verrons que c'est bien plus complexe que cela ; car au fond, il est persuadé que sa révolte ne mènerait à rien, voire qu'elle rendrait sa condition encore pire, et il ne peut que caresser ce vain espoir de lendemains meilleurs.

Alors il demeure dans son environnement toxique qu'il ne peut ni changer, ni échanger. Et il espère, il rêve… Un environnement toxique qui se déclarera toujours irréprochable et innocent, ne serait-ce que par amour. Une déclaration qui me donne l'idée d'une autre voie de démonstration bien plus rapide et claire, et qui passe par la simple constatation de l'origine des injustives, qui prennent toutes naissances dans nos interactions avec notre environnement proche. On retrouve immédiatement notre coupable, bien caché : un entourage proche et toxique, même s'il est parfois vrai que ce qui est toxique pour les uns ne l'est pas pour les autres.

Est-ce une mauvaise alchimie alors ? Un mauvais choix dès le départ ? Questions qui en amènent d'autres : Etiez-vous fautif d'avoir cru ? D'avoir donné ? D'avoir supporté ? D'avoir tout fait pour corriger ?

Le don de soi ne peut jamais être fautif... Mais on peut se tromper de destinataire !!

Et on s'obstine à croire à un vain espoir de changement, parce que notre condition ne nous permet pas de réagir comme on le souhaiterait. Vient alors cette dépression pour nous rappeler que l'essence de la vie est d'être heureux tous les jours, en vagues de mer non agitée, que l'espoir que vous entretenez est vain et que votre esprit n'en supportera pas plus. Une leçon de vie à grands coups : faites don à celui qui le comprend, l'apprécie et le mérite.

Malheureusement, notre psyché est bien plus complexe et la seule identification du coupable, fut-elle aussi centrale à la compréhension de la dépression, ne suffit pas à expliquer ce qu'on observe dans ses phases les plus avancées, **quand l'esprit utilise sa propre logique pour s'autodétruire et demeure ainsi figé, incapable de faire le moindre pas, en avant ou en arrière**. C'est que d'autres forces psychiques interfèrent avec le phénomène dépressif pour en amplifier les errements et en assombrir les réflexions : j'ai nommé les processus les plus puissants chez l'humain : la peur et le doute, l'un alimentant l'autre dans une action en spirale, que j'ai appelé « la spirale de la mort », dont nous parlerons dans la suite des chapitres.

Et même s'ils peuvent être les meilleurs alliés de l'homme dans sa quête du bonheur et de la sagesse car point de sciences et de progrès sans « doute » et point de frein aux plus grandes des folies sans « peur », la peur et le doute vont avoir une action de puissants catalyseurs sur le phénomène dépressif, surtout dans ses stades les plus avancés.

Deux puissants catalyseurs

L'homme peut accepter toutes les vérités, bonnes ou mauvaises, blessantes et choquantes, mais il ne supportera jamais le doute. Ça le consume, ça l'agite, ça l'épuise.

Lorsque vous avez des doutes sur un grand sujet ou sur une personne importante dans votre vie, c'est le temps des questionnements incessants, de toutes les hypothèses, quitte à les mettre par écrit, le temps d'un calcul de probabilité. Un ami proche qui fait des calculs financiers, avec des probabilités de revirement de marché, utilise un fichier Excel, avec plusieurs scénarios. Un jour, il est pris par un doute sur la fidélité de sa femme pour une connerie soufflée par une voisine jalouse, et le voilà adaptant le même fichier pour calculer la probabilité que sa femme l'est trompé ainsi que tous les scénarios possibles pour dépasser la question. Il en était malade et passait des heures et des heures à ajuster les probabilités de tel ou tel scénario, jusqu'au jour où il m'en parle. Je lui ai alors simplement suggéré de demander à sa femme les raisons de tout ce qu'il trouvait suspicieux, sans l'accuser ni cacher le moindre détail. Il s'est alors avéré que sa femme passait par une période très difficile au boulot, qu'elle n'osait pas lui en parler et qu'elle était presque en dépression latente.

Nous avons tous un besoin viscéral d'être fixé car nous ne supportons pas le doute, un doute très présent dans le processus dépressif, un doute qui va commencer dès le déballage du sac à injustives, de l'ouverture des yeux sur la vérité des autres et la découverte de l'environnement toxique. La plupart de ces étapes ont déjà été explicitées dans les premiers chapitres ou dans les prochains ; nous allons ici juste en prélever les aspects relatifs au doute.

Une des plus importantes découvertes réalisées en analysant le cas de Marie, c'était la **survivance de son processus logique**. Même si elle avait du mal à décider, à choisir ou à avancer, son processus logique tenait encore parfaitement la route et je pense que c'est ainsi pour la plupart des personnes en dépression.

Ne confondons pas doute et indécision car la différence est considérable. Alors qu'elle était incapable de décider ou de choisir, Marie continuait à analyser sa situation avec logique et en déduisait des conclusions, certes excessives, mais non erronées. Quand le monde continuait à s'effondrer autour d'elle, en découvrant le vrai visage des gens qui ont toujours compté pour elle, elle en arrivait à se demander, logiquement :

— Si j'ai fait tant d'erreurs, peut-être qu'ils ont raison et moi tort ?
— Si on m'a traité de la sorte, peut être que je le mérite !
— Et puis, suis-je vraiment quelqu'un de gentil ? de bien ?

On pourrait être tenté de dire que c'est bien son processus logique qui va déclencher le doute mais c'est surtout le constat de plusieurs paradoxes apparents qui va le faire. En effet, la personne ne manquera pas de constater le grand écart entre ce qu'elle pensait de son environnement et le vrai visage qu'elle vient de découvrir. Alors, elle commence à douter de tout, surtout d'elle-même. Elle se met à se faire des reproches et à s'auto-traiter de tous les diminutifs.

En commençant à douter des autres, puis à se retourner contre elle-même, elle peut même finir par douter de l'existence du réel, de la vie, de sa propre existence. Ce sont des moments de grand déchirement que je ne souhaite à personne, tous liés à ces questions métaphysiques qu'on a du mal traiter, étant en bonne forme ; imaginez l'effet que ces questions font à une personne qui doute de tout, de son existence même.

Le doute l'épuise et la tristesse accompagne chaque découverte, chaque réflexion, chaque conclusion.

Mais le doute n'agissant jamais seul, la peur est toujours sa plus fidèle accompagnatrice. **Le doute fait perdre à la personne ses repères et la peur la fige complètement, voire la tétanise.** Vous l'avez peut être remarqué lorsque vous insistez à faire sortir une personne souffrant de dépression, ce n'est pas qu'elle n'en a pas envie, c'est surtout qu'elle a peur de l'échec encore une fois, surtout de l'échec relationnel.

— A quoi bon essayer encore, je suis bonne à rien. Déjà que ça n'a pas marché avec ceux que j'aime et qui disent m'avoir aimé, comment ça pourrait marcher avec un autre…

— J'ai tout donné dans ce projet, pour lequel j'ai tous les atouts et j'ai échoué. Comment voulez-vous que j'en réussisse un autre ?

— Je ne veux surtout pas revenir avec un mec qui m'enfermera comme le premier. Je ne supporterai pas cela et je fuirai au moindre caprice ou injustice…

Comme déjà décrit dans mon premier livre, la peur est le plus puissant processus dans notre psyché. Il fonctionne comme une focalisation forcée de tous les processus pour se concentrer sur ce

151

qu'il considère comme un risque. C'est le seul « sentiment » qui possède son propre organe dans le cerveau : l'amygdale.

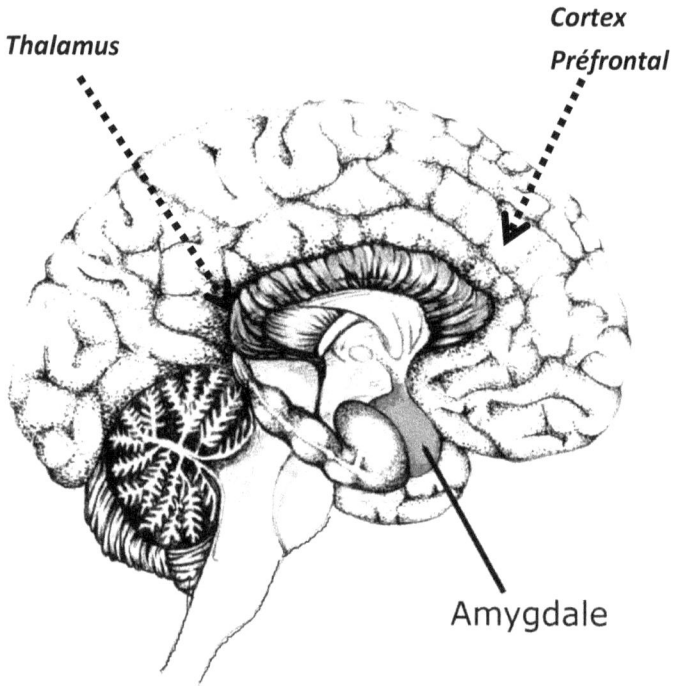

Voie Rapide :
   Stimulus – thalamus – amygdale – réponse
Voie Longue :
   Stimulus – thalamus – Cortex Préfrontal – amygdale – réponse

➔ *C'est en effet systématiquement l'amygdale qui commande la réponse à la peur, ce qui en fait le seul « sentiment » avec un organe dédié. C'est le processus le plus puissant de la psyché humaine.*

Figure 10 –   Le circuit de la peur

Doute et peur vont finir par achever ce qui reste de la personnalité, le doute détruisant tout nouvel espoir et la peur figeant la personne, l'empêchant de prendre la voie de sortie. Vous entendrez alors ces mots :

— J'ai fait mon temps ici et je ne suis surement pas adaptée à ce monde.

— Dans tous les cas, j'ai déjà tout essayé et ça n'a pas marché. A quoi bon essayer encore.

— Que reste-t-il de moi à donner encore ? à offrir à qui que ce soit ?

— Bon, j'ai joué une partie de j'ai tout perdu. Game over.

Doute et peur constituent la spirale de la mort. C'est le processus le plus dangereux de la dépression et celui qui plonge la personne dans la dépression sévère puis profonde, même s'il est présent dès les premiers instants de la dépression, dès les premières découvertes du détective.

Doute et peur ne sont pas en eux-mêmes les causes de la dépression, mais ce sont deux puissants catalyseurs qui vont l'accélérer et en amplifier les effets. Nous reviendrons très en détail sur leur fonctionnement dans la partie dédiée aux stades avancés de la dépression.

Figure 11 – Toutes les causes de la dépression

Un coupable multirécidiviste

Un ami gynécologue s'est remarié il y a six ans avec une femme qu'il aime beaucoup. Pendant des années, il a consacré sa vie à lui faire oublier toutes les années difficiles qu'elle a vécues avant de le rencontrer, il ne lui refusait rien et il adorait le fruit de leur relation, deux magnifiques petites filles. Autour d'elle, elle n'hésitait pas à exhiber son aisance matérielle, à se faire envier la chance qu'elle a de bien vivre avec un homme aussi cultivé et sensible. Mais les choses ne sont jamais ce qu'elles paraissent être. Un jour, en rentrant plutôt d'un séminaire, il la découvre dans son lit, dans les bras d'un autre. Il en est inconsolable. Coup classique, vous allez me dire ? Pas pour lui.

Il s'est tout de suite rappelé de son manque de reconnaissance, de son attitude condescendante à l'égard de sa famille, de toutes ces nuits de voyage où elle sortait seule avec ses amies. Il avait une totale confiance malgré tout ce qu'il entend sur son attitude. Il fait absolument tout pour qu'elle ne manque de rien sur tous les plans, y compris affectif et sexuel. Mais le voilà trahi, à en pleurer jour et nuit. Il sait que quelque chose s'est définitivement brisée en lui, mais pas son amour pour elle et son inquiétude pour ses filles. Alors il en parle à quelques « amis », cherchant conseil et réconfort. Enorme erreur…

La nouvelle s'est propagée chez toutes ses connaissances, y compris sa famille et alors qu'il cherchait à se confier, à dire sa douleur, à avoir un bon conseil, à calmer ses peurs pour enfin pouvoir décider, il est surpris par les réactions qu'il entend :

— On t'avait bien dit que tu l'a gâtais trop,

— On t'avait prévenu pour la différence d'âge,

— Tu connaissais pourtant bien d'où elle vient…

— Je suis ta sœur. Tu te souviens du jour où je t'ai rapporté ses insultes et ses injures, y compris sur toi-même ? Tu n'as pas voulu me croire.

— Tu dis l'avoir vu dans les bras de quelqu'un d'autre, c'est peut être juste une erreur de jeunesse, il faut dire que tes séminaires se font de plus en plus fréquents…

— Je t'avais bien dit que tu ne savais pas choisir les femmes alors que tu es gynéco !! Ta première femme t'a laissé car tu n'as pas su l'aimer et la seconde parce que tu l'aimes trop…

— Tu savais bien que ça allait arriver. De toute façon, si ce que tu dis est vrai, tu ne peux plus lui confier l'éducation de tes filles, pas après ce que tu as découvert…

Il m'a dit : « Alors que je m'attendais à un minimum de compassion ou de compréhension, on dirait que tout le monde m'en voulait depuis longtemps et n'attendait que ça pour m'attaquer… Je ne veux pas qu'on me fasse la morale ou qu'on me rappelle mes erreurs, je veux juste une épaule compatissante et éventuellement un petit encouragement, voire un avis raisonnable. On dirait que tout le monde veut se défouler sur moi ».

— Et maintenant, tu vas faire quoi ?

— Il faut que tu sois sur avant de décider…

— Et si elle décide de garder les filles ? Perdre sa fille, c'est perdre son âme…

— Tu sais combien ça va te couter tout ça…

— Tu es sur que tu ne peux pas lui pardonner ? Tout le monde fait des erreurs, en plus, elle est bien plus jeune que toi...

Et il continuait : « Je n'avais jamais fait attention auparavant aux paroles des autres, à mon propos ou à celui de ma femme, ça m'importait vraiment peu. Aujourd'hui je suis blessé et aucun d'entre eux ne m'a vraiment aidé. **Même ceux qui semblaient vouloir mon bien avaient toujours dans leur propos des mots ambigus, des mots qui ne font qu'augmenter le doute**... Alors que je pensais que je ne serai pas le seul à divorcer pour infidélité, je me suis retrouvé à questionner ce que j'ai vu de mes propres yeux, à me demander ce qui va m'arriver après le divorce, à m'imaginer finir ma vie au fond d'un lit crasseux, tout seul, sans mes filles. Tu me connais bien depuis le temps et tu connais mon optimisme et enthousiasme à toute épreuve. Eh bien, c'est comme si j'en perdais une partie à chaque discussion sur ce sujet. Quand je t'ai appelé hier, j'ai pensé à la fin, pour la première fois de ma vie... Je n'ai jamais fui mes responsabilités ; j'ai certes pardonné, laissé passer mais je fais toujours face. Après à peine une semaine de discussions avec des gens que je pensais me voulaient du bien, y compris ma famille, je me retrouve à penser me jeter d'un pont. Je te rassure, je ne suis pas encore arrivé à l'exécution, mais je t'assure que si je ne sélectionne pas mes interlocuteurs, je finirai par le faire ».

D'abord petite précision sur ce que j'ai appelé « environnement direct » : il s'agit bien de toutes les personnes que tu connais et pratique régulièrement : famille plus ou moins proche, amis proches et occasionnels, collègues de bureau, connaissances de quartier, voisins... Toute personne dont le simple avis ou parole peut t'atteindre.

Comme on l'a déjà vu, c'est en effet cet environnement proche qui est coupable de t'avoir poussé dans le fossé de la dépression, mais il ne se contente pas de cela, **il va récidiver une multitude de fois en t'apportant doute et peur, par de simples paroles, des petits de tous les jours. Il va se mettre à te demander des comptes, à te reprocher des choses passées juste parce que tu lui as demandé un peu d'aide.**

« Mais pourquoi tant de haine ? ». Marie a passé des mois à se poser cette question et c'est seulement après de multiples déceptions, surprises et blessures qu'elle a compris que, sauf certains cas très rares, la plupart des gens qui vous entourent cherchent d'abord et surtout leur intérêt. Ainsi vont les choses dans la société des loups. « Mais je ne leur ai rien fait ! Au contraire, j'ai toujours aidé tous ceux que j'ai pu. Pourquoi ils me font ça ? ». Vous avez bien saisi la différence de paradigme, de philosophie et de vision de la vie qui séparent les deux mondes. Je ne vais pas ici faire tout un développement de cette différence qui m'a parue à première vue relever des contes pour enfants, mais je vais surtout vous décrire comment ils opèrent.

Ils vous réconfortent par dix mots mais vous inocule le doute par un seul mot. Ils vous encouragent par mille mots mais vous inocule la peur avec un seul mot. Alors que le doute et la peur sont déjà de puissants catalyseurs en action dans votre esprit, ils vont régulièrement venir les raviver et votre cerveau vif et intelligent fera le reste. J'ai des exemples extrêmes de gens très sensibles aux paroles des autres qui ont quasiment fini au bord de la folie, juste par l'effet de quelques mots…

Prenons juste les faits et laissons de côté les intentions car ça serait un long débat, surtout quand il s'agit de personnes qui nous sont trop proches. Hélas, c'est plus facile à dire qu'à faire car c'est bien le pourquoi de leur agissement qui nous touche et dont l'explication nous reste inaccessible.

Alors que vous vous tenez déjà sur deux appuis bien mouvants, votre entourage qui va régulièrement venir les faire vaciller et ce avec de simples mots. Chez une grande partie des personnes que j'ai accompagnées, c'est une des principales causes de leur passage à la dépression sévère, voire profonde.

Figure 12 –   Doublement coupable

IV. Des thèmes bien déterminés

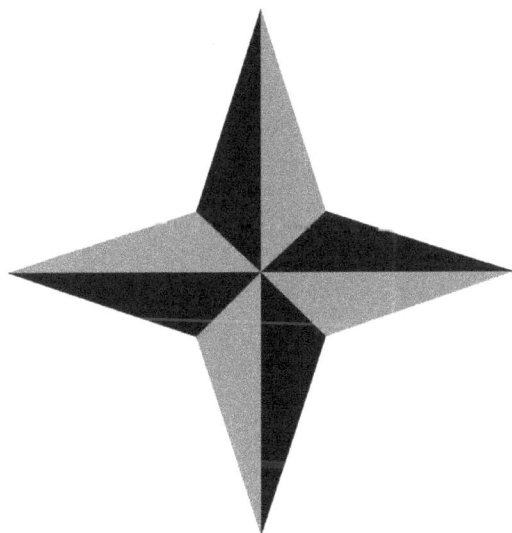

A la recherche de l'évènement…

Etant l'un des plus grands admirateurs de la force et de l'adaptabilité de l'esprit humain, je n'ai pu manquer de remarquer leur absence chez les gens qui souffrent de dépression. Est-ce vraiment une absence totale ou juste un sabotage ? Que s'est-il passé dans leur vie qui puisse justifier une telle situation de faiblesse [apparente] et de réflexions quasi-binaires, inflexibles et presque bornées ? Quel évènement les a précipités dans le sombre univers de la dépression ?

Nous avons déjà partiellement répondu à cette question en décrivant le processus insidieux par lequel s'installe la dépression, en précisant que ce n'est pas un évènement unique qui nous fait sombrer en dépression, mais la succession de plusieurs évènements, entrecoupés de périodes de reprise d'espoir. D'où la question qui se pose spontanément : Quelle est la nature de ces évènements ? Se rapportent-ils à un seul sujet ou bien font-ils intervenir le même processus ou mécanisme ? **Quel évènement en particulier viendrait porter le coup de grâce ?** Et quelle est sa nature ?

Peut-on déprimer de tout ou bien y-a-t-il des thèmes, des sujets, des topiques bien spécifiques qui nous rendent vulnérables à ce fléau ? On a bien parlé d'injustives qui s'accumulent jusqu'à nous mener à la saturation, mais est-ce que ces injustives se rapportent toutes à un sujet de la vie courante ou bien sont-elles fortement corrélées avec certaines conditions et thèmes de la vie ? Existe-il un évènement en particulier qui nous fait basculer en dépression ou en dépression sévère plus que d'autres ?

Bien entendu, la réponse standard du : « Cela dépend de l'enfance et du vécu de chacun » ne m'a guère satisfaite. Alors pour une fois dans ma vie, mes cours de maths de classes préparatoires ont servi à quelque chose de concret : j'ai en effet établi des séries statistiques sur tous les cas que j'ai rencontrés et répertoriés tous les petits évènements qu'ils ont cités pendant nos rencontres. Un vrai travail de fourmi qui a mené à une belle découverte.

La dépression se rapporte systématiquement à trois thèmes bien spécifiques, des thèmes centraux de la vie, des thèmes au cœur de la vie. Car comment pourrait-on attaquer la vie, autrement qu'en visant ses piliers ?

Bien entendu, cette découverte a été confrontée aux données recueillies par l'enquête de l'ANADEP de 2005 quant aux facteurs socio-environnementaux et la corrélation est quasi-parfaite.

Des thèmes bien spécifiques

Systématiquement et dans tous les cas que j'ai rencontrés, les évènements d'injustives qui nous précipitent en dépression se rapportent à trois thèmes : le premier concerne LE COUPLE et plus généralement le partage « durable » de sa vie intime avec un conjoint. Il est le résultat d'un processus identifié par la psychologie première comme étant un constituant des bases de l'inconscient humain. On ne va pas ici discuter de sujets trop lourds, faute de place dans ce livre dédié à un sujet déjà bien consistant, mais il ne fait aucun doute aujourd'hui que l'homme n'est pas fait pour vivre seul.

Depuis longtemps, on nous a dit que l'homme vit en collectivité dans un but de survie collective, un but de synergies des forces et des savoirs faire ; c'est comme si les sociologues voulaient appliquer à l'humanité mes cours de fusion-acquisition, en estimant le surplus de valeur crée à partir des synergies possiblement réalisables…

Eh bien, ce n'est surement pas la raison profonde à cela, car la vraie raison réside en nous, comme beaucoup de vérités de ce bas monde : l'homme ne supporte pas de vivre seul, il en a simplement très peur. Il y a quelque chose dans sa psyché qui a besoin d'interagir, en intimité et en public. Faites l'expérience vous-même et vous verrez. Isolez-vous pendant des jours, sans rien, surtout pas d'audiovisuel et vous verrez que quelque chose en vous vous poussera au maximum pour aller voir des gens, vous vous en sentirez même étouffé et seule une petite discussion avec une autre personne vous ravira. Mais notre besoin d'échange va bien au-delà des simples échanges et expériences entre amis. Nous avons en effet un autre besoin bien plus profond de partager notre quotidien intime avec quelqu'un. Un besoin qui se fait sentir quand vous avez eu votre dose des sorties entre amis et vous vous rendez compte que vous vous sentez seul alors que vous êtes entourés de beaucoup d'amis.

Je reprendrai ce sujet dans mon prochain traité sur l'essence de la vie, mais accordons nous sur l'évidence du besoin inconscient de tout humain à vivre en couple et en société. Comme nos sociétés se transforment en jungles, le second besoin se rapatrie sur le premier et on finit par chercher refuge chez soi, dans son couple, des abus de nos sociétés actuelles, augmentant ainsi le besoin d'être en couple, que beaucoup de visionnaires ont transformé en un juteux marché, celui de la rencontre.

La société évolue donc à un rythme effréné et se transforme : faisant augmenter nos attentes du bon vieux couple : amour, entente, partage, confiance... J'ai mis des points de suspension car je sais que cette liste dépend aussi de chacun d'entre nous, de sa vie, de son vécu et de ses complexes primaires. Cette liste peut être bien plus longue chez les exigeants, les idéalistes et les utopiques. C'est une liste qui constitue tout ce qu'on attend de l'autre, en pensant que nous avons déjà rempli notre part !

Je n'aime pas trop cette comparaison, même si je pense qu'elle simplifie bien la chose et surtout la conceptualise. Un couple a signé un contrat moral dont les clauses sont floues et peuvent varier sans accord de révision. C'est un peu sec pour une relation d'amour mais accordez moi un petit instant.

Tout ce que j'ai entendu comme injustives sur la thématique du couple se disent presque toujours :

— J'ai donné et rien reçu.
— Je me suis sacrifiée pour lui sans rien.
— J'ai fait ça et ça pour ma famille, sans aucune reconnaissance.
— Il a changé.
— Ça a commencé le premier jour de mon job.
— Tout ce que je voulais en contrepartie, c'est la fidélité.
— Avant l'arrivée de notre premier enfant, il était amoureux, attentionné et dévoué. Par la suite, il a changé, il ne veut plus m'aider à la maison, il ne prend même plus des nouvelles de ses enfants. Il m'a tout laissé, il m'a laissé toute seule, c'est injuste.

Dans le cas des « seulards », la personne va se retourner contre elle-même et se reprocher un tas de choses qui sont le plus souvent infondées et qui relèvent surtout d'un complexe primaire qui cause un manque de savoir vivre en société. Rajoutez à cela un degré d'exigence un peu trop élevé quant aux caractéristiques de l'heureux élu et une certaine dose de peur qu'il abandonne la partie trop tôt, on finit par avoir des célibataires errants. J'en ai même rencontré certains qui ont fini par prendre les techniques de recherche, i.e. le jeu de la séduction et de la recherche comme finalité car ils avaient déjà abandonné l'espoir de rencontrer l'amour. Comprenons-nous bien, je ne vous parle pas des donjuans ou des obsédés chroniques, je vous parle de tout ce monde qui a fini par apprécier le jeu, en oubliant pourquoi il était venu jouer.

On pourrait continuer à citer des exemples de dysfonctionnement de couple, d'abandon, de trahison, d'espérances vaines, de rêves non accomplis, de temps non partagé, de divergence de point de vue sur les enfants, d'égoïsme, de doute et de soupçons… La liste est longue et on la connait tous, même si notre société n'arrête pas d'en changer les éléments : le mauvais d'hier ne l'est plus aujourd'hui et le bon d'aujourd'hui deviendra banal demain.

Le deuxième thème n'a pas été facile à isoler. Il reste caché pendant les premiers stades de la dépression et finit par apparaitre juste après la saturation et le grand déballage du sac à justives. Et là, vous entendrez les mots :

— Je ne sais rien faire de bien, même des taches basiques,
— Tous les choix de ma vie sont erronés,
— Je suis vraiment bon à rien,
— J'ai merdé le seul projet qui comptait dans ma vie,
— Je suis incapable de subvenir aux besoins de ma famille, je suis un incapable,

Ce thème devient prépondérant quand le doute s'installe et conjugue ses effets avec la peur pour aboutir à des mots très durs du genre :

— J'ai tout fait de travers. Je suis bon à rien.
— Je ne sais rien faire dans cette vie, j'ai raté ma vie, mon mariage et même l'éducation de mes enfants…
— Dans tous les cas, j'ai déjà tout essayé et échoué partout, ma présence ici-bas n'a plus de sens et touche à sa fin
— …

L'ECHEC arrive comme un constat établi par la personne, souvent via un processus logique, mais un peu exagéré. La personne a certes fait des erreurs d'appréciation, a cru en son couple, en ses

167

enfants, mais elle n'a surement pas tout raté comme elle le décrit. En effet, le souci avec les constats d'échec réside la facilité de leur généralisation à toute la vie où le moindre constat de difficulté scolaire ou de communication avec le conjoint se transforme respectivement en un constat d'échec de toute l'éducation des enfants et du choix du conjoint.

Un entrepreneur qui a tout perdu et qui se retrouve presque à zéro va tout tenter pour reprendre son activité ou du moins retrouver du boulot. Au fur et à mesure, les portes se ferment devant lui, le marché de son activité reste limité et son âge avancé le rend surqualifié pour retrouver un emploi décent. Il en prend un coup et il abaisse ses attentes et recherche un autre emploi encore moins qualifié, pour lequel il est encore plus surqualifié.

Plus personne ne veut lui prêter de l'argent et sa femme le menace de partir car elle était contre son aventure dès le départ. Alors le jour où un huissier se présente pour saisir son mobilier pour le revendre aux enchères, « un bout de lui-même se meurt » et il voit l'échec partout, dans son boulot, dans son couple, dans ses enfants qui ne sont même pas venus le réconforter, et dans ses amis qui l'évitent pour ne pas avoir à lui prêter de l'argent. Et le jour où l'huissier se représente pour saisir la maison, c'est la déchirure, le point de non-retour. Comment ai-je pu en arriver là ? Ma femme a finalement raison, l'entreprenariat n'est pas fait pour moi et je ne serai jamais plus qu'un petit employé de bureau !! Même pas, car je suis incapable de retrouver du boulot.

L'échec est synonyme de « fin ».

Agir avec succès, prouver « sa valeur » en société, aimer et échanger, telles sont les constituants de la vie. On aperçoit cela chez les enfants dès le plus jeune âge, mais il nous manquerait un autre élément majeur. On peut d'ailleurs le voir chez ces mêmes enfants ou bien chez les adultes, dans leurs écrits les plus célèbres, telle que la déclaration universelle des droits de l'homme qui dit que « les hommes naissent libres et égaux… ». Lors de mes études de droit, j'ai eu l'occasion d'aller dans les profondeurs de la philosophie du droit et de son essence, je ne vais vous exposer tout ce que j'ai découvert, sauf un élément central à la vie de tout homme : j'ai nommé sa liberté. D'où vient cette caractéristique ? Pourquoi est-il si important pour nous d'être libre ? Ceci est inscrit dans l'essence même de la vie et de l'homme. Et vous imaginez bien que c'est aussi inscrit dans sa psyché.

Quelque chose en nous étouffe quand elle se sent emprisonnée ; je ne vous parle pas de liberté politique mais de la faculté de choisir, d'orienter ma vie. Elle est très importante quand on en parle philosophiquement, mais on a fini par sous-estimer son implication et impact dans nos vies de tous les jours, dans nos choix les plus basiques.

Nombreuses sont les personnes qui étouffent chaque jour que fait le bon Dieu sur cette terre. Elles prennent leur mal en patience, en caressant l'espoir d'un lendemain meilleur, un espoir de plus en plus minuscule car le renoncement est en passe de l'emporter devant une situation devenue insurmontable.

Antoine est un jeune homme qui a passé une enfance très difficile sans jamais abandonner. Chaque jour, il se réveille avec l'espoir d'une vie meilleure, espoir qui s'amenuise de jour en jour car le chômage mine la petite ville où il habite et il lui est difficile de bouger ailleurs. Alors il rêve sans jamais baisser les bras, enchainant petits boulots et jours d'errance. Mais la réalité est là pour lui rappeler sa dure condition et faire disparaitre ses rêves instantanément. Antoine se dit prisonnier de sa condition qu'il ne peut fuir. Il a pourtant tout essayé jusqu'au jour où il rencontre cet entrepreneur qui lui promet un bon poste sur chantier en échange de boulot acharné et d'autres choses qu'on ne nommera pas. Antoine accepte en se disant qu'il a tant sacrifié, il en a tellement vu dans sa vie que cette demande sordide ne l'arrêtera pas.

On m'a parlé d'Antoine que j'ai rencontré le jour où son prétendu sauveur est parti sans l'emmener et qu'il a fait une tentative de suicide, geste que personne n'a compris dans la petite ville car Antoine était l'exemple du jeune bosseur, sympa et souriant à toute épreuve.

Rachel disait qu'elle ne faisait presque plus rien qui lui plait vraiment, qui lui plait à elle, pas à son mari ou à ses enfants ou à son entourage. La notion de liberté dans le couple est très complexe et demande tout un développement qui n'a pas sa place ici mais il est clair, que même dans le cas d'un couple qui s'aime, la liberté de chacun demeure indispensable : je ne parle pas bien entendu de la liberté d'aller voir ailleurs qui est inexistante chez le couple d'amour, mais des petites choses de tous les jours, surtout dans le cas des amoureux fusionnels. Il est indispensable que chacun puisse prendre l'air et ne fasse pas que partager les petits plaisirs de l'autre parce qu'il l'aime et qu'il aime le voir heureux.

Echec, Solitude et Prison.

Tels sont les thèmes de la dépression. Chacun des évènements qui ont constitué des injustives sont systématiquement et directement en rapport avec l'un de ses thèmes, mais le plus souvent à deux, voire les trois.

En regardant de plus près, on découvre en fait que ces thèmes sont très corrélés et forment une trinité, où presque pour chaque évènement il y a une part de chacun des thèmes, avec une prépondérance pour l'un ou l'autre.

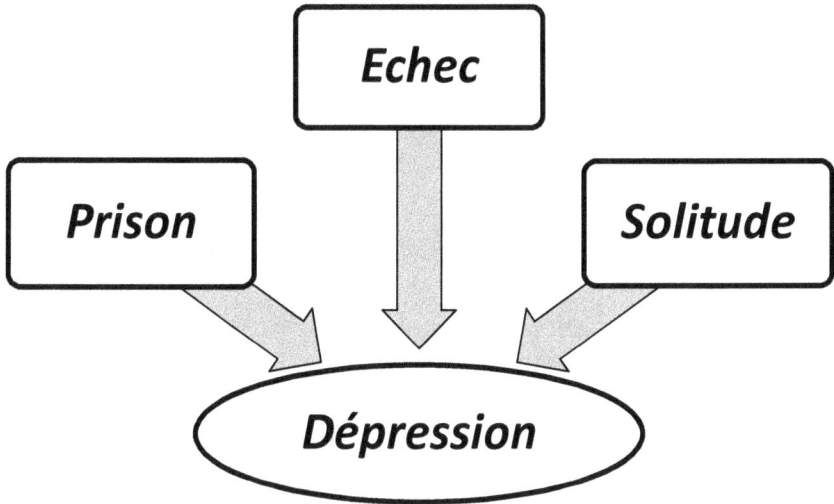

Figure 13 – On ne déprime pas pour des futilités

Au plus profond de notre essence

Un chapitre qui mérite un livre à lui seul…

Philo, quand tu nous appelles…

Les thèmes que nous avons découverts à travers la dépression sont en effet au cœur de la définition de notre existence, au cœur de la constitution de notre psyché.

En les inversant, on retrouve en effet l'essence de la vie, à savoir le succès, l'amour et la liberté.

Choisir, Partager, Accomplir.

Nous avons donc bel et bien été créés pour agir avec succès, partager et aimer et surtout choisir notre voie. Bien loin des considérations religieuses, point de vie sans accomplissement, point de vie sans amour et point de vie sans liberté. Le sens reste le même si on remplace le mot « vie » par le mot « bonheur ». Et la démonstration est on ne peut plus simple.

Sans accomplissement, on dépérit (le dépérissement de notre corps sans action en est la meilleure preuve), alors pourquoi le terme « réussite » ou « accomplissement » ? Car lorsqu'on agit, on doit bien atteindre un objectif, nous sommes des êtres qui se projettent. Cela dit, le thème de la réussite et son envergure dépend de chacun. Il ne faut donc surtout pas prendre le terme réussite pour une réussite sociale ou scolaire ou sportive, chacun définit ce qui le passionne et les critères de sa réussite ; des critères bien personnels à chacun d'entre nous. Malheureusement, la pression sociale et l'omniprésence médiatique ont gagné tellement d'influence sur nos vies qu'elles conditionnent nos réussites en définissant et standardisant leurs critères.

Point de vie sans accomplissement, celui que vous choisissez, selon vos propres critères. Et si vous n'en êtes pas encore convaincu, observez la joie de la réussite chez l'humain et plus aucun doute vous n'aurez.

J'ai été stupéfait le jour où j'ai découvert que le premier réflexe que nous avons lorsqu'on réussit est cette viscérale envie de la partager. Donc point de plaisir sans partage et quoi de plus intense à partager que l'amour !

Je me suis souvent demandé pourquoi est-ce que tout le monde cherche l'amour, alors qu'on peut très bien vivre et partager notre vie avec quelqu'un qu'on apprécie sans amour. La réponse est terrible : on ne peut malheureusement la comprendre que lorsqu'on a connu l'amour, le vrai. Car nombreux sont ceux qui y croient, qui font tout pour y croire, alors qu'ils savent que quelque chose ne va pas, que ce n'est pas le vrai amour.

Quid des gens qui cherchent l'amour sans l'avoir connu ? Il s'avère en effet que nous le cherchons tous. Pour être plus précis, une chose en nous le cherche et elle a bien raison car il constitue le summum du plaisir et du bonheur sur cette terre.

En tentant la démonstration par l'absurde (encore mes cours de maths de prépa), on remarque assez facilement que sans amour, nos émotions dépérissent, on se vide et quelque chose en nous se désagrège de jour en jour (même si elle peut être vite ravivée).

Donc point de vie sans partage, sans amour.

Je vous laisse faire la démonstration pour le dernier, la liberté. Sans liberté points de couleurs, quelque chose en nous étouffe, cette même chose qui recherche l'amour d'ailleurs.

C'est pour cela que j'ai appelé la dépression : anti-vie.

Je vous promet donc un livre sur l'essence de la vie qui vous expliquera pourquoi la dépression en est le parfait opposé, un livre plein de joie et de couleurs, un livre que j'avais amorcé bien avant celui-ci.

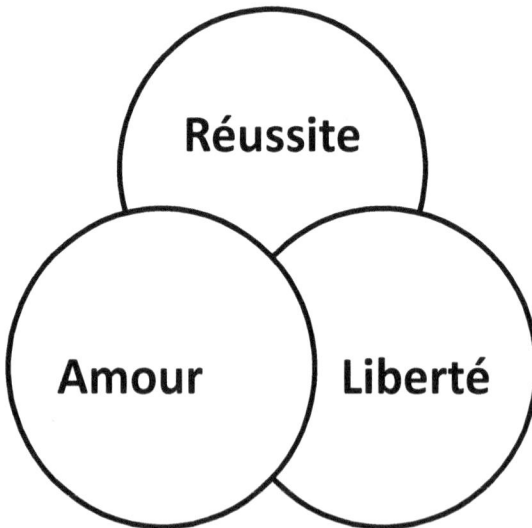

Figure 14 – Au plus profond du sens de la vie

Une trinité en vases clos

Encore un chapitre qui mérite un livre à lui seul...

Sachant qu'il lui faut les trois éléments pour vivre heureux, l'homme va essayer d'atteindre le meilleur dans chacun d'entre eux, à savoir la liberté « totale », l'amour fou et la réussite de tout ce qu'il entreprend. Hélas, nous savons tous que c'est intenable. Alors nous faisons tous des concessions, chaque jour, chaque minute afin de préserver le plus important.

Comme nous l'avons montré plus haut, les injustives vont souvent toucher au moins deux, voire trois des thèmes et rarement un seul. La corrélation entre les trois thèmes est si forte qu'il est impossible d'en étudier un en l'isolant des autres. Ces thèmes constitue l'essence de la vie et elle est d'une telle complexité qu'on ne peut s'amuser à la découper pour en étudier les « morceaux » un par un.

Il en va ainsi de notre vie au quotidien : il nous est impossible de la découper et de juger notre satisfaction par thème ou par sujet car on sait que tout est corrélé. D'ailleurs, nos trois thèmes sont si corrélés qu'on ne peut accélérer l'un sans influencer les deux autres.

Vous voulez absolument réussir un projet qui demande des heures supplémentaires au bureau, cela va surement avoir un impact sur votre couple et votre propre liberté. En poussant à l'extrême, vous vous retrouverez seul et prisonnier d'une situation juste pour réussir un projet.

Vous viviez un amour fusionnel qui monopolisait tout votre temps, vous adorez cela mais très vite, vos absences au boulot commencent à se faire sentir et faire uniquement ce qui plait à vous deux risque de vous mettre en prison, une belle prison, douillette et chaleureuse, effective et enivrante, mais une prison quand même.

Vous préférez votre liberté avant tout, alors vous ne prenez jamais de risque en couple, vous avez peur d'avoir une relation stable et vous préférez vos amis à tout le reste. Très vite, vous vous sentez seul alors que vous êtes entourés d'amis, des amis qui ne peuvent partager votre intimité, des amis avec qui vous ne pouvez partager un amour fusionnel. Quelque chose manque à votre vie et vous ne pouvez y échapper, elle est là au plus profond de votre être, elle appelle son âme sœur sans recevoir de réponse, elle vous regarde quand vous êtes face au miroir et vous supplie de faire quelque chose : l'humain n'a pas été créé pour vivre seul et rien ne serait compenser cette solitude. C'est pourtant ce qu'on essaie de faire…

Nous passons notre vie à faire des concessions.

Nous passons notre vie à compenser les thèmes.

Et personne ne nous a appris comment faire, ni quel dosage est optimum pour notre propre situation. Heureusement, il y a une autre variable qui devient notre allié dans cette compensation au quotidien : c'est le temps. La vie avance par cycles avec des hauts et des bas dans absolument tout, il suffit d'apprendre à danser avec elle. En fonction de ce que je vis, je choisis quoi compenser avec quoi.

Comme me l'a appris un être sage : Sois toujours prêt au changement et choisis bien ton moment.

Les personnes souffrant de dépression ont abusé de la compensation pour un résultat insatisfaisant :

- Elles ont abandonné leurs études ou carrières pour le conjoint ou les enfants et se retrouvent seules sans ressources, sans diplôme, sans boulot,
- Elles ont trop cherché l'avancement de carrière au détriment de leur famille pour in fine ne pas réussir le principal projet,
- Elles ont tout abandonné pour un amour fusionnel qui n'a pas duré,
- Elles ont supporté un conjoint violent et infidèle car elles n'avaient pas les moyens de subvenir aux besoins de leurs enfants,
- Elles se sont petit-à-petit retrouvées prisonnières d'une situation injuste dans leur couple ou au boulot,
- …

Très souvent, afin de compenser un manque dans l'un des thèmes, nous essayons de donner encore plus de nous-mêmes en espérant recevoir en retour, certains vont jusqu'à se sacrifier pour maintenir quelque chose qui est la plus centrale à leur yeux. Ils finissent par placer leur recherche de succès dans le maintien de cette chose et ils iront jusqu'au bout.

L'exemple que nous connaissons tous est celui de la battante célibataire qui dédie sa vie à l'éducation de ses enfants. Elle vit déjà une situation financière difficile et finit par oublier ses propres plaisirs ; elle ne vit qu'en « mode robot » pour ses enfants et elle vous dira qu'ils sont son unique réussite dans cette vie. Alors vous imaginez bien que le moindre problème avec l'un de ses enfants prend des proportions énormes et un jour, elle se sentira tellement fatiguée que le renvoi d'un de ses fils de l'école la fera plonger dans la dépression pour longtemps.

Beaucoup d'entre nous ont quelque chose de central, quelque chose de si important qu'ils peuvent sacrifier tout le reste pour son maintien. Généralement, elle se rapporte à un projet à fort espoir de réussite, à une personne qui compte bien plus que soi-même, à la chose dont vous ne pouvez vous passer pour assurer votre autonomie, votre liberté.

La compensation nous rend vulnérables. Elle n'agit jamais seule et trouve toujours un allié, si on peut l'appeler ainsi, dans nos complexes primaires. Chacun d'entre nous a ses propres complexes primaires, souvent liés à une peur, à une crainte ou à une déformation de la réalité, du genre : « je ne suis pas assez beau », « on ne m'estime pas assez », « le regard des autres est très important pour moi »…

Nous n'allons pas traiter ici tous les aspects liés aux trois thèmes et les processus psychiques sous-jacents, c'est un développement bien trop long, mais nous allons surtout insister sur le fait que la compensation se fait en vase clos. Rappelez-vous l'expérience de physique simple où vous mettez de l'eau dans trois vases à différentes sections et vous les mettez en communication. Physique élémentaire : l'eau à l'équilibre monte de la même hauteur dans chacun des vases. La vie peut venir secouer le tout de temps à autre, faisant varier les niveaux mais l'équilibre reprend vite son droit. La nature est bien faite, donc équilibrer les trois thèmes nous semble indispensable, mais durant certains cycles, l'équilibre peut être rompu pour faire passer une priorité.

Comme vous l'avez surement déjà constaté, c'est la vie et ses évènements qui vont secouer le tout et nous devons juste apprendre à danser avec, le temps qu'il revienne à l'équilibre. Une dynamique naturelle, une dynamique saine, une dynamique indispensable.

Amour **Réussite** **Liberté**

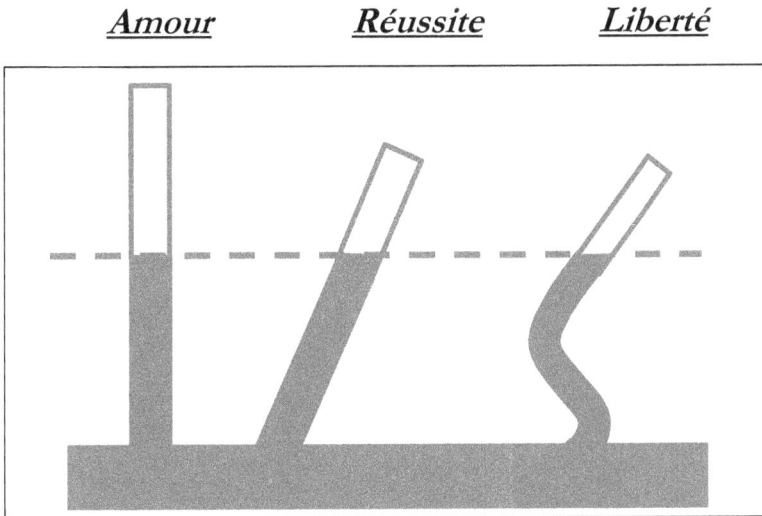

Figure 15 – Des thèmes en vases clos

Eh, bien, c'est presque le cas ici. Comme vous n'avez pas encore pensé à une méthode plus efficace pour augmenter votre bonheur, vous essayez d'envoyer plus d'eau dans un vase, au détriment des autres. En plus, si vous relâchcz votre effort, l'eau s'équilibre, alors vous y mettez encore plus d'effort, un effort parfois énorme pour maintenir une situation de déséquilibre naturel. Cela vous coute tellement d'énergie que cet effort devient central dans votre vie, car si vous lâchez maintenant, vous aurez alors perdu toutes ces années d'efforts. Comme les femmes et les hommes qui font tant d'efforts pour maintenir un mariage voué à l'échec dès le départ, car ils ont peur d'autres choses, d'être seuls, de ne pas pouvoir éduquer les enfants seuls…

Alors ils dépensent tout cet effort pour maintenir l'eau dans le couple, en étant conscients qu'ils sont en train d'assécher leur liberté et leur succès. Alors ils placent leur succès dans leur couple boiteux en espérant un changement du conjoint ; ou bien dans leurs enfants, en se disant que leur réussite sera la leur. Entre temps, ils s'oublient : ils oublient leurs âmes, leurs désirs, leurs envies, leurs plaisirs et finissent par passer en mode robot, voire mort-vivant en espérant un miracle qui n'arrivera jamais.

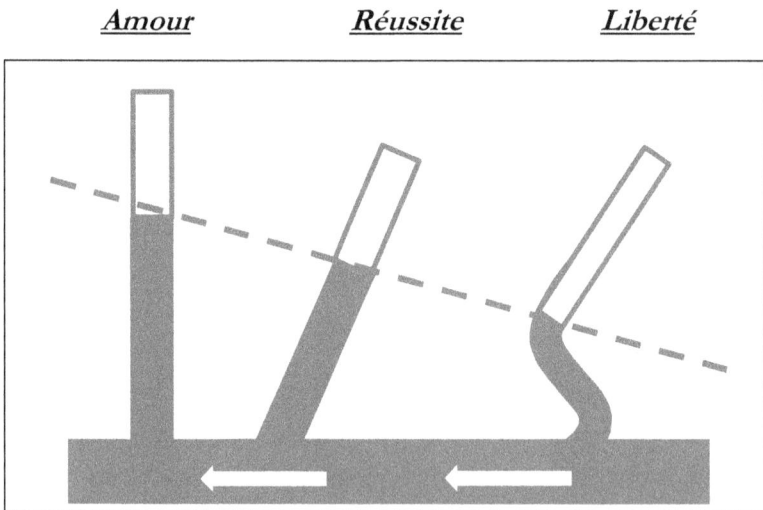

Figure 16 – Des thèmes en compensation

Et contrairement aux discours publics tenus ici et là, c'est bien la femme qui subit le plus souvent ce genre de situation. Et lorsqu'elle est épuisée par ce fardeau, qu'elle a fait le plein d'injustives, essentiellement un manque de reconnaissance, voire une trahison de son conjoint ou de ses enfants, la voilà à saturation. Elle commence à lâcher son effort qui maintient l'eau dans le vase du couple et c'est là qu'elle se rend compte d'une bien plus grande trahison : dès que ses efforts faiblissent, tout le monde se retourne contre elle. Le receveur de l'effort, son conjoint, se retourne contre elle en réclamant le maintien des efforts, devenus un droit acquis :

— Mais pitié, je suis fatiguée, je n'en peux plus !!
— Tu n'avais qu'à ne pas le faire depuis le début !
— Mais je l'ai fait pour toi !!
— Donc maintenant tu ne m'aimes plus…

Ainsi vont les propos de l'insensible égoïste, qui n'hésite pas à continuer à manipuler celle qui a sacrifié son bienêtre pour lui… Certains lâches vont mêmes jusqu'à dire qu'ils n'ont rien demandé de tel !!

On peut faire la même expérience en poussant l'eau dans le vase de la réussite et on retrouvera des résultats similaires. Je vous laisse constater dans quelle direction vous poussez votre eau et quel degré de compensation vous pratiquez au quotidien. Je jour où j'ai fait cette découverte, je me l'a suis appliquée et j'en ai pleuré… Que d'efforts gaspillés à maintenir une chose vouée à l'échec de toute façon, que des blessures subies et passées en silence afin de ne pas perdre des années d'efforts, un cercle vicieux dont la sortie peut se faire en un instant.

Qu'en est-il de vos vases ? Etes-vous sûr d'avoir mis la bonne chose dans le bon vase ? Le bon gars à aimer ? Le bon projet à

181

mener ? Ce n'est pas toujours évident et c'est pour cela qu'on dit que la vie nous apprend tous les jours. Donc le problème peut ne pas se résumer à ce que vous avez fait, si votre choix initial était faux par construction, surtout en termes de couple.

Compenser les niveaux avec tant d'efforts est contre-productif, épuisant pour vous et toxique pour votre âme. Subir des injustives chaque jour juste pour maintenir un équilibre non-naturel est une action désespérée vouée à l'échec de toute façon. A vous de voir si vous voulez encore y passer une autre décennie…

Un peu de statistiques

Afin d'illustrer notre propos, voyons ce que disent les statistiques de la principale étude française sur le sujet de la dépression [4] . Dans sa partie dédiée au « facteurs sociodémographiques associés à l'épisode dépressif majeur », à la page 58 présentant la synthèse des résultats, nous pouvons lire :

- *« la prévalence de l'EDM dans les 12 mois derniers apparait deux à trois fois plus importante chez les femmes que chez les hommes ».*

  → Voici la part sensible de l'humanité et la confirmation que leur sensibilité les expose plus que les hommes, rajoutée au fait que ces derniers ont une tendance à les abandonner face à des charges trop importantes pour un être aussi sensible.

- *« Le célibat, le divorce, le veuvage ainsi que le fait de vivre seul sont des situations familiales qui présentent une association forte avec la survenue d'un EDM ».*
- *« Chez les hommes de 55-75 ans, le fait de vivre seul ou d'être célibataire multiplie par 3 ou 4 le risque d'avoir un EDM par rapports à ceux mariés et qui vivent en couple ».*

---

[4] La dépression en France, Enquête ANADEP 2005 [ANADEP appartient à l'institut national de prévention et d'éducation pour la Santé, INPES]

➜ Voici donc notre premier thème du couple. L'être humain n'est pas fait pour vivre seul.

Même si elle ne se focalise pas sur nos deux autres thèmes, tous les facteurs cités par l'étude peuvent être classés dans nos trois thèmes. Au-delà du couple, l'étude se focalise sur les conditions économiques. Remarquez que ces facteurs sont tous déterminants pour notre réussite et notre indépendance par rapport aux autres : chômage et précarité. Ce sont des situations de survie et ça se voit sur les chiffres :

- *« La prévalence de l'EDM varie en proportion inverse aux revenus du foyer, en particulier chez les femmes ».*
- *«... c'est surtout le fait d'être sans activité professionnelle ou d'être au chômage qui est fortement associé à un EDM ».*
- *« la précarité approchée par la notion de perception d'une aide sociale apparait très liée à l'EDM ».*

➜ Le chômage et la précarité étant par définition les indicateurs de l'échec professionnel et donc de la privation de liberté d'agir, de faire, voire de rêver. Nous retrouvons bien nos trois thèmes.

Cela dit, j'aimerai revenir sur un cas particulier qui illustre bien la justesse de nos analyses et thèmes : celui de la femme cadre, qui n'est pas au chômage et ne vit pas seule. Alors que l'homme cadre à une prévalence de 1.6%, selon la même étude, la femme cadre a quant à elle une prévalence de 10% !! Voici la meilleure illustration de nos thèmes : la femme cadre est une femme qui aime réussir et surtout tout réussir. A cause de la pression de la société, elle veut tout faire, comme Rachel et surtout tout bien faire. Elle se retrouve alors vite épuisée et trahie par tous, car tout le monde lui fera des reproches. Elle ira jusqu'au bout mais s'effondrera du jour au lendemain. Pourquoi ? Dans les cas que j'ai rencontrés, c'est souvent lié avec des problèmes de couple, de partage de tâches, d'amour conditionnel et conditionné, de manque de temps et surtout de courage pour faire face à l'autre et lui dire ce qui ne va pas.

J'ai donc préféré m'appuyer sur des statistiques publiques et faites par des spécialistes au lieu de vous exposer les miennes qui corroborent aussi l'analyse que nous avons faite et qui a mené à la découverte de ces thèmes.

V. Les stades avancés de la dépression

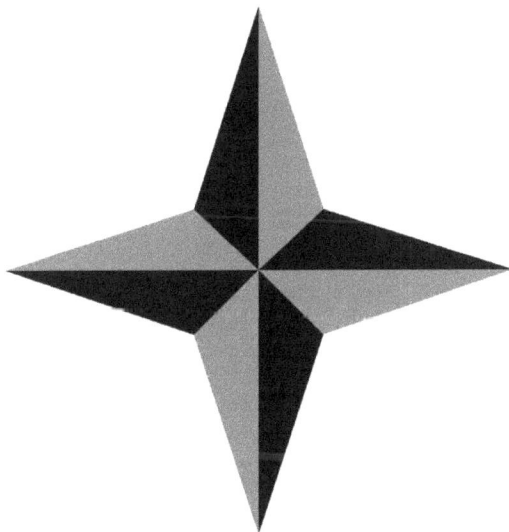

A. Vers la Dépression Sévère

Certains n'iront pas plus loin

Le stade de dépression auquel est arrivée la personne est déjà bien difficile à supporter : tristesse, trahison, doute, difficile pardon, hypersensibilité, persécution… Sa vie au quotidien devient difficile et elle ne va pas en rester là. Alors qu'un certain pourcentage de personnes ne dépasseront pas ce stade, d'autres vont s'enfoncer bien plus et franchir la ligne dangereuse. Même si plusieurs paramètres peuvent influencer le passage à la dépression sévère, une question reste centrale dans la plupart des cas que j'ai rencontrés : **A qui la faute ?**

Comme nous l'avons déjà décrite, cette question est centrale pour le futur de la personne. En fonction de ce qu'elle va choisir ou décider, sa dépression va l'enfoncer plus ou moins profondément. Alors que toutes les personnes auront un avis partagé sur la réponse à donner, une réponse va très vite s'esquisser au fur et à mesure du déballage du sac et du constat des injustives et de leurs causes directes et indirectes.

Paradoxalement, sans que cela ait une très forte corrélation avec la douleur des drames qu'elles ont vécus, une certaine partie des personnes va petit à petit opter pour la deuxième option, à savoir « c'est de ma faute ». Disons pour être statistiquement corrects qu'ils disent plutôt « c'est essentiellement de ma faute », car, comme on l'a dit, la réponse complète tient des trois facteurs, la faute de soi, victime des autres et des conditions. J'ai beau essayer d'analyser le pourquoi de ce choix, de ce constat, je n'ai rien trouvé qui puisse le justifier par le degré du mal que ces personnes ressentent ou bien par le type des injustives qu'elles ont subies, **il s'avère en effet que cela soit principalement corrélé avec la personnalité de celui qui souffre, de sa philosophie, de sa façon de voir la vie**. Voici une première distinction qui m'a bien surprise.

J'ai en effet remarqué que certaines personnes ne dépasseront que rarement le stade décrit plus haut, celui de la dépression. Ce sont celles qui vont choisir la cause extérieure pour expliquer leur dépression. Elles vont se focaliser sur ce qu'elles ne contrôlent pas et ce qui leur échappe presque totalement. Elles sont victimes de choses extérieures, elles sont victimes des autres et/ou des conditions difficiles. Et comme ce choix est compatible avec leur personnalité, ils n'iront pas plus loin dans la dépression, même s'ils peuvent passer par des moments très durs. Dans la plupart des cas, ces personnes n'aiment pas se remettre en question et ça va quelque part les protéger.

Ceux qui optent pour « la quasi-totale responsabilité de leur malheur » iront plus loin dans la souffrance. Même s'ils ont été trahis par les autres et qu'ils ont vécu des conditions difficiles, ils vont toujours voir l'aspect relatif à ce qu'ils n'ont pas fait pour s'en sortir, pour l'éviter. Ils se voient toujours et systématiquement responsables de tout. Par tempérament, ils ont du mal et n'aiment surtout « rejeter » leur responsabilité, prouvée ou pas, sur les autres et si vous avez la mauvaise idée de les pousser à admettre une « position de victime », vous risquez de leur ôter tout espoir de guérison et vous les conduirez à l'autodestruction. J'ai dédié un chapitre entier à cet aspect.

Ces personnes qui ont plutôt choisi la « responsabilité » vont sombrer encore plus dans les profondeurs de la dépression et ce pour une raison simple : elles vont amorcer et entretenir un processus de bilan et d'autodestruction. Elles vont en effet considérer que toute victimisation n'est pas faite pour eux, même si l'abus et l'injustice des autres ne fait aucun doute.

— S'ils m'ont fait tout ça et je n'ai pas réagi pour me protéger, c'est que j'en suis complice, voire je le mérite bien !!! Comment peut-on être naïf à ce point.

— Je préfère découvrir que j'ai été conne que de me dire que je suis victime, c'est pas moi ça… Comme si je savais encore qui je suis !! Mais c'est sûr, je ne suis pas du genre à fuir mes responsabilités ; si j'ai merdé, j'assume…

Malgré tout ce qu'elles endurent, elles vont opter pour l'option responsabilité, c'est une part importante de leur personnalité, de leur tempérament et ça va leur couter cher !!

— Dans tous les cas, si je ne suis qu'une simple victime, alors autant me mettre une balle dans la tête tout de suite car, non seulement j'ai pris de mauvaises décisions, mais en plus, comme un parasite, je ne les assume pas.

Ne prenez surtout pas cette différence de choix comme un jugement moral ou éthique, mais plutôt comme une obsession de ceux qui ont envie d'être « responsables de tout », qui pensent que tout est résultat de leurs décisions.

Cette obstination va d'ailleurs les emmener loin et le résultat sera déchirant. Ce sont des épisodes que j'ai beaucoup de mal à transcrire !! Vivre l'autodestruction d'une personne qui nous est chère est indescriptible.

191

D'autres feront un constat amer

Se retourner contre soi…

Ne pouvant rejeter leur responsabilité sur les autres et sur les conditions, elles vont se retourner contre elles-mêmes et le résultat est violent !!

Ce qui m'a le plus frappé, c'est la persévérance du processus « logique » dans tout ce tumulte de sentiments douloureux, de questionnements sans fin et de confusion quasi-totale. Elles arrivent le plus souvent à « bien » juger la situation et à en tirer des conclusions qui peuvent être excessives mais pas fausses, de prime à bord.

Appliquée à leur situation immédiate, la logique fait le constat de l'échec, un échec insupportable pour des personnes qui se considèrent responsables de tout ce qui leur arrive. Mais ce qui va les faire succomber, c'est le fait que ce constat va se transformer en un sentiment, une impression persistante, une vérité !!

Au fur et à mesure qu'elles énumèrent les choses dans lesquelles elles ont merdé, le spécifique va disparaître pour laisser la place au général, lequel va vite perdre son aspect « constat logique » et se transformer en un sentiment, en une vérité générale.

— J'ai merdé, j'ai tout merdé... ça ne sert à rien de faire dans le détail, c'est un constat criant que je ne peux pas nier... il faut l'assumer et prendre les décisions qui s'imposent...

— J'ai tout fait de travers et personne ne m'y a poussé... Alors je ne vais pas échanger un échec par une irresponsabilité, sinon je rentre dans la catégorie des fous. Quelle vie aurais-je vécu ? Le looser ou le fou ?

Même si elles ne s'y attardent pas trop, elles ont tout de même reconnu « l'acharnement des autres », avec ces mots :

— C'est vrai que j'ai eu ma dose avec les autres... Ils ne m'ont pas loupé et je n'ai rien fait pour les en empêcher... Non seulement je ne suis pas adapté à vivre avec eux, mais en plus, je suis lâche !!

— Ils m'ont fait beaucoup de mal alors que j'ai tant donné à tous ceux que j'ai connus... Je l'ai bien mérité et ça m'apprendra... Enfin, je ne suis pas sûr que j'apprenne, je crois surtout que je ne suis pas faite pour vivre avec ces gens-là, je n'ai jamais compris leur logique et la mienne ne s'applique pas à eux... Il faut que je change de monde !! ou d'époque !!

— Je suis complètement inadaptée pour vivre avec les autres, mais alors suis-je encore humaine si je ne peux vivre avec les humains ? Question de valeurs vous dites ?? Quelles valeurs ?? Qui me dit que j'ai raison ?? Qui est bon, qui est méchant... je me sens perdue...

Les incursions de Marie dans ce stade ont été limitées et n'ont pas duré longtemps ; heureusement pour elle et pour moi car je vous avoue que voir un être cher se traiter de la sorte, avec une logique qui lui parait parfaite vous touche au plus haut degré, surtout quand elle vous demande de l'aider et que vous ne savez pas par où commencer… Je vous dirais plus loin ce qui a été salvateur dans son cas, mais revenons au constat amer.

Même si je suis passé rapidement sur le sujet, sachez que le sentiment généralisé d'échec est intenable et finit par devenir un processus d'anti-vie qui inhibe toute envie d'action, de réflexion et de plaisir. Dès que l'espoir surgit, car il n'a jamais cessé de le faire et ne cessera jamais, quelque chose vient aussitôt l'estomper et le remettre en cause ; à tel point que chaque espoir finit par vous amener au constat que vous êtes un bon à rien !

— Je suis un bon à rien, j'ai échoué dans tout ce que j'ai entrepris, je suis un échec ambulant… A quoi dois-je bien servir maintenant !!

Mais comment est-ce que ce constat d'échec devient une vérité pour la personne ? La réponse tient dans sa transformation de constat en sentiment. Lorsqu'il devient sentiment omniprésent, il va tout décortiquer et trouvera un échec, même dans la réussite :

— Même mon diplôme d'ingénieur, je l'ai merdé et failli le rater… A quoi bon l'avoir réussi sans mention, j'en vois les conséquences aujourd'hui, difficile de trouver du boulot, même en ayant fait une grande école !!
— Mais tu l'as ton diplôme et ton problème réside dans la difficile reconversion des cadres, chose problématique pour tous !
— Oui, oui… en attendant, si j'avais la mention, j'aurais été prioritaire dans les listes des recruteurs !! Si je ne retrouve pas du boulot, c'est que tout ce que je décris dans mon CV comme des accomplissements, ne sont en effet que des échecs maquillés en réussites, mais ça les professionnels le savent et tout mon CV n'est qu'un ramassis d'échecs habillés en « achievements »…

J'ai beau tout essayé mais j'ai vraiment du mal à vous décrire le sentiment profond d'échec généralisé. Beaucoup me l'ont décrit avec une telle exagération que je n'ai pas retenu tout ce qu'ils ont dit, et un jour, je me suis dit : et si ce n'était pas des exagérations ?!!

— Si je n'ai rien réussi dans ma vie, alors je ne suis rien…

— Si je ne suis qu'un échec ambulant, quelle différence entre mon existence et celle d'un parasite ?

— Sans réussite, tout le monde vous dit que vous n'êtes rien… Alors que suis-je ? Comment savoir si j'existe ? Que tout ce monde existe ??

Et le doute s'installe.

Le constat amer de l'échec généralisé va venir réveiller le plus féroce ennemi de l'homme. Il y a bien longtemps, bien avant que je ne plonge dans la philosophie et la psychologie, j'avais déjà constaté à quel point nous cherchons tous des certitudes. Même si point de philosophie et de progrès sans doute, ce dernier reste à l'origine de nos plus grandes souffrances sur cette terre. Nous cherchons tous à l'éviter ; et dès qu'il se réveille ne nous, il nous perturbe, tourmente et pourrait même nous amener à la folie !! Je peux vous citer des centaines d'exemples de notre quotidien, celui du mari jaloux qui découvre des trous dans l'agenda de sa femme, celui de la femme jalouse qui doute des séminaires à répétitions de son amoureux, celui de l'attente des résultats d'un examen, celui de l'attente d'un entretien d'embauche, celui de l'angoisse d'avoir choisi la file qui n'avance pas au supermarché, celui de pas connaitre la vérité sur un tel ou à propos de tel sujet…

Le doute nous consume et même s'il ne constitue pas une cause directe de la dépression, il en est un très puissant catalyseur.

Très insistant et incisif, le doute va très vite venir à bout des dernières résistances pour compléter le sombre tableau de l'échec généralisé, pour in fine nous faire dire :

— J'ai raté ma vie, voilà…
— Je ne suis rien, cette existence n'est pas pour moi…
— Si je ne suis qu'un échec, à quoi bon continuer à vivre…

Des mots qui m'ont fait froid au dos, des mots d'un autre monde, des mots dits avec tristesse et résignation mais aussi avec conviction et certitude… C'est alors que j'ai un jour dit à Marie :

— Tu sembles douter de tout et tout n'est qu'échec ?
— Oui, tout à fait.
— Et pourtant, ta réponse est une certitude !! Pourquoi avoir choisi de ne pas douter de ton constat aussi…
— Il faut bien avoir une certitude en quelque chose non, partir quelque part…
— Je suis entièrement d'accord, mais alors pourquoi celle-ci de certitude, celle qui anéantit toute autre certitude ? Penses-y s'il te plait…

Même si je ne m'étale pas sur les aspects que je décris, sachez que le doute avance vite, très vite. Une fois amorcé, il perturbe tout et il devient insaisissable et très difficilement combattable. Mais la vie est là, toujours pas très loin, à quelques millimètres de nos regards, dans nos esprits. Elle est patiente, elle n'aime pas trop bousculer, elle attend son moment.

Je ne vais pas encore vous lister les états de la personne à ce stade, vous pouvez reprendre l'ancienne liste et y rajouter le sentiment de ne servir à rien, celui du doute sur sa propre existence, celui d'être un parasite, celui du doute quasi permanent et impossible à combattre. La personne est alors vite épuisée, vite ko. Son seul salut réside dans le sommeil, un sommeil bien difficile et discontinu, mais un petit sommeil tout de même.

Au réveil, c'est reparti pour continuer son bilan de vie. Le doute ne s'arrêtera pas tant qu'il n'aura pas démoli toutes les certitudes de la personne, la réduisant à presque rien. Usant de raccourcis, de prisons binaires, de processus logique dénaturé, d'exagération et de manipulation, le doute finira par faire avouer à la personne son échec retentissant. Elle s'avouera vaincue et c'est sans appel.

— J'ai raté ma vie et je dois l'accepter.

Commencera alors le défilement de la filmographie de sa vie, avec des regrets et des soupirs à vous faire fondre le cœur.

Découvriront le DeltaVie

Non seulement la personne va réduire tout son bilan de vie à un échec, mais elle va aussi le faire par rapport à ce qu'elle avait imaginé quand elle était encore enfant : elle va comparer ce qu'elle a réussi, autant dire rien, à ce qu'elle a rêvé et le résultat est triste et amer.

Ce n'est pas un exercice fairplay, loin de là. Elle ne va pas faire un bilan en comparant sujet par sujet, rêve par rêve, elle va surtout prendre la liste de ses « échecs » et les mettre en face de ce qu'elle avait rêvé, étant plus jeune, c'est le DeltaVie.

Mais le vrai Deltavie est celui de la différence effective et raisonnable entre comment on a vécu et ce qu'on avait rêvé. On sait tous que nos rêves sont nombreux et très optimistes. Ainsi va la vie et il est donc tout à fait normal et logique d'avoir un décalage, un delta entre rêves et accomplissements. Il ne faut pas aussi perdre de vue l'aspect dynamique de la chose, de la vie même : plus on réussit, plus on rêve, donc **par construction même, il est indispensable d'avoir un Deltavie**, d'avoir un décalage qui nous fait lever le matin et veiller le soir à vous écrire ces lignes, l'homme rêve et agit pour accomplir ; le jour où il finit d'accomplir tous ses rêves, il en sera perdu et aura le même sentiment que ceux qui ont échoué !!

Cette notion sera largement développée dans un futur écrit mais focalisons nous sur les conséquences de ce processus de vie chez les personnes souffrant de dépression. Avant même de faire le bilan de leur vie, elles vont, injustement, comparer des échecs, qui ne font aucun doute à leur yeux, surtout depuis l'installation dans le doute, à des rêves qu'elles ont eu gamins et qu'elles n'ont bien sûr par réalisés.

— J'avais tant de rêves à accomplir, c'est déjà foutu.

— J'ai rêvé d'épouser un gars sympa, cultivé et attentionné. Je me voyais vivre toutes ces histoires de contes de fées, J'avais tant de rêves à accomplir, c'est déjà foutu. Au début, j'ai abandonné le sympa, ensuite l'attentionné et j'ai fini par découvrir son inculture… Il faut être con pour se tromper de la sorte.

— J'ai rêvé de faire le tour du monde avec elle, toutes les villes romantiques, tous les petits coins de paradis… avec l'hypothèse qu'elle m'aime… Quelle désillusion le jour où elle décide de me quitter sans pourquoi !!

— Je voyais la vie on ne peut plus simple : une petite maison bien chaleureuse, des enfants, beaucoup d'enfants dynamiques et bien éduqués, des petites vacances qu'on savoure tous ensemble… J'avais oublié de préciser qu'il faut de l'attention, de l'amour pour avoir la chaleur humaine, j'ai donc fini par me consoler avec celle de la chaudière…

— J'ai gâché ma vie à courir derrière des chimères. Je pensais avoir réussi avec un bon job et un bon salaire, mais à quoi bon vivre dans une grande maison tout seul ? Chacune des filles qui s'y est aventurée l'a trouvé magnifique, ma maison, décorée avec une grande sensibilité, bien spacieuse et bien située… Mais aucune n'est restée plus d'une nuit. Je me croyais donjuan et attirant que des filles d'une nuit, mais en fait, je n'en attire aucune sans ma belle voiture et ma belle maison… Pourquoi ?

car je suis un fiasco complet qui finit par tout perdre, boulot, maison et voiture. Je suis un échec ambulant, pourtant je ne rêvais que d'amour vrai. Etais ce trop demandé ? Je pense que oui, je ne le mérite point et j'en suis convaincu aujourd'hui.

Comme si ces constats de Deltavie n'étaient pas suffisants pour faire vivre une profonde souffrance à la personne, un autre constat va vite faire son apparence :

— Je n'ai non seulement pas accompli le moindre de mes rêves, mais en plus, j'ai toujours vécu sous pression, sans jamais faire ce dont j'avais vraiment envie. Je suis donc un double looser.

En se rappelant de ses rêves, la personne va se rappeler des choses qu'elle aime vraiment et va vite constater qu'elle a dû les sacrifier pendant des années... Non seulement le chemin l'a mené à l'échec mais en plus, elle n'aura pas vécu ne serait-ce que les petits moments de simples plaisirs, des plaisirs de tous les jours, des plaisirs simples, des plaisirs qu'elle avait fini par oublier.

Mais au-delà des gens souffrant de dépression, on en a tous sacrifié quelques-uns, voire la majorité.

— Et mes petits plaisirs de tous les jours ? J'aime les fruits, la musique de tout genre et la lecture. J'avais espoir de partager tout cela en famille, mais je n'ai partagé que les contraintes !! Et quelle vie que celle à laquelle on ne prend pas nos plaisirs au quotidien ? J'ai non seulement foiré mes rêves et en plus j'ai sacrifié mes petits plaisirs !!

C'est crucial et central. Les petits plaisirs de tous les jours sont essentiels à notre vie. Je ne dis pas qu'il faut les pratiquer tous les jours, mais il faut vraiment en prendre le maximum de plaisir, sinon à quoi bon s'acharner pour obtenir autre chose à la place. Les personnes souffrant de dépression vous diront tous les regrets qu'ils ont à avoir « sacrifié » leurs petits plaisirs les plus anodins pour des histoires qu'ils ont crues plus importantes : le temps, le boulot, les enfants, les économies, l'amour…

C'est ainsi qu'on perd son âme d'enfant.

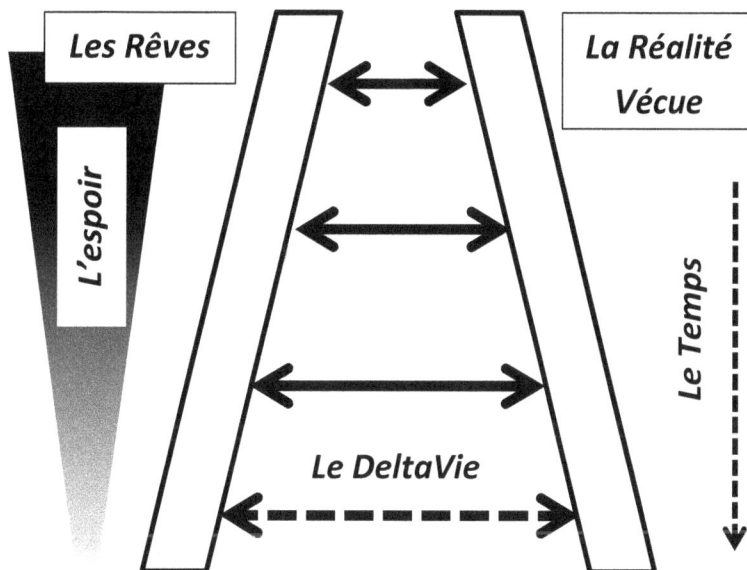

Figure 17 –   Le DeltaVie simplifié

Dieu nous a créé libres et il est hors de question d'en lâcher la moindre petite parcelle. Cet aspect fut une des plus grandes découvertes de ma vie d'adulte : aujourd'hui, je vis mon amour fusionnel avec des hauts et des bas, que je savoure chacun à sa façon, je n'hésite pas à faire ce qui me plait et à le dire à ma femme, on ne laisse pas le moindre mot non-dit au lendemain... Bien que ça fait des étincelles à chaque fois et je ne compte plus le nombre de fois où j'ai dormi sur le canapé mais on y gagne énormément en fluidité. Vous vous souvenez de la compensation dans les thèmes de la dépression, les thèmes de la vie, c'est une des façons que j'ai trouvée de contourner les lois de la physique et de vivre un amour fusionnel librement. Bien entendu, il faut de l'honnêteté et du courage des deux parties, ce qui est difficile avant d'expurger les complexes primaires de chacun.

Vous imaginez le regret et le chagrin des personnes qui ont fait toutes les concessions et qui ont fini en dépression : non seulement elles se sentent en échec total mais en plus, elles n'ont pas eu le moindre petit plaisir. Quel gâchis me disait Rachel...

— J'ai passé les meilleures années de ma vie à espérer de vivre mes plaisirs. J'ai tant espéré que je ne me rappelle pas avoir pris le moindre petit plaisir pendant des années !! Au début, on a l'espoir que l'autre les fera pour vous, mais au fil des jours, on se rend compte que ça n'arrive pas et que ça n'arrivera jamais. J'ai vécu tellement de pressions que j'ai fini par oublier de prendre du plaisir... Quelle connerie que d'être quelqu'un de dévoué, quelle connerie que de sacrifier tout pour ne rien avoir au retour, pour découvrir que tout n'est qu'illusion et que les jours, les mois, les années sont passées sans laisser le moindre petit souvenir : celui d'un petit déjeuner au lit, celui de partager un moment devant la cheminée, celui de s'allonger dans un parc sur son genou et de lire un livre, celui d'un regard qui fige le temps, celui d'une petite reconnaissance pour un plat compliqué, celui du plaisir de dire bonjour à quelqu'un...

Un constat bien amer qui nous plonge dans les regrets les plus douloureux. J'ai tant sacrifié de moi-même et je n'ai jamais cessé d'espérer qu'il change. Résultat : il n'a jamais changé et j'ai tout perdu, même le moindre des plaisirs.

Comble de l'ironie : quand ils retrouveront leur chemin, quand ils seront guéris de leur dépressions, les personnes ayant tant souffert devront réapprendre à prendre du plaisir dans la vie, à jouir de ces moments uniques et simples, à apprécier les plaisirs les plus simples. Ils ont en effet fini par oublier comment prendre du plaisir pour eux-mêmes, ils ont fini par perdre les couleurs des choses, ils ont fini par vivre dans le gris...

Face au constat bien amer de l'énorme DeltaVie et de l'échec sans appel qui en découle, les regrets du temps passé finissent par plonger la personne dans une profonde tristesse et le doute parachève le tableau. Alors elle s'enfonce et se perd, des moments d'une grande souffrance.

Et subiront la spirale autodestructrice

A partir de cet instant, la personne n'arrivera plus à rester cohérente et sa souffrance psychique et physique deviendra insurmontable sans aide.

Après le constat d'échec généralisé, le Deltavie criant et le regret du moindre petit plaisir, le pire ennemi de l'homme va finir par s'en prendre à la dernière parcelle de l'esprit, celle sur laquelle il se tient quand il parle, celle qui donne encore un semblant d'existence : sa logique, son raisonnement.

Après avoir détruit tout épisode positif de son passé, après avoir requalifié toutes ses actions en un échec sans appel, le doute va maintenant retourner la personne contre elle-même, contre son essence, contre son existence même.

— A quoi bon continuer à réfléchir et soi-disant raisonner !! Si toutes mes décisions m'ont menée à un échec généralisé, si mon « moi-même » n'est pas bon, ne sert à rien, je ne peux pas raisonner, je ne peux pas choisir, je ne peux rien faire… Je n'existe plus alors !!

— Je sens le vide en moi. Je ne sais pas comment le dire mais ce n'est ni un vide spirituel, je suis toujours une fervente croyante, ni un vide intellectuel car ma culture universelle est toujours là… C'est un vide d'un autre genre, c'est comme si je suis le vide, il est en moi et je suis en lui... Rien ne sert de décider, d'agir, d'interagir vu le résultat nul auquel je suis parvenue... Finies les actions, les réflexions, les décisions. Plus de moi, tout court !!

Des phrases terrifiantes qui m'ont laissées sans voix la première fois que je les ai entendues.

Tout ceci m'a rappelé ce que j'avais écrit pour les enfants, dans mon premier livre. J'avais déjà à l'époque décelé l'existence de ces questions métaphysiques terrifiantes chez l'enfant de très jeune âge, je les avais appelées « les abysses », tout en insistant sur l'importance des limites et des chemins balisés pour guider les enfants afin qu'ils ne tombent pas dans les abysses de ces questions auxquelles ils ne sont pas préparés. Des questions qu'on entrevoit par exemple en constatant l'incapacité de l'enfant à choisir, ne serait-ce qu'un jouet dans un grand magasin ainsi que son chronique besoin d'être rassuré.

Ces questions métaphysiques existent en nous et nous devons leur faire face un jour ou l'autre. Si on a de la chance, on aura à les affronter à un moment calme de notre vie ; si on a le courage, on décidera de les affronter quand on voudra mais hélas, la dépression nous imposera de les affronter au pire moment de notre vie.

Sentant le vide en soi, ne retrouvant même pas ce qu'elle est vraiment, la personne se retrouve réduite à des processus biologiques qui tombent en désuétude.

Comme s'il ne suffisait pas à son malheur, le doute n'agissant jamais seul, la personne va vivre les plus grandes frayeurs de toute sa vie ; je ne vous parle par de frayeur à perdre la vie, je vous parle de frayeur à ne pas retrouver son « soi-même », son esprit, son être ; je vous parle de peur de continuer à vivre dans un monde pour lequel on se sent inadapté ; je vous parle de peur de la certitude de revivre les mêmes échecs, si on continue à vivre !!

Si vous avez déjà rencontré une personne en dépression, vous avez surement du apercevoir sa frayeur démesurée si jamais vous voulez la forcer à sortir, à revivre, à jeter les dés et jouer une nouvelle partie.

Et c'est logique…

Du moins dans leur état actuel, sans aucune confiance dans leur raisonnement et leur passé rempli d'échecs, ça ne sert à rien de réessayer puisque c'est foutu d'avance. Et tous vos arguments de relativisation n'y pourront rien.

Spontanément, lorsque Marie a commencé à faire des incursions dans ce sombre état avancé, j'ai laissé tomber la logique et l'argumentation et j'ai fait appel à mes sentiments. Je n'y avais même pas réfléchi, je me suis dit que je devais d'abord la rassurer et insister pour lui montrer qu'elle n'est pas seule. Il faut dire aussi que j'avais un autre point d'appuis que le doute n'a pas réussi à toucher, c'est sa foi monothéiste imperturbable.

Je ne vais pas vous rappeler la liste de ce qu'elles endurent arrivées à ce stade avancé, la liste remplirait facilement plus d'une page. Leur état est au plus bas et elles ont besoin de vous, de vos émotions, de vos sentiments et surtout PAS de vos leçons et conseils.

Quand elles entrent dans la spirale de la mort, les choses deviennent difficiles et une attention particulière doit leur être accordée. Je suis désolé pour le qualificatif mais je n'ai rien trouvé de plus véridique pour décrire cette spirale que ce mot [mort], vous comprendrez mieux mon propos quand vous lirez le prochain chapitre.

La spirale de la mort fait appel au processus logique encore en action chez la personne. Elle n'a rien réussi dans la sa vie et finit par tout transformer en échecs, même les réussites « imparfaites » acquises dans de difficiles conditions. Elle finit par s'auto-convaincre de son échec généralisé pour arriver à la conclusion binaire qu'elle n'est bonne à rien.

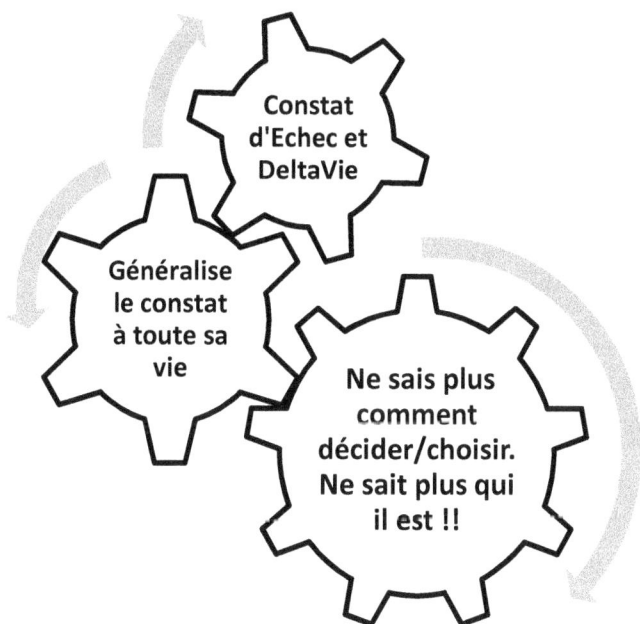

Figure 18 –   L'autodestruction

Et bien au-delà de ce constat bien triste, elle découvre enfin quelque chose qui va l'effrayer. C'est bien une soudaine découverte qui la fait sursauter de peur ou la plonge dans un instant de grande solitude : elle va rapidement déduire de son constat d'échec qu'elle est alors incapable de prendre une « bonne » décision, de choisir une « bonne » direction, tout ce qu'elle a décidé jusque-là, a été un grand échec, mais alors comment décider dorénavant ? Si je suis incapable de prendre une bonne décision, comment vais-je continuer à vivre ?

Croyez moi c'est une grande frayeur qui va la submerger et son agitation déjà bien avancée peut prendre des proportions insoutenables. Je m'en suis rendu compte en faisant l'exercice mental moi-même, en m'imaginant incapable de prendre la bonne décision, incapable de choisir, à vaciller entre telle ou telle option.

Si je ne peux pas décider, je ne peux avancer. Mais alors que reste-t-il de moi à l'intérieur ? Rien. Si je ne décide pas, je ne choisis pas, je n'avance pas, je ne vis pas…

La spirale va finir par tout détruire en elle, absolument tout, mais pas la vie !! La vie est indestructible !! Elle est en chacun d'entre nous et tant que nous respirons, elle est encore là, quelque part, il suffit de la trouver, il faut la trouver. Elle est restée bien cachée, loin du doute, loin de la peur, elle nous tend les bras et son invitation se renouvelle à chaque bouffée d'oxygène que nous faisons circuler dans nos poumons. La vie est permanente en nous et avec nous.

Rien dans ce bas monde ne peut la vaincre, même pas la dépression.

Pour un difficile renouveau

Si la spirale de l'autodestruction part du constat d'échec généralisé, celle qui sabote tout effort de retrouver n'en est qu'un corollaire : une fois qu'on ne sait plus choisir, qu'on ne sait plus décider, on ne sait plus qui on est et on perd toute référence solide de notre existence : la référence de ce qu'on aime, de qu'on sait faire, de nos talents et de réussites, on ne trouve plus d'appuis et on sent le vide s'installer au plus profond de notre être, une sensation que je n'ose imaginer.

Alors, dès qu'il s'agit de prendre l'initiative, de faire quelques chose qu'on se rappelle encore aimer, ou qu'on nous pousse vers une activité, vers la famille, les amis, les sorties, le renouveau, la joie, la vie… On ne sait pas s'il faut accepter ou pas, on ne retrouve aucun appui qui dise qui on est vraiment pour décider et avancer, alors que le doute continue son œuvre, c'est la peur qui va s'activer et nous poussera à préférer ne rien faire.

Doute et peur ont toujours travaillé ensemble et comme vous l'avez surement remarqué face à une personne qui souffre de dépression sévère, une peur panique la prend dès que vous insistez à la faire sortir. Elle vous dira qu'elle a peur et qu'elle ne veut pas, qu'elle n'a pas envie. Comprenez la bien : c'est comme si vous craignez la douleur, [qui est notre cas à tous], que je vous propose de partir dans une ville en guerre où vous risquez torture et mort atroce.

La personne qui souffre de dépression finit par baisser les bras et une peur panique la prend à l'idée de subir d'autres injustives. Elle vous dira qu'elle n'en supporterait plus, que ça risque de la mettre à terre, alors elle préfère s'abstenir.

Si vous décidez de mener la discussion pour la convaincre, elle peut se braquer et refuser de parler, comme elle peut vous apporter des arguments « logiques » qui tiennent la route. Vous allez alors penser que sa peur est excessive, mais je vous assure qu'elle ne l'est pas. **Avoir tant subi des autres pendant des années et le découvrir en un si peu de temps, ça peut faire écrouler n'importe quel être de ce bas monde**. Donc ne niez pas sa peur et acceptez qu'elle l'utilise contre tous vos arguments. Si vous la voyez dire qu'elle ne veut pas ou n'a pas envie, c'est que vous n'entendez pas sa peur ou qu'elle ne veut pas en parler.

Rassurer et accompagner, telle sera votre mission.

Il m'a paru difficile de s'en sortir sans aide à ce stade car perdre ses repère et vivre dans le doute et la peur permanents finit par épuiser la personne, qui aura beaucoup de mal à retrouver les ressources pour vaincre sa situation et avancer. Il faut absolument demander et trouver une aide extérieure : famille, amis, thérapeute, services sociaux spécialisés… Ne restez pas seul.

Ne restez pas seul car vous n'avez rien à prouver, ni à vous-même, ni aux autres. Vous avez donné à tous, vous avez donné de votre temps, de votre énergie, de votre âme, vous avez donné sans compter, vous avez certes été trahi mais cela n'enlève rien à votre don et votre dévouement. Vous êtes fatigué, vous doutez de tout et vous avez peur, vous méritez bien de vous reposer sur quelqu'un, vous méritez bien qu'on vous aide, vous méritez bien que toute l'humanité vous aide et ça ne serait qu'un renvoi d'ascenseur, d'un remboursement de dette déjà avancée. Trouvez de l'aide dans votre entourage mais si le doute a tout consumé, faites appel à un thérapeute, un professionnel qui saura vous écouter, vous comprendre et vous guider. Il saura vous aider à sortir de ces spirales qui vous fatiguent au quotidien, il saura vous aider à retrouver vos appuis pour faire des choix et décider, pour avancer et retrouver la vie.

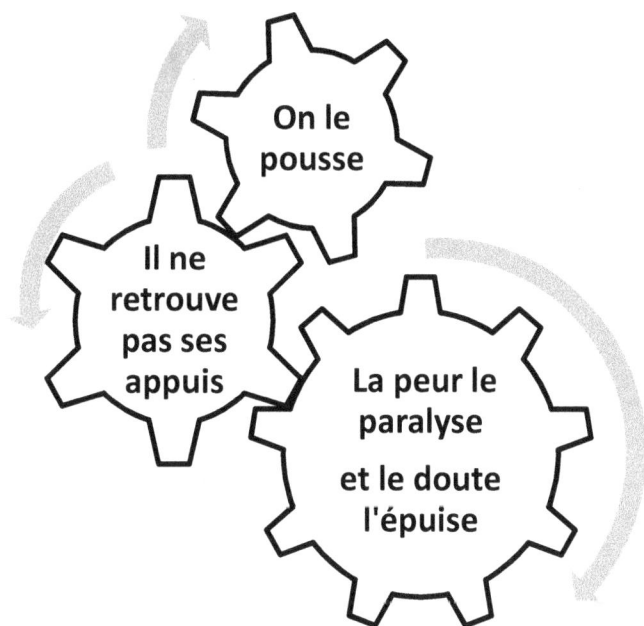

Figure 19 –   Le difficile renouveau

B. La Dépression Profonde

Un champ de ruines

Ses propos devenant de plus en plus binaires et définitifs, c'est l'épuisement qui va pousser la personne à faire son bilan une dizaine de fois par jour. Elle est fatiguée, elle veut se reposer. Malheureusement, elle n'aura comme compagnons principaux, en dehors de votre rôle, que le doute et la peur.

Rappelez-vous du processus d'autodestruction que nous avons décrit plus haut : une fois qu'elle a démonté sa propre logique, elle est aussitôt perdue et ne trouve plus aucun repère ; cela peut aller jusqu'à ne plus différentier une chose et son contraire, le bon du mauvais, le jour de la nuit, le réel de l'imaginaire.

Nous devons comprendre que lorsqu'on évoque la logique, nous parlons du fondement de notre esprit, le seul processus qui nous permet de choisir une voie, d'avancer, de vivre, même s'il peut être sous l'influence de plusieurs autres processus (sentiments, peur, doute, complexes primaires…). Notre logique en soi est ce qui nous permet de vivre ; sans elle, nous n'avançons plus, sans elle la peur nous paralyse. Rappelez-vous **quand vous vous parlez à vous-même pour vaincre votre peur**, eh bien vous essayez de vous rassurer par la logique, essentiellement.

Donc la perte de la logique est catastrophique pour toute personne sur cette terre ; elle se retrouve à hésiter sur tout, à ne plus savoir comment choisir : le quotidien devient un enfer ; certains demanderont à l'aide, d'autres s'enfermeront.

Que lui reste-t-il ?

Elle n'a plus de logique pour choisir et juger.

Son environnement est parti en fumée après tout ce qu'elle a découvert.

Elle ne peut plus faire confiance à personne.

Tout ce qu'elle voit autour d'elle n'est que champ de ruine, son intérieur et son extérieur, son passé et son avenir.

J'ai tout donné

Quand elle revoit tout ce qu'elle a fait dans la vie, son dévouement, ses sacrifices, son énergie, son temps… Tout est parti en vain, tout est parti pour des gens qui ne le méritaient pas.

Et aujourd'hui elle n'a plus rien à offrir.

C'est en effet bien faux car elle est toujours en vie, elle respire encore et son sang parcourt toutes les cellules de son corps. Mais en se rappelant de tous les efforts qu'elle a faits, tout autre effort lui parait impossible et sa fatigue physique complète le tableau.

Il est vrai que nous avons tous une énergie interne à laquelle nous devons faire attention, que nous devons préserver et partager uniquement avec ceux qui le méritent. Ceux qui souffrent de dépression sont tellement épuisés qu'ils se disent ne plus avoir d'énergie pour qui que ce soit ; à un instant de grande fatigue, c'est bien sur vrai mais la vie trouve toujours un moyen.

Le « j'ai tout donné » est une façon de dire que je suis vidée, fatiguée et je n'ai plus rien à offrir, même à des gens qui le mériterait. En disant cela, elle pense à ce qu'elle ne pourrait pas offrir en situation « normale » :

— Et combien même un chevalier blanc m'aimerait à la folie, je n'ai plus rien à lui offrir. Regardez-moi, je ne suis qu'une loque humaine, je n'ai plus de sentiments, je n'ai plus rien à donner, j'ai déjà tout donné…

Cela dit, même en pleine tragédie grecque, la vie ne lâche jamais l'affaire et arrive toujours à faire des percées qu'on ne voit pas toujours. Si elle se dit qu'elle n'a plus rien à offrir, c'est qu'elle se met dans une situation positive future, situation qu'elle se dit qu'elle va merder, mais une situation du futur, un rayon de vie qui traverse son esprit, un espoir difficilement détectable mais existant. Si le passé a été, le futur n'est pas encore et donc tout est possible.

Le « j'ai tout donné » se réfère donc au manque d'énergie qu'elle a gaspillée et donc à son incapacité future à retrouver une place dans ce monde, à aimer et à être aimée, à vivre et à s'amuser. Si dans votre propos, vous faites référence à un futur fleuri, elle vous répond aussitôt :

— Mais qu'est-ce que vous voulez qu'il trouve en moi ? Quelle vie va-t-il mener avec une personne finie, terminée ? Qu'ai-je encore à lui offrir ? Rien, c'est fini.

Je sais que vous entendez comme moi cette petite voix qui vous demande de lui dire qu'elle a encore beaucoup à offrir, que la vie continue tant qu'on respire, qu'il y a encore et toujours de la vie en nous et que cette dernière trouvera toujours le moyen de nous le dire, de nous le montrer. Eh bien, sachez qu'elle risque de ne pas partager votre conviction car nombreux sont les processus qui interfèrent et l'empêche d'entendre la vie, de la voir et de la ressentir. Et surtout, ne faites pas l'imbécile en leur disant que vous entendez leurs cris de secours et que si elles disent cela, c'est une façon d'appeler à l'aide. La réponse risque d'être cinglante.

216

Elle se sent vidée et ses batteries psychiques et physiques sont à plat. La vie qui est toujours en elle et le restera ; elle continue à envoyer des signes, mais quelque chose ne les laissent pas passer, quelque chose vient les estomper, quelque chose détruit systématiquement tout rayon de vie, tout petit espoir.

Une horrible spirale commence à s'installer.

J'ai tout essayé

Comme on l'a déjà dit et on ne le dira jamais assez, le pire ennemi de l'homme est le doute : un doute qui n'agit jamais seul, un doute qui opèrera toujours de concert avec la peur.

Mettez-vous à sa place. Elle a merdé son passé, elle a détruit sa logique et n'a plus de repères ; alors l'autodestruction phase II se met en place : au moindre petit espoir, à la moindre lumière qui tente d'émerger, le doute trouve toujours une réponse : « tu as déjà essayé ça et ça n'a pas marché ». Et combien même elle rassemble tout son courage pour se dire qu'elle a le droit d'essayer encore une fois, **une peur panique la prend à l'idée de devoir revivre les mêmes horreurs par lesquelles elle est déjà passée.**

Systématiquement, à tous vos encouragements, à tous vos efforts pour la pousser à voir la lumière, elle ne voit que le champ de ruines dans son entourage et dans sa tête ; en plus, elle doute de ses capacités à y arriver et a peur de prendre le moindre risque de revivre ce qu'elle a déjà vécu. Une spirale que j'ai appelée Spirale de la Mort II.

Pour chaque effort que vous allez lui demander, elle vous répondra qu'elle a déjà essayé et échoué et qu'elle ne veut surtout pas réessayer car ça ne sert à rien. A force de doute et de peur, elle va finir par se convaincre qu'elle a vraiment tout essayé et qu'il n'y a pas la moindre issue à son histoire, surtout si elle n'arrive pas à nettoyer ou à quitter son environnement toxique. C'est l'image de la petite fille accroupie en plein milieu d'un quartier détruit par la guerre ; elle est seule, ne sait pas quoi faire et a peur de faire le moindre pas. Alors elle s'accroupie et pleure. Des gens essaient de la guider de loin, de l'encourager mais sa peur la paralyse et elle est persuadée qu'elle ne va pas y arriver.

Donc ne les poussez jamais plus que nécessaire et ne les brusquez jamais car vous ne ferez qu'augmenter leur peur et elles finiront par se boucher les oreilles pour ne plus vous écouter.

A ce stade, je peux vous assurer que la tristesse et la souffrance psychique atteignent un sommet et je préfère vous éviter les témoignages et les mots. De jour en jour, elle s'enfonce de plus en plus jusqu'à s'auto-persuader qu'elle a déjà tout fait. C'est à ce moment-là que les mots dangereux commenceront à apparaitre, petit à petit, par petits enchainements :

— J'ai déjà tout donné et tout essayé, ça ne sert à rien de recommencer pour souffrir encore. Je suis bien assez fatigué comme ça.
— J'ai tout essayé et j'ai merdé, game over…
— Je n'ai plus rien à faire ici, échec et mat…
— J'ai déjà tout fait, j'ai déjà vécu…
— J'ai déjà vécu, il est temps de se rendre à l'évidence

A ce stade, la spirale II est bien en place et tout devient difficile, ne serait-ce que de lui parler. Elle commence déjà à se relâcher et les sombres idées prennent naissance dans sa jolie tête, une façon pour elle de se reposer après avoir tout échoué, après avoir raté sa vie.

J'ai déjà vécu

Game over…

Je ne vais pas m'attarder sur ce triste chapitre qui me fait toujours autant de peine quand je demande à ma mémoire de me restituer quelques scènes pour illustrer mon propos. J'ai vu des gens bien portant physiquement, conséquences de la dépression mis à part, baisser les bras et tirer un bilan bien amer et triste. Il peut bien sembler hâtif et exagéré pour certains, mais je vous assure qu'il est bien réel pour eux.

J'ai vu Marie me dire un jour : « J'ai passé mon temps sur cette terre. Qu'ai-je réussi ? Rien. Circulez, il n'y a rien à voir. J'avais pourtant tant de rêves à réaliser, tant de choses à vivre encore, voir grandir mes enfants, faire du babysitting pour leurs enfants, faire le tour du monde, me balader pieds nus à Paris par un jour de pluie… J'ai pourtant tout essayé mais ça n'a pas marché. Décidément, je ne suis pas faite pour ce monde-là, mon temps ici est terminé ».

Même en révisant ces mots, j'ai les larmes aux yeux. Heureusement qu'elle ne faisait que des petites incursions dans ce sombre constat car je faisais en sorte de l'emmener en voyage à chaque fois qu'elle s'enfonçait aussi profondément, mais je me souviens encore de la première fois qu'elle a tenu ces propos. C'était déchirant.

Et face à tous mes encouragements, elle se contentait de me dire : « Tu me pousse à vivre encore, à « revivre » comme tu dis, mais c'est déjà fait, la vie, je la connais bien ».

La vie, je lest bien connue…

VI. La réalité du Risque Suicidaire

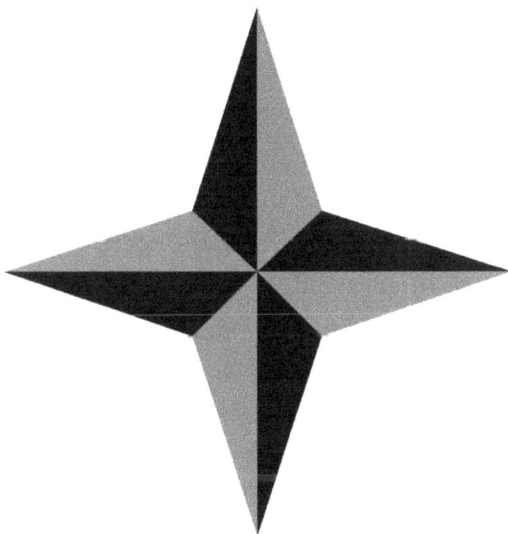

Mon Dieu, comment vais-je vous parler de ça ?!

J'ai dû écrire, supprimer et réécrire cette partie au moins six fois avant de décider de la rendre aussi brève que possible : le sujet étant si délicat qu'il requiert une étude dédiée, bien plus approfondie. Alors, le temps que je finisse celle que je viens de lancer, je vous livre les constantes que j'ai relevées lors de mon étude de la dépression.

Je tiens à signaler qu'au moment où j'écris ces lignes, je ne suis pas un spécialiste du suicide et tout ce que je vais dire ressort essentiellement des analyses que j'ai faites sur les situations de personnes ayant eu des pensées suicidaires et parfois ayant fait une première tentative de suicide. J'ai donc limité le nombre de témoignages et me suis surtout tenu à l'essentiel : un processus, des constats et des alertes.

Je me suis focalisé sur l'identification du processus qui mène la personne aux pensées suicidaires et aux tentatives de suicide. Alors qu'il a été évident de lier le risque suicidaire avec la spirale de la mort II et au bilan d'une vie d'échec, j'ai découvert d'autres processus psychiques qui peuvent mener au suicide dès les premiers stades de la dépression et bien avant les spirales de la mort I et II. Deux principales caractéristiques différentient lesdits processus : la cause primaire qui « dicte » l'ordre d'en finir et le processus primaire qui commande le timing du passage à l'acte.

Dans les statistiques du site officiel www.info-depression.fr[5], on peut lire le constat effrayant suivant : « la dépression est la première cause de suicide : près de 70% des personnes qui décèdent par suicide souffraient d'une dépression, le plus souvent non diagnostiquée ou non traitée ». En première constatation, nous avons

---

[5] Site officiel de l'INPES, ww.info-depresoin.fr

relevé que le diagnostic clinique arrive toujours un peu en retard, généralement quand un EDM (Episode Dépressif Majeur) devient identifiable, correspondant à un stade déjà avancé, où la personne ne peut plus cacher ses symptômes et sa souffrance au quotidien.

Mais bien avant ce stade, nous avons pu identifier des modes bien particuliers qui mènent à des pensées de fin de vie, voire des passages à l'acte où la cause primaire et le résultat escompté sont bien différents. Bien plus importante était la recherche du déclencheur : facteur, instant, évènement ou processus.

J'ai pourtant fait de la résistance à ce que j'ai découvert en épluchant le maximum de statistiques et en travaillant sur les corrélations, mais le verdict reste brutal : il existe au moins trois modes de suicide (jusque-là) dont deux qui demeurent très difficiles à anticiper, sans signes annonciateurs extérieurs.

Je peux déjà vous dire que l'idée d'en finir peut très bien germer dans leurs esprits dès le début de la dépression et que le passage à l'acte peut se faire sans aucun signe annonciateur. Seule une présence de tous les instants ainsi que des précautions pratiques au quotidien peuvent lui éviter le pire.

Plus que jamais, ne les laissez pas seuls et détournez leur esprit des idées sombres dès qu'elles germent, le temps que leur esprit commence à retrouver le chemin de la lumière.

Le mode réactif de l'amertume

Ils vont voir…

C'est pour moi le plus horrible de tous. Imaginez un être qui se sent si persécuté par les autres qu'il préférerait mettre un terme à sa vie. Nous avons déjà décrit ce sentiment de persécution et son origine. En déballant son sac, il découvre la réalité des agissements des autres avec lui, il découvre leurs vraies intentions, leurs trahisons et leur ingratitude. Il se sent entouré de toute part par des gens qui semblent vouloir sa peau, des gens qui l'étouffent, des gens qui ne se satisfont pas de l'avoir trahi et de lui avoir causé tant de mal.

Il est triste, profondément triste car il se sent tout seul dans ce monde qui lui en veut pour une raison qu'il ignore, un monde qui ne veut que le détruire, alors un jour, il dira : « Ok, si c'est ça ce que vous voulez pour moi, je vais vous le donner, car dans tous les cas j'ai déjà raté ma vie et ne pourrais jamais recommencer ». Et ça peut aller très vite, une fois l'idée germée, elle va revenir de plus en plus régulièrement au-devant de la scène.

Et c'est son processus logique, conjugué avec beaucoup d'amertume qui va nourrir et maintenir cette idée d'en finir. Mais il est hors de question de partir simplement. Comme tous ces gens lui ont fait du mal et l'ont trahi, comme il ne vit que dans la tristesse, il va penser à partir en marquant les esprits, en montrant à ceux qui lui ont fait du mal qu'il part à cause d'eux, en se disant que ça va marquer leurs esprits. Un mode qui finit donc par être brutal et se fait généralement dans le sang.

Il part à cause de l'amertume mais il part aussi pour être délivré de cette persécution qui devient dans certains cas maladive : « À chaque fois que je sors dans la rue, tout le monde me regarde de travers, des gens que je ne connais pas m'en veulent pour une raison qui me dépasse, alors je fixe certains de leurs regards pour essayer d'y comprendre quelques chose, mais plus je fixe, plus on me regarde de travers, plus on m'agresse d'un regard qui en veut. Mais pourquoi m'en veulent-ils ? Qu'ai-je fait pour mériter cela ? Et je ne vous parle pas des gens que je connais. Quand je suis avec eux, ils se regardent et grimassent dans mon dos. Quand je vois leurs regards, je sens de la haine, de la défiance, de l'agressivité… Pourquoi en vouloir à ceux que je ne connais pas si mes plus proches me font la même chose ? ».

Pourquoi ils me font ça ?

Je n'ai rien fait de mal à personne, je ne mérite pas cela.

Vous voulez ma peau ?

D'accord,

Je vais vous donner ce que vous voulez de moi,

Vous verrez alors l'effet de ce que vous m'avez fait.

Le mode anticipatif de l'échappatoire

Je ne pourrai jamais supporter ça…

« Après tout ce que j'ai accompli dans ma vie, je ne pourrai pas supporter de tomber dans le besoin, ils vont me crucifier. Déjà qu'ils m'en veulent sans avoir besoin de leur aide, alors si je tombe, si je me retrouve à terre, ça sera le grand déchainement ».

Cet épisode ne concerne pas uniquement les situations matérielles difficiles, celles qui poussent à demander de l'aide, mais il englobe aussi les situations familiales délicates qui étaient présentées comme une réussite, vraie ou fausse, et dont l'échec risque d'éclater au grand jour. Tout cela concerne en effet les situations d'échec qui risquent de devenir publiques et dont l'effet est amplifié dans les sociétés qui s'auto-surveillent, où les gens se regardent un peu trop et mettent le nez dans la vie des autres, parfois discrètement, parfois publiquement. Plus la société accorde de l'importance à la réussite sociale, plus la publication d'un échec aura un impact dévastateur sur l'individu. Cela me rappelle l'image du Samouraï japonais qui préfère mettre fin à sa vie car il ne supporte pas la « honte » de vivre dans l'échec.

Mais, alors que dans l'exemple du suicide du Samouraï, le constat de l'échec est déjà devenu public, la plupart du temps, les gens craignant pour leur image publique vont anticiper la publication de cet échec et en finir avant que ça n'arrive. A l'image de cette mère célibataire qui a toujours combattu pour éduquer ses enfants et leurs apporter le minimum nécessaire. Le jour où on lui enlève la seule chose qui lui assure son autonomie (son boulot), elle peut très bien décider de mettre fin à sa vie car elle est sûre de ne pas pouvoir faire face à la vie dans ces conditions. « Vous imaginez : alors que tout le monde m'en veut, y compris mes enfants, alors que je leur ai dit que j'étais fatiguée d'avoir beaucoup donné pour les protéger et les éduquer, on m'annonce un licenciement ; et en plus, on me sucre mes aides sociales. Je ne pourrais pas supporter cela, c'est impossible, hors de question de vivre ça, je ne peux pas. »

Je n'ai ici livré qu'une partie infime de ce qui se passe dans leurs têtes car décrire le tout prendrait des dizaines de pages. Au-delà d'une peur « légitime » de ce qu'ils pourraient subir, d'une crainte de souffrance que tout le monde peut comprendre, c'est bien leur état psychique particulier de dépression qui va leur dessiner le pire des scénarios, des scénarios qu'ils ne pourront jamais supporter. D'ailleurs, à examiner ces scénarios de plus près, on se rend compte qu'ils sont tellement horribles que personne ne peut les supporter, à commencer par les personnes ne souffrant pas de dépression.

Si je vous en raconte certains, votre première réaction sera : « mais c'est exagéré tout ça !! Comment est-ce que la personne peut commettre l'irréparable sur la base de tels scénarios invraisemblables ?». Croyez-moi, pour eux, il n'y a rien de plus réel, de plus logique et surtout d'inévitable voire d'imminent. Lors de mes discussions avec notre vaillant entrepreneur, il m'avait confié que sa plus grande peur était « d'assister à sa propre crucifixion en live, de se voir déchiqueter le corps par les charognards en étant encore en vie », une perspective qu'il ne peut supporter, « une perspective qu'il devra éviter par tout moyen, y compris en finir avant que ça n'arrive ».

C'est en effet leur peur qui va précipiter la construction d'un scénario qui s'autoalimente et s'auto-amplifie. Leur esprit va alors faire le reste : il fera venir les charognards, on les voit de loin pointer leurs gueules effroyables, la rage dans les yeux, prêts à bondir. Ils avancent et ne détournent pas le regard. Nul doute que c'est bien pour lui qu'ils viennent. Rachel voyait même des loups affamés se rapprocher à petits pas : tout y est : le regard acerbe, la bave, les griffes déjà sortis, elle a même mis du sang dans leurs gueules, preuve qu'ils viennent d'en déchiqueter une autre juste avant.

Ce sont toujours des personnes qui vont prendre la place de ces loups, des personnes qu'on pense retrouver aux premières loges quand on tombera, des personnes qui nous en veulent depuis toujours et qui ne vont pas laisser passer cette occasion pour venir nous achever.

Ce scénario va en s'auto-amplifiant car la personne va y rassembler toutes ses peurs, les unes activant les autres, les unes alimentant les autres jusqu'à arriver à une simultanéité très improbable, composée de tous les malheurs du monde, arrivant tous en même temps et à la même personne !! C'est cet aspect qui nous parait exagéré, vu d'extérieur alors qu'il pousse la personne dans une situation anxieuse intenable, jusqu'à la plonger dans une crise d'angoisse qui rendra tout ce qu'elle a imaginé réel, véridique et imminent. Certains iront même jusqu'à commettre l'irréparable juste par peur de la souffrance qu'ils pourraient subir. Donc gardez toujours à l'esprit que tout cela est bien réel pour eux et soyez conscient du risque qu'ils encourent.

Rachel était tellement plongée dans son scénario le jour où elle a reçu un nouveau coup qu'elle a fini par ne plus pouvoir fermer les yeux car à peine les paupières pausées, elle revoyait les loups qui ont déjà bondi vers elle, la gueule bien ouverte, en train d'enfoncer leurs canines dans sa chair.

Une autre image qui revenait le plus souvent est celle de la vague géante, une sorte de déferlante qui est en train de se briser sur eux et qu'ils doivent absolument éviter afin de ne pas en subir les conséquences : des souffrances impossibles à supporter. C'est ainsi la peur de subir les conséquences de leurs scénarios qui va les pousser à préférer en finir, une façon d'échapper à un horrible sort, construit sur un scénario mental dont on décrira la façon de le défaire dans le prochain chapitre.

Au loin, dans l'horizon, une petite vague se forme, elle avance vers lui et il ne peut la fuir car il est figé par une chose qu'il ignore. Goute après goute, pensée après pensée, d'une conséquence à une autre, la vague monte et se transforme en lame de fond, elle avance vers lui et accélère. Il en a tellement peur qu'il l'amplifie avec ses propres craintes qui deviennent toutes actuelles et simultanées, ajoutant de la hauteur, du volume et de la vitesse à la lame qui est presque là. En un instant, elle est déjà en train de se briser sur lui et le fera tellement souffrir qu'il préfère en finir.

Dans une société qui s'auto-surveille, dans une société qui juge sans procès, l'anticipation d'un scénario horrible, alimentée par la peur d'en subir les conséquences, finit par leur faire préférer la fin, une façon de partir dans la « dignité » [de leur point de vue biens sûr].

C'est hélas un mode difficile à diagnostiquer ou à anticiper car les choses peuvent aller très vite. C'est aussi ce genre de mode qui alimente les statistiques des suicides de gens souffrant de dépressions non diagnostiquées ou non guéries. Il n'y a avait simplement pas assez de temps pour agir.

Le mode déductif du désespoir

Mon temps est écoulé ici…

Nous avons déjà décrit ce qui se passe dans la tête de la personne quand elle rentre en dépression profonde, ce bilan négatif et désastreux qui se met en place finit par lui faire croire qu'elle a déjà tout fait, tout essayé, qu'elle a déjà vécu.

Mais hélas, cette réflexion peut très bien surgir lors des premiers stades de la dépression. Dès que la personne fait le choix et le constat qu'elle est responsable de ce qui lui arrive, qu'elle a été trop naïve, que tout ce qui lui arrive est de sa faute, le constat d'échec est établi et l'enchainement peut aller vite. Même si nous avons placé ce mode de suicide dans le domaine du désespoir, il n'est pas nécessaire d'atteindre un stade avancé de la dépression pour le ressentir. Il ne faut pas considérer le désespoir comme un état constant mais comme un sentiment qui va, vient et revient. Alors qu'il est très présent dans la dépression profonde, voire omniprésent, le désespoir peut très bien secouer une personne dès les premiers stades : c'est alors un sentiment violent qui, sans devenir permanent, va souvent être amplifié par le doute, la peur et l'angoisse.

J'ai été horrifié le jour où j'ai repris mes notes pour découvrir que des « mots de fin » étaient déjà présents dès les premiers stades de la dépression. La personne peut en effet traverser tous les aspects

232

et stades de la dépression en un rien de temps pour arriver à la conclusion qu'il faut en finir. Mais en regardant de plus près, n'avons-nous pas cette tendance à dire qu'une situation est insupportable et qu'on préférerait déjà en finir ? Oui, mais dans le cas du commun des mortels, la vie reprend vite ses droits et la personne passe à autre chose. Alors que dans le cas de la dépression, cette idée va germer et s'installer.

Une fois l'idée de suicide, comme porte de sortie possible, est évoquée par la personne, elle est semée dans le cerveau et plus la personne revient dessus, plus elle va la faire pousser jusqu'à en faire une option possible à tout ce qui peut arriver.

Donc plus la personne s'enfonce dans la dépression, plus elle perd SA logique, plus elle constate son échec et son inaptitude à vivre et comprendre ce monde, plus l'idée de partir devient « logique » pour elle, comme une fatalité qui n'est plus qu'une question de temps.

Il a tout essayé, il a raté sa vie,

Il a tout donné, plus rien à offrir,

Il a déjà vécu et n'a plus rien à faire dans ce monde.

[Pardonnez-moi pour ces mots tristes que je suis obligé de reporter, même si j'avais promis d'être bref].

Attention, ça peut aller vite

Entre le premier germe de l'idée de partir,

Et le passage à l'acte,

Les choses peuvent aller très vite.

Il n'existe aucune règle pour le timing du passage à l'acte.

Toutes nos vies sont si différentes et il est donc impossible d'anticiper l'impact de tel ou tel évènement sur n'importe qui,

Alors, votre présence de tous les temps devient cruciale.

Faites-vous aider si vous ne pouvez pas l'assurer seul,

Faites-vous aider dans tous les cas,

Le jour où l'idée et les mots de la fin commencent à se répéter, soyez alerte, surtout chez les ados.

Tout ce que j'ai pu faire avec Marie, c'est d'être là, constamment et surtout de lui faire changer d'air dès que ces horribles idées revenaient.

VII.   Au-delà des symptômes cliniques

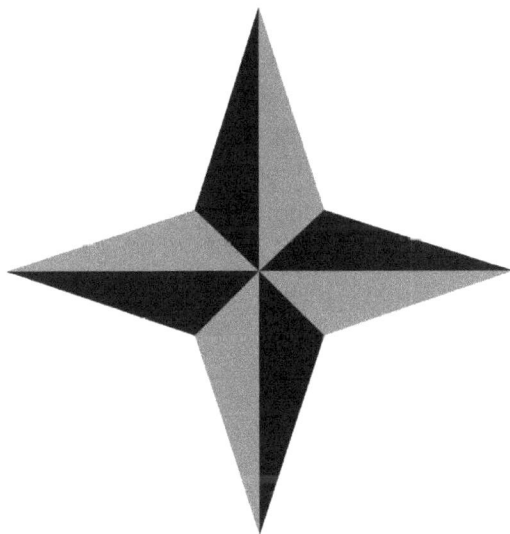

Devant le nombre croissant des dépressions non diagnostiquées à temps et de leurs conséquences potentielles, j'ai introduit cette partie que j'espère aidera à identifier et diagnostiquer la dépression le plutôt possible.

Malgré la classification que les psychiatres utilisent pour diagnostiquer l'état dépressif majeur, les symptômes utilisés, bien connus à ce jour, ne permettent pas de situer le stade de la dépression en cours. Ces symptômes sont en effet principalement orientés vers le stade clinique de la dépression sévère, le moment où la personne a déjà commencé à s'autodétruire.

Donc au-delà desdits symptômes que nous avons énumérés et expliqués, nous avons surtout répertoriés les « mots » de la dépression, ces phrases, expressions et questions qui reviennent systématiquement à différents stades. Ensuite, nous avons listé les signes qui permettront à tous d'identifier le stade actuel de la dépression et ainsi mieux cibler l'action thérapeutique.

Plus généralement, ces mots et ces signes sont là pour alerter la personne ou son entourage de la dégradation de son état psychique intérieur car la personne souffrant de dépression fera tout pour cacher sa souffrance, du moins dans ses premiers stades.

Des mots au cœur de la dépression

Mais tu ne comprends rien

Je commence par cette expression car elle est au cœur de la relation avec la personne qui souffre. Si vous l'entendez dire ça, c'est que vous êtes en train de lui faire du mal. Point.

Quand vous l'entendrez, et ça vous arrivera à un moment ou un autre, commencez par la fermer. Voilà, c'est dit. Ensuite, excusez-vous, oui, oui, même sans savoir pourquoi vous le faites. Voilà. Maintenant, écoutez-la attentivement car elle va, tôt ou tard, vous expliquer le pourquoi. Voilà.

Et surtout ne la ramenez pas pour refaire la même connerie en reprenant le sujet et en essayant de mieux développer votre point de vue. Ça ne sert à rien. Elle va croire que vous faites exprès et que ce qui vous importe c'est de faire passer votre opinion, sans vous soucier de ce qu'elle ressent.

Car dans la dépression, tout est affaire de sentiments et d'émotions ; la logique et les explications ne sont qu'accessoires dans ce qu'elle attend de vous. Et sur cet aspect, nous sommes tous des têtes de mules : je ne compte plus le nombre de fois où Marie m'a dit que je ne comprenais pas ce qu'elle ressentait alors que je m'obstinais à lui expliquer, voire lui démontrer le contraire. J'ai enfin compris que le verbe « comprendre » qu'elle utilisait ne se référait pas à un processus intellectuel mais émotionnel. Ce qu'elle voulait dire, c'était en effet « tu ne ressens pas ce que je ressens et combien j'en souffre ». Alors j'ai appris à la fermer et à écouter sans juger et sans discuter ; j'ai même appris à déceler les moments où ma logique était inutile, des moments où elle voulait surtout entendre mes émotions, pas mes raisonnements.

Qu'est ce qui m'arrive ?

C'est la grande expression qui annonce la prochaine entrée en dépression. Elle se situe plutôt dans les états de la dépression latente et vient en réponse aux premiers symptômes, à savoir que la personne sent un mal-être en elle sans le comprendre. Elle commence même à ressentir une boule dans la gorge ainsi qu'une pression dans la poitrine sans en comprendre les causes. En allant voir un médecin, il lui confirme que c'est d'origine psychique car physiquement, elle va plutôt bien.

Elle commence à perdre tout plaisir des activités qu'elle adorait le plus. Elle est en agitation permanente et ne tient plus en place. Elle cherche le moindre plaisir mais ne le trouve plus. Elle ne va pas bien et n'a absolument aucune idée de la raison. Elle passe en revue son quotidien avec ses conditions difficiles sans rien trouver car ces conditions, elle les connait depuis longtemps et les a comprises et admises depuis encore plus longtemps. Elles ne peuvent causer son mal être actuel.

Ne pouvant rien trouver pour expliquer ce qui lui arrive, elle va tout faire pour retrouver un plaisir passé, des thèmes abandonnés depuis son entrée en couple, de la nostalgie de ses années ado voire même des plaisirs dont elle se rappelle de son enfance. Des petites choses qu'elle cherche afin de retrouver son plaisir qu'elle perd de jour en jour : petits plats, pâtisseries, vêtements, sport, sorties… Elle essaie tout sans y arriver.

Ce sentiment est frustrant et déconcertant à la fois. Il peut même devenir irritant et révoltant chez les colériques. Si cette question persiste avec les autres symptômes, ne tardez pas à consulter un psy, mieux vaut anticiper.

Changer quelque chose en moi pour aller mieux

A force de mal au crâne et d'étouffement, la personne cherche à faire quelque chose, n'importe quoi pour aller mieux et retrouver une vie « normale ».

Comme les médecins lui ont confirmé qu'elle n'a aucun problème physique qui explique sa boule à gorge et sa pression à la poitrine, elle se convainc que c'est psychique et se met à chercher en elle mais ne trouve rien ; elle fouille partout dans son esprit, dans son passé, dans son présent, dans ses rêves, rien ne semble causer ce qui lui arrive : en effet, tout ce qu'elle relève n'est pas assez « sérieux et important » pour expliquer l'étouffement et l'agitation.

Malgré toutes les questions qu'elle se pose, elle ne trouve aucune piste qui puisse l'aider à identifier ce qui ne va pas et à le changer ou le corriger très rapidement. A ce stade, elle pense toujours que la chose ne doit pas être trop « grave », elle espère trouver quoi changer pour aller mieux, au plus vite. Ce qu'elle ignore, c'est que la cause du processus qui est amorcé est trop profonde pour aller mieux juste en changeant une chose en elle ; le changement devra être bien plus catégorique.

J'ai tant donné…

Phrase la plus populaire de la dépression.

D'abord, la personne a donné de soi, au-delà de ce qu'elle était supposée donner dans le rôle qui était le sien : père, mère, frère, sœur, manager, parent… Elles ont fait un don de soi, un don de leur temps et de leurs efforts, un don de leur propre tranquillité ou plaisir, pour in fine, ne rien recevoir !!

Et plus encore. Il ne s'agit pas seulement d'avoir donné sans recevoir, c'est pire encore, c'est surtout donner pour recevoir du négatif : trahison, ingratitude, agression… Cette situation la laisse dans la plus grande détresse, tristesse et incompréhension. Elle est surprise et ne veut pas y croire.

Elle est surprise et surtout triste d'avoir tant donné pour in fine être trahie ; la trahison pouvant prendre plusieurs formes selon le cas. Vous entendrez régulièrement cette phrase, surtout après l'ouverture du sac à injustives.

Quand vous l'entendrez, écoutez et surtout ne commentez pas. Et même si des épisodes vous paraissent légers et que le jugement que la personne porte est exagéré, rappelez-vous que c'est son avis qui compte, pas le vôtre, car il ne s'agit point de logique, mais de blessures et d'émotions.

Au fur et à mesure qu'elle s'enfonce, le « j'ai tant donné » va se transformer en « j'ai tout donné ». Elle sera alors dans une phase bien avancée qui demande une attention de tous les instants.

Pourquoi ils me font ça ?

Elle ne comprend pas leurs agissements envers elle et ça la fait souffrir encore plus. C'est une question qui reviendra toujours, même après les premiers stades de guérison. Le décalage entre ce qu'elle a donné, ses sacrifices et son dévouement, et les agissements déloyaux des autres est si énorme qu'elle n'arrive pas à l'expliquer.

Le fait est qu'elle utilise sa propre logique pour expliquer les agissements des autres, ce qui ne colle pas. « Ils devaient plutôt me rendre hommage, me dire merci pour ce que j'ai fait pour eux, tout le support, tous les sacrifices ».

« A la limite, ils pouvaient ne pas reconnaitre tout ce que j'ai fait, mais encore pire, c'est comme je n'ai jamais rien fait pour eux et ils n'hésitent pas à me faire du mal, à m'agresser ».

« Ils devraient au moins s'abstenir de me faire du mal, s'ils sont incapables de reconnaissance. Et en plus, je n'ai rien vu venir. Ils ont tous un sacré double visage que je n'ai jamais aperçu, que je n'ai jamais imaginé exister ».

Au fur et à mesure qu'elle ouvre le sac et qu'elle découvre, cette phrase s'accentuera et lui causera de plus en plus de tristesse et d'incompréhension, pour in fine se transformer en impression quasi permanence de persécution.

Pourquoi ils m'en veulent tant ?

On a bien vu qu'avant l'apparition de cette expression, la personne exprimait plutôt son incompréhension par rapport à l'attitude des autres, en se demandant pourquoi ils l'ont trahi après tout ce qu'elle a donné. Au fil des jours, d'autres coups vont venir d'autres personnes et cette incompréhension va se transformer en persécution car elle se généralise à toutes les personnes qu'elle rencontre et qu'elle connait.

La cause réside essentiellement dans le boulot du gendarme. Comme elle devient agressive et demande des comptes et des explications à tout le monde, en émettant des accusations blessantes, les gens vont riposter pour ainsi confirmer son point de vue. D'ailleurs, s'ils ne répondent pas, elle les agressera encore plus et sans réponse de leur part, elle considérera qu'ils ont quelque chose à lui cacher !!

L'impression de persécution vient donc du fait que la personne ne se rend pas compte que le gendarme qui contrôle et investigue tout, la pousse à agresser les gens, qui vont répondre. Résultat : elle voit leur agression comme gratuite et ne la comprend pas. Très rapidement, elle se transforme en « pourquoi ils m'en veulent tant, alors que je leur ai rien fait » et enfin « pourquoi moi ? ».

Je n'ai pas de chance avec les autres

Dans un premier temps, cette phrase émise à la découverte du nombre de personnes qui l'ont trahie. Elle se dit qu'elle n'a pas chance car statistiquement, il y aurait dû y avoir au moins la moitié qui ne l'aurait pas trahie.

Mais dans un second temps, n'arrivant pas à expliquer la réaction des autres à son encontre, la personne va finir par attribuer leurs agissements à sa malchance ; une façon de refuser de voir la vérité en face. Cela dit, cette expression, même si elle va perdurer dans la durée et les stades, son sens va de plus en plus s'estomper, le jour où la personne arrive à l'autre question centrale « A qui la faute ».

Je ne suis pas adapté à vivre dans ce monde

Devant l'incompréhension de l'attitude des autres, de la découverte des injustives et du déballage du sac, les analyses se font encore attendre devant l'énorme quantité d'injustives, alors très rapidement, elle va se déclarer inapte à vivre par ce monde, parmi ces gens. Réaction franchement compréhensible mais à qui il manque une précision : ces gens qu'elle a choisi, un jour ou l'autre. Ce sentiment va se confirmer plus tard quand elle arrivera au constat d'échec généralisé et que le doute et la peur s'en mêleront. Très difficile à combattre, cette réflexion doit être discutée à chaque fois car elle peut mener la personne à la victimisation et introduire doute et sentiment d'échec bien trop rapidement en elle, ce qui la précipitera vers les idées de fin. Donc aidez-la à éviter la généralisation en lui montrant des exemples, à commencer par le vôtre.

Pourquoi ai-je accepté ?

Première question centrale de la dépression.

C'est la question qui amène le plus de tristesse à la personne. A la découverte de chaque injustive, elle a mal et s'en veut de ne pas avoir réagi. Le terme « accepté » ne concerne pas une décision consciente de sa part, mais plutôt une situation qui lui a été imposée, de force, pendant un long moment de sa vie, avec des conséquences plutôt graves.

Durant toute la période de dépression et même après la guérison, cette question persistera dans son esprit. La thérapie ne pourra que l'apaiser, plus ou moins bien. Dès que revient le souvenir d'une injustive, cette question se reposera systématiquement, comme si la personne n'arrive pas à se pardonner de ce qui s'est passé : c'est un regret très amer, une douleur très profonde. Même si elle revient sur ce sujet des centaines de fois, soyez patient et ne la brusquez pas avec des phrases du genre : « il est temps que tu te pardonnes pour avancer, tu as tout analysé et tu sais pourquoi tu as agi de la sorte ; arrêtes les regrets inutiles et avance ! ». Grosse bêtise car tout ce qu'elle dira c'est que vous ne pouvez pas comprendre ce qu'elle ressent. Rappelez-vous que tout est question de sentiments, de blessures et non de logique et d'explications.

Cette question du pardon de soi peut devenir centrale si la personne n'a pas achevé son analyse car c'est une multitude de facteurs qui l'a poussé à « accepter » une situation horrible, des facteurs pressants et tyranniques. Elle se croie lâche d'avoir accepté tout ça pendant si longtemps, mais elle oublie tout le courage qui lui a fallu pour maintenir une situation de déséquilibre initial, jamais résorbé. C'est la théorie des vases clos en compensation.

A qui la faute ?

Seconde question centrale de la dépression.

Même si elle s'en veut de n'avoir pas réagi à ce qu'elle a subi et qu'elle le regrette profondément, la question du coupable accompagnera toujours ses regrets. Avais-je le choix ? Si je n'ai pas réagi, c'est parce que j'ai voulu préserver autre chose (enfant, famille, couple, boulot…) ou qu'aucune autre option viable ne s'offrait à moi.

Même si la réponse à cette question est déterminante quant à la possibilité de sombrer en dépression sévère, la personne va d'abord considérer toutes les options : responsable, victime des autres ou victime des conditions. Elle n'arrêtera pas d'osciller entre les trois options jusqu'à en choisir une qui sera déterminante pour la suite de sa thérapie, pour la suite de sa vie.

Selon la personnalité, elle va se considérer comme entièrement responsable de ce qu'elle a subi ou bien, plutôt victime des autres et des difficiles conditions de sa vie. Cette question est aussi centrale car en essayant d'y répondre, la personne va passer par un grand lot d'analyses et de réflexions, avec des changements de conclusions assez réguliers, précipitant la personne dans une grande confusion.

Cette confusion est bien plus douloureuse et fatigante qu'elle ne paraît. Le terme « confusion » se transforme en effet en ce que presque tous ont décrit comme des « tourments » qu'ils ne peuvent arrêter. Votre aide est cruciale à ce stade.

J'aurai dû la voir venir ? Une si petite connerie ?

Lorsque la personne a subi une trahison qu'elle n'a pas pu venir, souvent un évènement grave qui l'a précipité dans la dépression, elle va tout repasser en boucle, tout analyser afin de trouver comment elle s'est faite avoir.

Très souvent, elle va retrouver un évènement clé qui a conduit à la trahison, un évènement si simple qu'elle aurait dû l'anticiper : « je n'aurai jamais dû la laisser quitter la maison ce soir-là », « j'aurai du l'accompagner à son séminaire, sans quoi son aventure n'aurait jamais eu lieu et on n'en serait pas là » ; « je n'aurai jamais dû laisser entrer cette personne dans notre couple »…

Très souvent, la personne refuse de voir que c'est un tout. Si son conjoint l'a trompé, c'est probablement que la relation boitait depuis déjà un bon moment et que l'évènement n'a fait qu'illustrer. Généralement, la personne va être trop confiante quant à la loyauté de l'autre, couple ou patron, elle n'imagine pas un revirement de situation, elle ne voit pas trop sa propre attitude, souvent problématique. Donc quand arrive l'évènement, elle le considère comme isolé et s'en veut de ne pas l'avoir vu venir ; encore pire, elle l'a vu venir, mais ne pouvait pas l'imaginer capable de le faire.

Je suis victime des autres

A force de tout repasser en revue, la personne arrive à la conclusion qu'elle n'a pas été fautive dans ses agissements et ses décisions envers les autres et que ce n'est pas de sa faute s'ils ont mal agi à son encontre.

Selon sa logique, celle qui prévaut ici, elle a été dévouée, elle s'est sacrifiée pour les autres et elle a rempli toutes ses responsabilités avec succès. Si après tout cela, elle est trahie par ses proches, ceci ne peut être de sa faute.

Alors elle repasse tout en revue pour vérifier son hypothèse et elle la valide, non sans tristesse et amertume. « Que pouvais-je faire de plus ou en mieux ? Je me suis fait avoir sans aucune raison apparente, ces gens m'en veulent alors que je ne leur ai fait que du bien. Certaines personnes sont ainsi méchantes et je n'y peux rien».

Le plus souvent, la personne s'attardera aussi sur la question précédente du « j'aurai du la voir venir, j'ai été trop naïf, je n'ai pas vu le mauvais dans ces gens, je me suis fait avoir, pour une connerie en plus ».

Mais ce n'est pas parce que la personne est victime des autres que ça la soulage, au contraire, ça l'attriste autant car ça rajoute au ressentiment d'injustice subie, sans avoir pu faire quoi que ce soit pour l'éviter.

Que pouvais-je faire de plus ?

« Quand on survit tous les jours, quand toutes les portes sont fermées, quand le quotidien avec des conditions difficiles se transforme en prison, que peut-on faire ? Que pouvais-je faire que je n'ai déjà fait ? Rien. »

L'aspect des conditions se rapporte aux conditions familiales et matérielles durant l'enfance, l'adolescence ou la jeunesse. Face à des conditions très difficiles (orphelin, zone rurale difficile, région sous développée, profonde pauvreté…), chaque jour que la personne arrive à finir est un miracle. Mais elle a des rêves elle aussi, comme tout le monde, alors elle ne prend pas l'option de se lamenter mais va bouger pour changer cette condition.

A force d'essais, elle se lasse et se fatigue. Elle perd l'espoir d'y arriver un jour. Elle se considère « condamnée de naissance ». A chaque projet, un obstacle insurmontable lui bloque le chemin, elle se débat de toutes ses forces pour surmonter ledit obstacle, sans succès (capital départ, études, expérience, pistons…). Alors quand enfin arrive un cheval blanc pour porter tous ses espoirs et que ce cheval disparait ou se révèle pas si blanc que ça, elle sombre.

Elle se dit qu'elle n'a rien vécu de beau, elle a été victime d'abus de tout genre, mais elle a résisté pour qu'arrive enfin ce projet et cet espoir. Espoir effondré, tout a été tenté, on baisse le rideau.

C'est de ma faute.

« Je me suis entouré d'une bande de prédateurs à qui j'ai tant donné. Quel con alors !! »

Une recherche très poussée va le conduire à une raison préliminaire qui expliquerait pourquoi il a accepté les injustives sans réagir : la compensation. Il vous dira, et c'est tout à fait vrai, qu'il s'est sacrifié pour faire passer son couple en premier, que l'injustive ait pour origine son couple, un échec ou une prison sans barrières, il ramènera tout à un thème bien spécifique. « J'ai tout accepté au boulot : les brimades, les injustices et les agressions dans le seul objectif de garder ce job indispensable à ma famille. Je l'ai fermée pour eux car il est très difficile de se reconvertir de nos jours ». « J'ai bien vu ses agissements suspects mais je ne la pensais pas capable de passer à l'acte ». « Depuis ce jour, quelque chose s'est brisée et j'étais incapable de lui en parler car ça risquait de finir en rupture, ce que je ne voulais surtout pas à mes enfants ».

Mais, à force de tout repasser en boucle, il va basculer pour dire qu'il aurait pu, qu'il aurait dû réagir car son silence a certes maintenu les enfants, mais l'a démoli de l'intérieur, à quoi bon avoir un papa qui se sent vidé, détruit, qui se dévalorise même devant ses enfants… Donc je mérite ce qui m'est arrivé, j'ai manqué de courage… C'est de ma faute, tout est de ma faute…

Je ne suis qu'un bon à rien…

Expression caractéristique du ressentiment d'échec, dans plusieurs domaines. Est-ce un « vrai » échec, à la vue du commun des mortels ? Oui, dans la plupart des cas, mais en reposant le pourquoi, la réponse devient nuancée.

C'est en effet la compensation qui le fait arriver à ce stade. Il a fait des concessions au boulot, il n'a donc pas réussi professionnellement, et tout cela pour maintenir ses revenus. Mais ça se ressent sur son couple et son comportement général, alors même à la maison, il ne se sent plus très bien et ça lui pèse. L'humiliation au quotidien finit par le faire craquer. Résultat : il a perdu son boulot mais aussi la stabilité de sa famille. Il découvre ainsi la réalité de son couple, surtout si madame ne le supporte pas. Il a ainsi perdu son couple aussi, que lui reste-t-il ? Pas grande chose.

Cette phrase vient surtout rendre compte d'une spirale de constatations toutes enchevêtrées. Un échec mène à un autre jusqu'à ne plus voir que des échecs. D'ailleurs, dans notre vie de tous les jours, dès qu'on échoue dans quelque chose d'important, on se sent tout de suite abattu et on se traite de bon à rien. Alors imaginez quelqu'un qui trouve des échecs dans tout ce qu'il a fait, à tel point qu'il ne voit plus aucune réussite dans toute sa vie, il prend cette conclusion de « bon à rien » et ira la consolider avec tout ce qu'il trouve devant lui, arguments ou évènements.

Le rôle du support est crucial devant cette analyse tronquée qu'il fait. Usez de votre tact pour lui rappeler qui il est et les réussites qu'il a eues car nous en avons tous quelques-unes, ne serait-ce que celles de supporter un horrible quotidien.

J'avais tant de choses à accomplir…

Le déballage du sac à injustives va l'amener très loin dans son enfance et va lui rappeler tous ses rêves et toutes ses ambitions, depuis tout petit, ensuite à l'adolescence et même pendant la vingtaine.

Quand il arrive à la conclusion qu'il a échoué presque partout et que tant d'années sont déjà passées (même s'il est encore jeune), il commence à regretter tout ce qu'il n'a pas fait.

Ce point a du positif car il s'est rappelé qu'il avait des rêves, des projets, des choses à accomplir. Ces choses ne disparaissent jamais, elles peuvent être mises de côté, sous des centimètres de poussière, mais elles sont toujours là en nous. Vue son expérience, qu'il juge « négative », sa fatigue et tout ce qu'il a analysé nuits et jours, il va se dire que le temps est passé et l'échec est une certitude. Alors, il regrette tout ce qu'il n'a pas accompli.

En fermant la porte du possible, il ne questionne plus son échec et ne voit surtout pas que la vie est en lui et qu'il peut continuer. « Oui, mais c'est pas pareil à cet âge » : c'est l'argument qu'il vous faudra démonter pour rouvrir la porte du possible, de la réussite professionnelle, de la vie en couple avec amour, de la sensation de liberté au quotidien. Tant qu'il respire, la vie est en lui et il peut avancer. Il faut juste savoir le lui dire avec le bon argumentaire et au bon moment…

J'ai tellement peur de lâcher.

C'est le résultat direct de la sensation véridique de fatigue chronique au quotidien. En parlant de « lâcher », il se réfère surtout à ses responsabilités, à ses obligations de tous les jours : boulot, couple, enfants…

C'est une perspective qui lui fait peur car il ne pourra pas supporter les conséquences mais aussi parce qu'il ne saura plus à quoi il sert s'il n'a plus de responsabilités !! Un paradoxe apparent qui va le tourmenter tout au long de sa dépression.

Un jour il se met à tout lâcher, « je m'en fous, je suis fatigué, je n'en peux plus. J'ai tant donné à tout le monde, il est temps de me reposer ». Et comme il n'a discuté de cela avec personne, surtout pas en couple ou avec les enfants, alors on le met sur banc des accusés et on lui demande des comptes, sans aucune considération pour sa fatigue ou son état psychique. Cela va l'affecter au plus haut degré car il se rend compte que personne ne se soucie de lui comme étant un être humain souffrant, avant d'être père ou mère ou autre.

Malheureusement, ses proches ne vont pas comprendre sa démarche, qui va d'ailleurs déséquilibrer la famille, parfois pour de simples tâches quotidiennes : chercher les enfants à l'école, les courses, la maison… et le conflit s'installe. Alors il essaie de se rattraper mais à partir de ce jour, il rajoutera sa famille dans la liste des personnes qu'il faudra « revérifier » car personne ne semble se soucier de sa souffrance. Tout ceci l'attriste, rend son quotidien amer et confirme définitivement son état de prisonnier.

J'ai tellement envie de tout recommencer ailleurs.

Ces mots peuvent intervenir très tôt dans les stades de la dépression. Aux premiers constats sur l'entourage, juste après l'ouverture du sac à injustives, la personne rêve d'ailleurs. Rappelez-vous qu'elle était déjà devenue nostalgique en dépression latente, juste après l'insomnie chronique, la perte de plaisir et les sensations d'étouffement.

Mais cet aspect va s'accentuer lorsqu'elle découvrira ce qu'elle appellera ses échecs. Comme personne n'aime rester sur un échec (demandez ça aux joueurs de poker), elle a envie d'une seconde chance ; mais à la condition que ça soit très loin de son entourage, là où personne ne la connait.

Cette phrase cache deux autres aspects importants : le premier réside dans le fait que sa recherche « d'ailleurs » est aussi une réponse à sa volonté de fuite pour ne pas montrer son échec : être face à des gens nouveaux est libératoire dans la mesure où ils ne connaissent pas son échec, donc leur jugement est important. Le deuxième aspect est celui qui me plait : il y a en effet du positif dans cette expression, tant de positif… L'envie est là, la volonté n'y est pas toujours car elle dépend des conditions de chacun, mais s'il fallait conseiller quelqu'un qui souffre de dépression dans ses premiers stades, il ne faut pas hésiter à lui suggérer de de changer d'environnement, du moins de « fuir » celui qui lui est toxique. Donc vu son monde sombre actuel, la perspective de partir pour revivre ailleurs est très positive, même si elle se heurte rapidement aux conditions pratiques et matérielles.

J'ai déjà tout donné.

Une expression binaire qui me fait peur…

Elle me fait peur car elle arrive dans les stades avancés de la dépression, elle arrive après que la fatigue ait consumé toute énergie dans la personne, ne lui laissant que tristesse, doute et peur ; elle arrive après un inventaire très détaillé mené par la personne elle-même, un inventaire basé sur le passé et occultant toute possibilité future.

Souvenez-vous qu'il y a à peine quelques jours, il disait plutôt « j'ai tant donné », le terme binaire « tout donné » arrive comme une expression d'inventaire comptable, j'ai donné à mon conjoint, à mes enfants, à mes proches, je me suis dévoué, sacrifié ; j'ai fait toutes les concessions possibles et imaginables, voire inimaginables, sans jamais me plaindre ou demander une contrepartie. Aujourd'hui, je suis fatigué et vidé. Je n'ai plus rien à donner, je n'ai plus rien à offrir. « Me remettre en couple ?! Tu es fou, que veux-tu que j'offre à l'autre ? Je suis vide à l'intérieur ; il restera le temps de s'en rendre compte et finira par fuir ».

N'essayez pas de batailler contre cette phrase, vous vous retrouverez vite à court d'arguments, c'est le genre de mots qu'il faut vite ignorer et ne pas discuter ; seul votre amour et votre support pourra lui recharger les batteries en lui transférant une partie de votre énergie. Ainsi va la vie, ainsi va l'amour, donner sans compter, donner à la vie…

Hors de question de revivre ça !

C'est son reflexe à la vue de la moindre situation ressemblant quelque chose qu'il a déjà vécu.

— Tu montes le ton !! Ah non, non, non, plus jamais de ça. J'ai déjà laissé passer ça tant de fois et je n'en veux plus…
— Mais chérie j'ai crié par ce que j'ai eu peur pour toi !
— Peu importe, je ne veux plus jamais de ça… je ne veux plus ressayer, ça ne sert à rien de recommencer pour souffrir encore. Je suis bien assez fatiguée comme ça.

Bon courage aux amoureux !! Surtout tenez bon car tel sera votre quotidien avec une personne souffrant de dépression. Son gendarme est à l'affût de la moindre situation ressemblant à une des injustives déjà subies et une peur panique la prend quand elle la voit. Au moindre petit détail de ressemblance, au moindre doute, au moindre regard ailleurs, c'est la panique et la menace de rupture !!

Tenez bon car il s'agit surtout d'un réflexe de protection du gendarme qui disparaitra en fonction de votre bonne foi. Et ça continuera pendant des années, surtout quand il s'agit qu'une personne qui a vécu emprisonnée d'une situation qui l'a fait souffrir…

Et ne soyez pas surpris, car souvent, cette réaction est anormalement violente, c'est la peur… ça diminuera avec le temps, donc même en blague, ne lui apportez jamais le doute… Pour elle, doute = peur = fuite.

J'ai déjà tout essayé, j'ai déjà vécu

Une autre expression binaire qui me fait paniquer...

Le sens est clair et la conclusion aussi. Elle est certes binaire mais elle s'appuie sur les constats précédents, sur le constat d'échec généralisé, de la perte d'énergie et de l'impossible rêve de renaissance ailleurs. La logique de l'expression est simple, voir simpliste : je ne peux pas changer mon environnement toxique, je suis un bon à rien et je n'ai plus rien à offrir, alors échec et mat.

Il n'y a rien de positif dans cette expression, vous devez la balayer d'un revers de main, mais avec tact, sans violence, encore que je me suis emporté tant de fois contre Marie quand elle la prononçait, c'était plus fort que moi ; ça me faisait mal et ça me révoltait, alors je m'emportais et ça la bloquais encore plus ; l'amour ne donne pas toujours la meilleure des décisions... Encore que... Au milieu de mes violentes réponses pour balayer ces phrases horribles, elle voit l'amour et la fougue et ça la rassure.

Donc ne discutez pas de ces phrases argument contre argument, balayez les avec tact et changer vers un sujet qui apporte de l'espoir ; pas des arguments ou des contre-exemples, mais des petites histoires. Elle ne peut pas dire « j'ai vécu » car elle est toujours en vie. Devant les erreurs qu'elle reconnait, il y a encore moyen de changer et de revivre la vie telle qu'on l'a rêvée.

Des symptômes bien connus

Même si on peut trouver plusieurs méthodes, tests et autres instruments pour s'auto-faire son diagnostic de dépression, je vous conseille vivement de vous adresser plutôt à un professionnel que de vous perdre dans les échelles, les fréquences et les difficiles évaluations.

L'objectif de cette partie n'est que descriptif et explicatif des symptômes les plus connus de la dépression, ainsi que d'autres que j'ai relevés durant mes recherches. Je rappelle encore une fois que je ne suis ni médecin ni psychiatre.

Afin de dresser la liste, j'ai établi une synthèse des symptômes dénombrés par le DSM-V[6] et les critères des échelles MADRS[7] et HAMD[8]. J'ai volontairement mis de côté tous les critères physiques que je n'ai pas pu évaluer (prise ou perte de poids…) ainsi que les critères psychiques qui peuvent interférer avec d'autres problèmes psychiques…

La liste que j'ai obtenue se rapproche de celle du DSM-V et contient les critères listés ci-après, avec une explication succincte sur leur avènement et leurs causes.

---

[6] DSM V : Manuel Diagnostique et Statistique des troubles mentaux.
[7] MADRS : Montgomry-Asberg Depression Scale
[8] HAMD : Hamilton Rating Scale for Depression

Insomnie chronique & Bougeotte

Même si on peut souffrir d'insomnie pour différentes raisons et qu'on se précipite chez le pharmacien pour prendre quelque chose qui nous aide à dormir, la difficulté de s'endormir, de se réveiller en pleine nuit pour ne plus pouvoir se recoucher reste un symptôme important de la dépression qui va perdurer tout au long de la maladie. Il est généralement accompagné de ce qu'on a appelé la bougeotte : une espèce d'agitation inexpliquée, de bouleversement, de sensation de ne plus savoir quoi faire à ne plus tenir en place plus de quelques minutes. La bougeotte est d'autant plus insupportable qu'à son stade de dépression latente, on est incapable d'en comprendre les causes et les origines, ce qui ne fait qu'amplifier les choses.

Perte de plaisir et d'intérêt

La bougeotte continue son action, alors on se précipite vers les choses qu'on a l'habitude de faire, des activités qui nous procurent du plaisir. Point de plaisir nul part. Même un steak bien saignant avec de bonnes frites n'arrive plus à nous procurer du plaisir. Alors on se met à rechercher du plaisir partout, sans le trouver. Plus rien ne nous attire et plus rien ne nous intéresse. C'est comme si tout notre esprit était obsédé par quelque chose dont on ne peut échapper. Et effectivement, c'est ce qu'on découvrira dans quelques semaines quand on ouvrira le sac à injustives. La bougeotte est le signe annonciateur de la saturation, cause directe de la dépression.

Tension interne / Maux de tête permanents

C'est le premier constat du début de la dépression latente. Il ne s'agit pas d'un mal de tête habituel qu'un peu de paracétamol peut éradiquer, mais plutôt d'un bouillonnement ininterrompu qui donne l'impression que la tête va exploser. « C'est comme si mon cerveau ne pouvait pas d'arrêter de tourner, de réfléchir, d'analyser… J'aimerai bien le mettre en veille pour me reposer, juste quelques minutes, mais rien n'y fait, rien ne l'arrête ».

La sensation de tension interne vient du fait que l'esprit « s'en veut quelque part ». Une partie de nous en veut à une autre et un débat, voire une bataille s'en suivra. Ces tensions internes commencent avant l'ouverture du sac et continuent pendant toute la dépression. Ce sont toutes les analyses faites en contradictoire qui nous fatiguent, qui font qu'on est en tension permanente, avec une cervelle qui ne s'arrête pas.

Altération de l'appétit et de la sexualité

Je ne vais pas m'attarder sur cet aspect évident de la dépression. Quand votre esprit s'en veut, réfléchit, analyse, votre appétit est « négligée » et tourne au ralenti. L'estomac est creusé par la tristesse et la sexualité se perd à force de fatigue physique et de désintérêt hormonal. Ceci n'est pas le cas de tous, surtout de ceux qui utiliseront leur estomac et sexualité comme un défouloir. Et je ne vous parle pas des effets secondaires de certains médicaments.

Tristesse intense

C'est le résultat direct du déballage du sac et du constat des injustives. Certains épisodes sont racontés avec une telle véracité que vous avez l'impression que la personne est en train de les vivre au présent. La tristesse vient du constat d'avoir tant donné pour être trahi sans raison, d'avoir sacrifié sa vie pour des personnes qui ne l'estimait pas à sa juste valeur, d'avoir été dévoué à des manipulateurs, à des faux qui n'ont pas hésité à poignarder quand leur intérêts étaient menacés. Ce qui fait encore plus mal, c'est de découvrir que le jour où vous voulez vous reposer, tout le monde vous demande des comptes et considère tous vos sacrifices comme un acquis dont il ne peut se séparer, quitte à ce que ça vous fatigue plus, voire vous fasse écrouler. Tout le monde nie votre fatigue et réclame son dû !!

Hypersensibilité et persécution

Suite à la mise en place du gendarme, on n'accepte plus le moindre mot ou agissement qui nous déplait et on le fait savoir, avec agressivité. On soupçonne tout et tout le monde et on n'hésite pas à les interpeler même en public. Ceci les rend agressifs et les pousse à répondre. La plupart du temps, la réponse est agressive et confirme donc les soupçons initiaux. La personne a changé mais ne le sait pas. A force refaire le même exercice avec tous, elle finit par croire que tout le monde lui en veut, que tout le monde la persécute : une sensation qui va s'auto-confirmer par effet de spirale. Ça ne sert à rien de discuter cet aspect, quand il ira mieux et qu'il aura changé de milieu toxique, cette sensation disparaitre toute seule.

Ralentissement intellectuel, fatigue, perte d'énergie

Alors que la fatigue physique fait partie de la vie et peut même être appréciée, surtout après une bonne séance de sport, la fatigue physique, entrainée par la fatigue psychique, devient insupportable et nous met ko très vite.

Préoccupé par déballer le sac et analyser tout ce qui s'est passé dans sa vie, l'esprit finit aussi par fatiguer et va pousser la personne à plus de sommeil, c'est heureusement une bonne chose. Pendant une certaine période, la personne ne trouvera pas le sommeil, sauf avec médicaments, alors que pendant d'autres, elle s'écroulera en quelque secondes après avoir parlé pendant des heures.

Que reste-t-il pour l'activité intellectuelle et la concentration ? Pas grand-chose. La personne s'efforce de maintenir son intellect pour continuer à bosser mais son efficacité ira en diminuant et finira par se faire remarquer. Et c'est tout à faire normal. Batailler contre son esprit est ce qu'il y a de plus fatiguant pour l'humain.

Sans accompagnement et sans amour, la personne se retrouvera très vite avec les batteries à plat, sans pouvoir effectuer ses tâches au quotidien. Les médicaments peuvent aider à maintenir une certaine activité, mais dans le stade de la dépression sévère, ça devient difficile et les médicaments perdent de leur efficacité. Alors la personne se met en congé maladie et c'est une bonne chose dans un premier temps, mais plutôt une mauvaise si on veut qu'elle reprenne le courant de sa vie [dans l'hypothèse où son environnement professionnel n'est pas toxique].

Dévalorisation et culpabilité

Même si ces deux aspects n'ont pas la même origine, ils partagent une caractéristique importante : ce sont tous les deux des appels à l'aide. Je dis que je suis un bon à rien en espérant que quelqu'un me reprendra en m'affirmant et me démontrant le contraire. Et je dis que je suis totalement fautif de ce qui m'arrive en espérant que quelqu'un me rappellera les raisons nobles de mes actes, même si la peur s'en mêle.

Encore une fois, le genre de chose qui doit être balayé très vite, car puissantes sont les idées négatives dans l'esprit humain. Et c'est votre rôle de les écouter et de les reprendre avec conviction et tact quand elles essaient de s'autodétruire.

Solitude, Abandon, Inutilité

C'est votre rôle. Elle compte sur vous, sur tous pour lui rappeler qui elle est, ce qu'elle vaut comme être humain ne serait-ce que par sa dévotion et son sacrifice pour les autres. Sa logique qui l'aidait à juger et choisir est très instable.

Sa découverte de la vérifié sur les autres, de ce qu'ils lui ont fait subir et du fait que tout le monde lui demande des comptes le jour où elle arrête de donner, tout ceci va la plonger dans la solitude et l'abandon. Je ne compte plus le nombre de fois où j'insiste sur le fait qu'il ne faut pas les laisser seuls, vous savez maintenant ce qui leur arrivent quand ils doivent traverser l'épreuve seuls, sans soutien, sans amour. C'est le genre de situation qui peut finir en drame et viendrait alimenter les statistiques des dépressions non diagnostiquées et non traitées.

Lassitude et pessimisme

C'est un symptôme à corréler avec les mots : « j'ai déjà tout essayé, j'ai déjà vécu ». Il a fait son bilan et n'a rien trouvé de positif, alors il est temps de faire ses bagages. Il a l'impression d'avoir déjà tout essayé dans la vie, au boulot, en famille, avec les amis et ça a donné une tragédie, alors à quoi bon essayer encore ? A quoi bon vivre pour refaire les mêmes conneries ?

Plus vous lui suggérez des choses, plus il va les écarter en disant qu'il a déjà essayé et ça n'a pas marché. Dans sa tête, il est looser chronique, il est échec ambulant. Ça n'a pas marché avant, il n'y a donc aucune raison que ça marche encore : c'est l'argument qu'il vous faudra démonter. Reporter vous au chapitre de la voie de sortie pour le comment.

Pensées de mort et de suicide

Celles-ci peuvent commencer très tôt dans la dépression car dès qu'on a mal, on a envie de fuir. Le type de personnalité est ici central pour en arriver à tel ou tel comportement. L'idée centrale autour de la mort dans le contexte de la dépression est : je veux me reposer et ça montrera aux autres ma valeur ou du moins ce qu'ils ont toujours voulu pour moi.

Reportez-vous à la partie dédiée au risque suicidaire pour plus de détails.

Des signes au-delà des symptômes

Nous allons énumérer quelques signes importants marquants le passage d'un stade à un autre, mais gardez à l'esprit que tous ces signes ne seront pas faciles à déceler car la personne fera absolument tout pour cacher sa dépression et sa souffrance. Pourquoi ?

Car cela dépend de la nature des relations qu'elle entretient avec son entourage, surtout les relations les plus proches (couple ou amis). Cela dépend aussi de la personnalité car quel que soit ce qu'on découvre en déballant le sac, on n'a pas envie de le crier sur les toits, ni de confronter chaque personne avec la découverte qu'on a faite sur sa vérité. C'est pour cela que seules les personnes les plus proches peuvent identifier un début de dépression.

Mais une remarque d'un ami non intime ou d'un collègue de travail n'est pas toujours à écarter car nous sommes presque tous doués pour détecter les changements de comportement des autres, pas qu'on soit attentif à comment ils évoluent mais surtout à comment ils nous traitent. S'ils changent avec nous, on va le remarquer.

Donc avant de parcourir la liste de ces signes, je vous invite vivement à lire la partie dédiée aux stades de la dépression afin de mieux comprendre ce qui va suivre.

Il ne tient plus en place

Signe annonciateur de dépression latente

Ce signe n'apparait jamais seul et vient généralement accompagner d'autres changements d'habitudes : perte de plaisir, perturbation de l'envie sexuelle, nostalgie, recherche effrénée de plaisir, envie anormale de shopping et de défoulement… Quelque chose ne va pas et il ne sait pas ce que c'est. En même temps, il perd tout plaisir, surtout les choses qu'il aime bien faire d'habitude : playstation, lecture, jouer avec les enfants, voyages… Et ça l'inquiète au plus haut degré. Il essaie d'en parler à quelqu'un mais a peur des réactions et des jugements. Et il a raison : le premier à qui il parle ne le prend pas au sérieux, alors il décide de garder tout ça pour lui.

Boule à la gorge et pression à la poitrine

Confirmation du début de la dépression latente

Ces signes vont vraisemblablement amener la personne à l'hôpital au moins une fois car elle va penser à un problème respiratoire ou cardiaque. Après les contrôles de routines, les médecins, selon le cas, vont lui demander de faire des examens supplémentaires ou bien directement conclure à « quelque chose d'origine psychique ». On lui dira : « Monsieur, votre gorge, estomac, poumons et cœur fonctionnent normalement. L'épisode que vous avez vécu est psychologique. Nous vous conseillons de voir un spécialiste ». Cela dit, cette explication n'enlève rien à ce que la personne a senti comme gène ou mal, même si son origine n'est pas une maladie physique, mais plutôt psychique. La plupart des gens ne feront rien suite à cela.

Il devient pinailleur

Signe du travail du détective

Il se met à faire des remarques qu'il n'avait pas l'habitude de faire et ne peut s'en empêcher. Mettez-vous à sa place : il ne se sent pas bien et ne sait pas pourquoi, alors il va investiguer. Il nomme un détective qui va tout passer en revue, absolument tout et naturellement, il va commencer par son environnement direct : famille, amis et boulot. Il essaiera d'être le plus discret possible mais va questionner le comportement, les paroles et les gestes de tout le monde, y compris les enfants !! Et le détective se montrera efficace dès les premiers jours : il enregistrera tant de gestes à la limite de l'acceptable, il procèdera alors à l'approfondissement de ses recherches, non sans résultats.

Il s'isole

Signe qu'il doit réfléchir, faire des bilans

A force de trouvailles et de tristesse, il va s'isoler afin de faire le bilan de tout le monde, sans montrer sa tristesse à son entourage. Il a aussi besoin de réfléchir sur qui il est, ce qu'il a fait, le pourquoi de leurs réactions car toutes ces trouvailles ne font pas que l'attrister, elles vont surtout le plonger dans des questions philosophiques profondes, sur qui on est, notre relation aux autres, le bien et le mal, le pourquoi de certaines choses… Comme il n'est pas habitué à de telles questions et au bon milieu de la tristesse apportée par les découvertes, les choses deviennent troubles et il a du mal à trouver le bon bout pour s'en sortir.

Il rabâche le passé et pleure énormément

Signe de début de la dépression : déballage du sac

En voyant tout ce que le détective a trouvé, il va se mettre à faire le bilan de tous, en commençant par les plus proches ou bien ceux que le détective a démasqué. Il plonge alors dans le passé de chacun afin d'analyser son comportement à la recherche d'une confirmation ou infirmation de ce que le détective a trouvé. Et il trouve. Il découvre surtout combien il a donné à ces personnes et comment elles osent se comporter avec lui de la sorte, les premières surprises arrivent, suivies de beaucoup de souffrance. Malgré ce qu'il découvre, il ne peut arrêter le processus, c'est une quasi fatalité d'aller jusqu'au bout, à moins de savoir jouer avec les lois de la physique.

Devient triste

Signe du début des découvertes suite au déballage du sac

Signe d'entrée en dépression : déballage du sac

Tout ce qu'il découvre sur chaque personne confirme ce que le détective a trouvé, surtout pour les plus proches. Mais ce qui le rend triste, c'est surtout le décalage entre ce qu'il a fait pour ces personnes, son dévouement, son sacrifice et leurs réponses déloyales, ingrates et incompréhensibles.

Ses décisions sont instables

Doute et confusion commencent

Tout ce qu'on a décrit auparavant peut arriver en quelques semaines et la personne se retrouve très vite submergée par des émotions fortes de tristesse et de trahison, elle n'arrive pas à comprendre le pourquoi des agissements découverts et ne sait plus qui a raison et qui a tort. Et ça se voit sur ses décisions de tous les jours, même les plus anodines. Alors que la personne est connue pour sa stabilité émotionnelle et décisionnelle, elle devient en peu de temps indécise et instable.

Parfois il se sent coupable, parfois il est victime

C'est la confusion du « Qui est responsable ? »

Il vous demande aussi s'il est quelqu'un de bien.

Continuant ses recherches, le détective apporte encore plus de découvertes et la personne ne sait plus comment prendre les choses ni quoi en penser. Elle arrive même à perdre la notion du bon et du mauvais, du vrai et du faux : elle est perdue et se pose toutes les questions sur les responsabilités : Qui a raison ? Qui a tort ? Suis-je bon ou mauvais ? Est-ce ma faute ou pas ? Le plus souvent, la personne va interpeller quelqu'un de son entourage pour l'aider à trouver des réponses, mais en commençant à introduire le sujet, elle remarque qu'elle est incapable d'écoute attentive et donc ne pourra point l'aider, alors elle se referme.

Plus jamais de ça

Premier signe de la nomination du gendarme

Au bon milieu de ce qu'il arrive et devant toutes les injustives qu'il a découvertes, il prend une décision ferme et surprenante : il décide de ne plus rien prendre dans son sac, plus jamais d'injustices, et si ça arrive, plus jamais de silence. Cette décision va être portée par la nomination d'un gendarme qui va veiller à sa stricte application. Au moindre geste, au moindre mot, il réagit au tac-o-tac et ne laisse rien passer. Cela a au moins l'effet de le rassurer intérieurement, un point positif dont la vraie origine est inscrite dans notre psyché profonde.

Devient agressif / toujours en garde

Résultat du travail du gendarme

A force de demander des clarifications, d'agresser les gens pour des explications inutiles sur tel ou tel mot ou geste, il se met tout le monde à dos et devient vraiment agressif. Mais attention : il ne s'en rend pas compte et tout ceci lui parait normal, voire juste. Le pire réside dans le fait que si la personne lui répond, elle finit d'une façon ou d'une autre par le blesser ; et si elle ne lui répond pas, cela confirme ses doutes et ses reproches et le fait insister encore plus pour obtenir des clarifications. Par ailleurs, ses interactions avec les autres deviennent problématiques car le voilà susceptible et toujours sur sa garde.

Il doute de tout

Signe annonciateur de l'entrée en dépression sévère

C'est le début de la période difficile, douloureuse et dangereuse. A la vue de ses échecs, il est violemment secoué et ne trouve plus de raison d'avoir confiance en quoi que ce soit, en qui que ce soit. Le gendarme vient lui rappeler cette interdiction de faire confiance, mère de tous ses malheurs. Et ce doute, le pire ennemi de l'humanité, va de plus en plus profond, à le faire douter de qui il est, du bien et du mal et enfin de l'existence du réel et du présent. D'atroces moments de souffrance psychique que la personne aura du mal à cacher, alors soyez attentifs.

Il a peur de tout et de n'importe quoi

Le doute appelle la peur.

Et dès que vous voulez le secouer et le faire bouger, à aller voir des amis, à sortir prendre l'air, à partager un petit moment avec des inconnus au bar, une peur panique le prend et il ne veut surtout pas bouger. Il n'a plus confiance en quoi que ce soit, il a surtout perdu sa confiance en lui-même, en l'existence, en la vie.

J'ai déjà bien merdé, alors à quoi bon recommencer pour souffrir encore. Là, les complexes primaires de chacun sont très présents et au moindre signe de ressemblance d'un épisode d'une injustive, la peur rapplique et il s'enferme refusant toute nouvelle tentative. Comme rien n'est parfait dans ce bas monde, il arrivera toujours à trouver une scène ressemblante pour avoir peur.

271

Il se traite de bon à rien

Début de l'autodestruction : échec généralisé

Cette expression contient deux composantes : une passée et une future. La passée est une généralisation du constat d'échec et la future est une extrapolation du même constat, avec une contamination avancée par le doute et la peur. Cette contamination va très rapidement faire disparaitre le positif que la personne a vécu, en le mettant en doute et en le dévalorisant. Ne trouvant rien qui puisse faire preuve d'un succès ou d'un accomplissement, la personne va se traiter de bonne à rien et elle va le penser sérieusement. C'est votre rôle de la rattraper avant que cette description ne devienne une profonde certitude, par-dessus laquelle d'autres problèmes vont se cumuler, rendant son accès difficile alors que son éradication est une condition de la voie de sortie.

Se dévalorise et se dit qu'il le mérite

Suite de l'autodestruction : culpabilité.

La causalité va s'inverser : comme il est bon à rien, il mérite donc ce qui lui arrive. Point. Pour lui, c'est indéniable. Et le processus de généralisation reprend le dessus en généralisant cette impression de looser dans tous les domaines. Et lorsqu'il trouve un contrexemple, il le contourne, le nie ou le dévalorise. Votre rôle est crucial ici. Rappelez-lui qui il est avec arguments et émotions. Même s'il n'est pas d'accord, vos mots vont rester dans sa tête pour batailler pour lui. Ne l'agressez pas, mais multipliez les exemples de réussite et de positif. C'est toujours d'un bon support, même si vous n'en voyez pas le résultat tout de suite.

272

Il est épuisé et las

Résultat de l'autodestruction et du bilan final.

Bon à rien, sans espoir, fautif, triste, tiraillé par le doute et paralysé par la peur, il succombe et lâche prise. Il est fatigué, épuisé, éreinté. Ne lui parlez pas de futur et de nouveaux essais car il vous dira qu'il a déjà tout essayé et ça n'a pas marché. Il est las d'essayer, d'espérer, de vivre. Ce sont des moments très difficiles que ceux de la dépression profonde et votre rôle est crucial encore une fois. Ne lâchez pas, même s'il tente de vous en convaincre tous les jours. Certains jours, il sera étonné de vous voir toujours à ses côtés, il vous dira « pourquoi tu tiens toujours, c'est fini, ça ne te sert à rien ». Votre réponse convaincante « du cœur » ne le laissera pas de marbre et constituera jour après jour son énergie qu'il croit avoir perdue à jamais.

Pense à la mort et au suicide

Attention : le risque suicidaire peut apparaitre bien avant cette étape, parfois lors des tous premiers stades de la dépression. La gravité, c'est-à-dire la probabilité de passage à l'acte est réelle même lors de ces premiers stades. Cela dépend en effet de la personnalité, des complexes primaires et de l'état de la personne. Comme c'est difficile à prédire, j'insiste encore sur la nécessité de ne pas les laisser seuls car il suffit d'un instant. Aussi, éloignez-les de tout objet ou situation qui puisse faciliter le déclic : conduire, vélo, attente d'un train, vue depuis les hauteurs… Et surtout ne prenez aucun mot se rapportant à la mort ou au suicide à la légère car nombreuses sont les personnes parties soudainement, sans signes annonciateurs.

VIII. La dépression chez les Adolescents

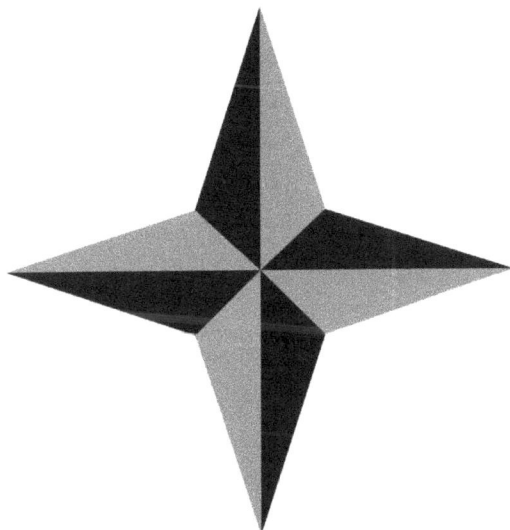

Tous les parents ont été adolescents un jour et pourtant, presque tous, confirment leurs difficultés à comprendre leurs ados. Alors ils diront que lorsqu'ils avaient passé leur adolescence, les choses n'étaient pas « pareilles », le monde n'était pas pareil et leurs préoccupations étaient bien différentes de l'ado d'aujourd'hui. Il y a bien entendu une bonne part de vrai dans ces dires même si cela ne suffit pas à expliquer toute cette incompréhension de l'adolescence, une phase de transition d'une période de vie à une autre, je dirais même d'un monde à un autre.

A nos yeux, leur monde est émotif, excessif, déformé ; leurs réactions disproportionnées, démesurées, parfois « inadaptées ». Pourtant, leur principal centre d'intérêt, leur principale préoccupation est vieille comme le monde : j'ai nommé le couple. Comme déjà dit plus haut, l'homme est incapable de vivre seul mais ne s'en rend pas compte dans son jeune âge, car il est généralement entouré et protégé par sa famille. Dès qu'il atteint la puberté et qu'il remarque ces changements dans son corps, ses envies et ses centres d'intérêts, il est à la fois euphorique à l'idée d'être totalement libre, mais angoissé à l'idée de devoir s'assumer seul et surtout profondément perturbé par la solitude qu'il commence à découvrir. Sans même y réfléchir, il va se retrouver obsédé par le profond besoin d'être en couple. Il sait qu'il ne peut traverser cette vie seul et il a bien raison. L'homme n'est pas fait pour vivre seul, même s'il est entouré par un solide groupe d'amis.

Mais bien avant le couple, la première préoccupation « inconsciente », dira l'autre, est celle de la liberté. Vous voyez qu'on n'est toujours pas très loin de nos trois thèmes. Dès la puberté, l'enfant veut prouver à ses parents qu'il est maintenant capable de gérer sa vie tout seul et surtout de décider et de choisir seul ; il a ce besoin viscéral de vivre sa liberté intégralement et va donc tout faire pour dire et prouver à ses parents qu'il est libre, qu'il revendique sa liberté. Il choisit le parent le plus exigeant et se met à s'opposer à tous ses dictats, du plus simple et au plus fondamental ; c'est généralement fille vs mère et garçon vs père.

Je ne vais pas ouvrir ici le débat sur la liberté et les limites, la liberté et le risque : plusieurs ouvrages traitent du sujet et je vous en promets un dans un futur proche, je vais juste rappeler que les parents, conscients des risques, vont essayer de « protéger », voire « surprotéger » leur enfant (ils le voient encore enfant), ce qui constitue une opposition frontale à son aspiration à la liberté ; s'en suivra tout genre de conflit que nous connaissons tous.

L'adolescence est un passage d'une existence à une autre, donc ne sous-estimez pas son impact sur la personnalité de l'ado, sur son comportement, sur sa façon de voir le monde. Il a tendance à s'isoler, à veiller, à réfléchir mais il laissera surtout libre cours à ses expressions émotives. Cette façon de s'isoler est une preuve qu'il veut donner de sa nouvelle appartenance à son monde, de son délaissement du milieu familial ; on le verra très souvent avec ses pots ou entre filles, surtout loin du regard des parents : un monde qu'ils construisent tous ensemble dans lequel l'intrusion d'un parent est vue comme une trahison du genre ado.

Et au-delà de ce monde réel entre ados, bien fermé aux parents, ils adorent aussi se perdre dans leur imagination débordante qui peut leur faire créer un autre monde, dans tous ses détails, strictement confidentiel, absolument fermé à toute intrusion parentale. C'est pour cela qu'on dit que les ados ont du mal à se confier, ce n'est pas qu'ils n'y arrivent pas, c'est surtout qu'ils ne veulent pas, c'est leur monde à eux, ils y mettent ce qu'ils veulent et qui ils veulent, sans aucune restriction, une pratique de la liberté sans restrictions. Mais pourquoi faire appel à son imagination ? Pourquoi maintenant ? Pourquoi construire un autre monde imaginaire et ne pas vivre dans le réel (question de tous les parents) ?

Même si l'hypothèse réactive est celle qui semblerait à première vue la plus « évidente », il n'en demeure pas moins que la réalité de leur imaginaire est toute autre. Au-delà de la recherche de la fuite, il existe bien une excellente raison au recours à la construction imaginaire, processus que j'ai pu relever à plusieurs reprises et qui explique le pourquoi du recours à l'imaginaire dans le cas des ados qui n'ont aucune raison de fuir leur réel.

L'hypothèse réactive est triviale et ne vient qu'en complément de la seconde : on dira que l'ado n'aime pas ou ne supporte pas son monde réel, il cherchera donc à le fuir pour un monde qu'il peut construire de zéro, tout à sa guise, sans contrainte, sans aucune intervention extérieure. Dans le cas des abus et des conditions de vies très difficiles, l'imaginaire servira d'échappatoire à une souffrance que l'ado ne peut supporter.

Mais l'imaginaire chez l'humain et surtout les ados n'a pas qu'une fonction refuge, il est préexistant chez l'enfant depuis sa naissance et son rôle est bien plus central. Outil principal des rêves chez les enfants, l'imaginaire va servir comme outil de simulation aux ados pour imaginer leur vie et y essayer un certain nombre de scénarios. Très rapidement, ils se font prendre au jeu et ce qui était rêve ou simulation hier, devient envie pressante et chose indispensable à leur vie aujourd'hui. C'est un outil très puissant qu'ils n'ont pas encore appris à maitriser, comme nous avons fait à leur âge et que nous continuons à faire encore aujourd'hui à l'âge adulte.

L'imaginaire à la fois simulation et échappatoire est donc central à la vie des ados car il leur permet de tester des situations qu'ils ne peuvent tester dans la vie de tous les jours. Mais tout cela n'est que construction, qui malheureusement, finit par déteindre sur leur vie réelle, non sans conséquence. En essayant de faire coller le rêve ou la simulation au réel, l'ado se heurte souvent à des déceptions qu'il va mal digérer. Il y répondra par encore plus d'imaginaire et donc d'enfermement avec soi. Ce qu'il faut aussi signaler, c'est la toute-puissance de cet imaginaire qui devient obsédant : il rêve tellement de la situation dans ses moindres détails qu'il finit par la trouver « idéale » pour lui et donc indispensable à sa vie. C'est là que les choses deviennent problématiques.

Au final, et avant de parler de dépression, on se retrouve avec un ado qui, par construction, est en période de grand changement, qui défie l'autorité et veut exercer sa liberté, qui refuse de se confier, a tendance à s'isoler et peut se construire tout un monde à lui seul, un imaginaire dans lequel un parent n'est pas admis.

Si nous mettons de côté tous les cas particuliers de maltraitance, d'abus et de conditions familiales très difficiles, nous constatons déjà que beaucoup d'adolescents passent par des périodes de tristesse, de réflexion, de renfermement, d'insomnie inexpliquée, de démotivation à l'école, de délaissement des plaisirs et de réactions disproportionnées. Tout cela ressemble bien aux symptômes de la dépression, rendant ainsi bien difficile toute différentiation entre une déprime, une dépression et ce qu'on classerait dans les effets de la « crise d'adolescence ».

Nous allons donc nous attarder sur le thème principal de la dépression chez les adolescents, avant de décrire ses risques et de suggérer une méthode pour les en sortir, sachant que l'intervention d'un professionnel nous parait dans tous les cas de figures incontournable.

Un thème en particulier

Comme déjà expliqué dans la deuxième partie de ce traité, la dépression tourne systématiquement autour de trois thèmes principaux (sauf abus, maltraitance et violence) : le couple, la réussite et la liberté. On saisit tout de suite que notre ado est en prise avec au moins un thème bien puissant, celui de la liberté. Il se sent souvent emprisonné par la surprotection des parents et voudrait tout faire pour leur prouver qu'il a grandi et qu'il mérite sa liberté. Dans des cas extrêmes, cette privation de liberté peut atteindre le stade de la « prison », donnant les prémices d'une possible dépression. Mais généralement, la sensation d'emprisonnement ne suffit pas à le précipiter dans la dépression, un autre thème est bien plus présent et peut être à l'origine d'une énorme souffrance à notre ado.

Dans les cas que j'ai rencontrés, j'ai été frappé par la constance de la causalité de la dépression chez les adolescents. Systématiquement, la notion de couple et donc d'amour est fortement corrélée avec les épisodes dépressifs. En exerçant son droit à la liberté, l'ado va sembler enfin quitter le milieu familial (sortie plutôt mentale que physique), et tout de suite, voire même avant, il va comprendre qu'il ne peut compléter son tableau de liberté en étant seul : il va en effet ressentir un besoin viscéral d'être en couple et l'exercice de ce besoin avec liberté est central. Alors même que les parents peuvent intervenir dans ses relations, la notion de couple/relation/amour chez l'ado transcende la présence physique, et très souvent, il va construire tout un imaginaire autour de la relation qu'il désire.

Fille ou garçon vont choisir leur genre, une personne en particulier qu'ils aimeraient bien voir dans leur vie et l'espérance d'être avec cet élu devient toute leur vie, tout leur quotidien. Ne lui dites surtout pas que c'est très improbable ou que ça ne durera pas, il ne vous écoutera pas. Toute sa vie se résume à sortir avec cette personne, ça monopolise tout son temps et toutes ses réflexions et son imagination parachèvera le tableau en lui construisant des scénarios de rencontres, d'amour, de disputes et de retrouvailles. Il ira jusqu'à imaginer sa mort et sa bienaimée en train de le pleurer ou bien le contraire. Il imaginera l'impact de son départ sur tout son environnement : ses parents le pleurant, sa bienaimée tentant de mettre fin à ses jours car elle ne peut vivre sans lui, ses amis le pleurant pendant des semaines voire plus... Aucune limite n'existe à ses scénarios et il se surprend des nuits et des nuits à en pleurer, tant son imagination est douée, tant sa construction transcende l'imaginaire au quasi-réel. Il adore simuler des situations d'émotions intenses qui tournent presque toutes autour d'un héroïsme qu'il imagine par-dessus tout, un héroïsme dont l'explication des origines demanderait un livre à elle seule.

Tout cela, vu par les parents, peut paraitre exagéré, excessif et disproportionné. Mais pour nos ados, c'est un conte de fait, un conte d'héroïsme, un conte de courage et de dévouement. Il finira même par penser à ce qui lui arriverait si la personne décède ou le contraire. Son imaginaire est excessif, émotif et sans limite.

Voici donc une personne en pleine mutation, obsédée (dans le sens positif) par la recherche de l'autre qu'elle va pré-construire dans son imagination et qui un jour ou l'autre devra confronter tout cela au monde réel. Je vous laisse imaginer la suite et surtout l'impact d'un évènement négatif sur sa psychologie déjà bien fragile.

D'après mes statistiques, et en dehors des cas d'abus, maltraitance ou situation familiales difficiles, la dépression chez l'adolescent est souvent liée à une déception amoureuse. Elle a mis tout son espoir dans un gars qui ne l'a même pas calculée ou alors, il est sorti avec celle dont il rêvait, mais elle l'a laissé tomber pour sortir avec un autre… Des histoires d'ado vous allez me dire, eh bien, c'est exactement cela, des histoires d'ado que les parents devront prendre au sérieux et en comprendre le possible impact sur leurs enfants.

La maman de Nathalie m'a demandé de rencontrer sa fille pour l'aider à dépasser « une mauvaise période ». Dans le récit de la maman, on retrouve bien sûr la déception amoureuse mais elle s'est surtout focalisée sur les réflexions « noires » de sa fille et des corrélations avec une crise d'adolescence qu'elle pense légitime. Tout le reste n'avait pas une grande importance : « que des histoires d'ados, des histoires d'enfants !! », m'a-t-elle dit.

Nathalie venait en effet de découvrir que son copain la « trompait » avec sa meilleure amie, un grand classique !! Elle a choisi de le confronter avec les faits et lui a demandé de choisir entre elle et son amie. Malheureusement, son choix s'est porté sur sa meilleure amie. Nous avons tous vu ce genre d'épisode dans les séries télé et nous, parents, avons la fâcheuse tendance à en sourire en disant que c'est une histoire d'ado, ça passera. Eh bien, non !!

Nathalie s'est renfermée. Elle ne joue plus au tennis et ne pratique plus aucun loisir. J'ai été un jour surpris de l'entendre dire qu'il ne fallait surtout pas allumer la lumière car elle ne voulait plus voir sa « sale gueule de monstre » !! Tout à fait excessif pour une jolie fille !

Anaëlle a toujours été une élève modèle et plutôt une fille réservée. Du jour au lendemain, elle est devenue agressive, elle préfère l'isolement et ses notes sont en chute libre. Ses parents étaient désemparés car ils n'ont trouvé aucun moyen de la faire parler et ont surtout peur pour son avenir scolaire. Etant très timide, Anaëlle n'avait pas eu de copain jusque-là. Alors qu'elle se disait que les copains, ce n'était pas son truc, Anaëlle en souffrait en silence.

J'ai donc rencontré une de ses copines qui m'a raconté une horrible petite histoire de cendrillon : Anaëlle était en fait amoureuse d'un copain de classe qui a récemment fait le crime de l'humilier en public en se moquant d'elle, alors qu'elle pensait qu'il était sincère. Presque tout le collège était au courant ; elle était inconsolable et disait que « sa vie était terminée » !

Ainsi, même si l'adolescent a eu des difficultés en famille, a redoublé une classe, a vécu la séparation de ses parents, quand il s'agit de dépression, cherchez plutôt du côté de l'amour, c'est souvent la cause profonde, suivie de bien d'autres effets sur son comportement, sur sa vie, sur ses relations.

L'imaginaire et l'excessif

Avec une personnalité en formation, des envies puissantes qu'il découvre et ne sait point maitriser, une liberté qui lui dicte tout et son contraire, l'adolescent a encore du mal à juger « rationnellement » une situation. Il découvre toute la liberté de ses émotions qu'il n'hésite pas à mettre en œuvre à tout bout de champs, une façon d'affirmer sa liberté.

Mais étant encore novice dans la vie, il est incapable d'identifier les risques et d'entrevoir la potentielle toxicité d'une relation. Son expérience de la vie étant limitée, il a plutôt tendance à prendre les choses au binaire, à juger, à classer. Alors ses décisions sont exagérées et souvent fausses et quand on le lui dit, il n'a que faire de l'avis de ses parents.

Au bon milieu de ces décisions inadaptées et binaires, les émotions, excessives elles aussi, ne sont jamais très loin ; elles sont même omniprésentes. Il prend tout à cœur et quand on lui pose la moindre question de clarification, il dit que dans tous les cas, personne ne pourra comprendre et il a raison. Nous avons tous une tendance à minimiser les choses, pensant que la relativisation des choses ne peut que les aider à les mettre en perspective. Il n'en est rien. Sans une écoute attentive accompagnée d'une compréhension profonde de leur condition, il est quasi impossible d'établir une communication efficace avec eux.

Sensibles, voire violents, il devient parfois très difficile de dialoguer avec eux, il faut persévérer et ne jamais laisser la moindre possibilité de les faire parler. Au fur et à mesure que vous arriverez à leur arracher quelques mots, vous constaterez que beaucoup de choses tournent autour des autres.

Décidément, c'est toujours le même coupable qui fait tomber en dépression : le fameux environnement direct.

Si nous mettons de côté les cas d'abus et de violence au sein de la famille, seul l'entourage direct de l'ado va le précipiter dans la dépression, essentiellement dans le milieu scolaire et/ou avec les amis proches. Ce sont toujours les autres qui nous font succomber par leurs injustices, et nous les aidons bien ! En effet, dans le cas des adolescents, on remarque facilement que leur image chez les autres est centrale à leur vie de tous les jours. C'est ainsi qu'ils passent des heures à soigner leur apparence, apparence de tous les instants que la facilité de prise de photo par les Smartphones et leur publication immédiate sur les réseaux sociaux sont venues exacerber.

Malgré la revendication de sa liberté auprès de son milieu familial, beaucoup d'adolescents la perdent aussitôt dans leur milieu scolaire ou amical. Mais inutile de le leur présenter ainsi, ils ne l'accepteront jamais et vous diront qu'ils n'ont pas le choix : ils sont obligés de répondre aux mêmes codes que les autres pour rester dans le groupe ; un groupe qui finira par exercer une vraie tyrannie sur eux au quotidien, avec les excès qui défraient la chronique de temps à autre. Le constat du harcèlement en milieu scolaire a pris une telle ampleur que le ministère de l'éducation a décidé de mener compagne pour en réduire l'occurrence et aider les jeunes à briser le silence. Ces injustices marquent tellement la personnalité de l'ado que la plupart du temps, le chemin de la guérison passe obligatoirement par le changement d'établissement.

Et bien entendu, leurs réactions à de telles injustices sont très vives, voire violentes et excessives. Il n'est déjà pas facile à un adulte d'accepter une injustice, alors comment pourrait le faire un ado dont la psyché est en chantier complet !! Et ces injustices vont rapidement se transformer en injustives car l'ado craindra toutes les représailles individuelles ou de groupe s'il réagit ou s'il dénonce ce qu'il a subi. Alors il se tait et s'enferme.

Etant encore si jeune, comment est-ce qu'un ado dont l'expérience de la vie est encore si limitée pourrait remplir son sac à injustives et finir en saturation et donc en dépression ? Ce n'est pas le nombre d'injustives qui compte ici, mais plutôt le mode de l'excessif systématiquement utilisé par les ados.

Donc premier constat : s'ils ne sont pas encore à saturation, il y a encore un grand espoir de les sortir de là bien plus facilement qu'un adulte, encore faut-il savoir s'y prendre.

Deuxième constat : l'excessif et la personnalité en formation vont amplifier l'impact des injustives, je pense même qu'il est encore trop tôt pour un ado pour découvrir la jungle et ses loups, mais de nos jours, et depuis toujours, même un enfant peut tomber en dépression s'il lui arrive de subir des abus et des violences, surtout en milieu familial.

Troisième constat : face à des effets amplifiés par l'excessif et l'émotif, la personnalité encore en formation ne sait plus quoi faire et perd rapidement le peu de confiance qu'elle a rassemblée en elle-même. Donc le doute et la peur vont vite s'installer et on retombe sur les stades de la dépression que nous avons déjà identifiés et caractérisés. Alors est ce qu'on peut diagnostiquer la dépression chez l'ado en utilisant les mêmes signes que chez l'adulte ?

Un difficile diagnostic

Et la réponse est oui, nous pouvons très bien diagnostiquer la dépression chez l'ado en identifiant les mêmes signes décrits dans les parties précédentes.

Mais une difficulté supplémentaire va venir rendre la tache bien plus ardue pour les parents et les professionnels. Les évènements ont en effet pris naissance dans un milieu bien clos, un groupe d'ados dont l'identité du groupe devient celle de ses membres et dont la moindre information donnée à un adulte constitue une trahison.

Tous les ados ont peur des représailles du groupe et ils feront tout pour cacher leur calvaire de tous les jours, calvaire qu'ils préfèreront supporter que de se retrouver isolé. Alors le diagnostic devient délicat dans la mesure où les faits sont très difficiles à obtenir. Rajoutez à cela le fait que l'image de ce réel est toujours déformée dans la tête de l'ado, le travail de reconstitution prend toujours un bon moment ; il ne faut pas perdre de vue qu'il faut démêler tout ça des effets de la crise d'adolescence.

Par où commencer alors ? Eh bien, toujours par les signes décrits dans les parties précédentes et surtout les changements intervenus qui ne semblent pas faire partie de la crise d'adolescence « classique ».

J'avais conseillé à une famille désemparée d'identifier les changements intervenus depuis le début de l'adolescence et ceux intervenus ces derniers temps. Si elle avait déjà tendance à s'isoler, mais que cela a augmenté ces derniers temps ; si elle avait l'habitude de ne pas trop parler mais que maintenant, elle peut passer des jours sans adresser la moindre parole à qui que ce soit. Si sa tristesse est profonde et ses pleurs répétitifs ?

Au risque de se répéter, bien que les adolescents vont rarement être concernés par la saturation car ils ont encore tant de vie en eux et qu'ils n'ont, sauf exceptions, subi que peu d'injustives, ils peuvent très bien bipasser le stade de dépression latente et aller directement à la case doute. Même si ce n'est pas le remplissage du sac qui les fera tomber, c'est l'amplification d'un seul ou de plusieurs évènements, vécus comme traumatisants et injustes, qui les amènera directement au couple doute/peur, pour enfin aboutir à un cocktail difficilement supportable par une personnalité blessée, toujours en formation.

Toutes les découvertes annoncées dans ce livre restent donc valables pour les adolescents avec quelques corrections qui intègrent les effets de l'excessif et de l'imaginaire.

Ainsi, pour faire le meilleur diagnostic et déterminer si la personne est en dépression ou pas, il faut bien noter tous les changements de ces derniers mois et semaines et les confronter aux symptômes et surtout aux signes listés dans les précédentes parties de ce livre.

Agissez immédiatement

Une fois la dépression diagnostiquée, dites-vous bien que vous êtes déjà bien en retard, nous sommes déjà bien en retard. Les ados ont besoin de nous au quotidien et nous n'avons pas le droit de faillir à les protéger de la jungle, voire de les protéger de leurs propres excès.

La dépression de l'ado est très délicate pour deux principales raisons : sa psyché est déjà en chantier et il passe par une phase de sa vie qui peut avoir un important impact sur son futur.

Vu le mur de silence imposé par le groupe et surtout la défiance à l'égard des parents, venant principalement de la revendication de sa liberté, il devient indispensable de se faire aider par un professionnel, un « inconnu » auquel l'ado pourra mieux se confier et surtout un pro qui saura comment désamorcer les situations de tension. Donc ne vous obstinez pas trop et faites appel à un professionnel.

Nous n'insisterons jamais assez sur la nécessité d'agir très tôt et en voici la raison : confronté au doute et à la peur alors que sa personnalité est encore en formation, il faut bien entourer l'ado et l'accompagner dans une nécessaire reconstruction de sa confiance en lui-même et de son gout à la vie. Plus vous attendez, plus le doute va démolir le « peu de personnalité » qu'il a pu construire depuis le début de l'adolescence et encore plus dangereux, le doute pourra s'installer et devenir systématique. C'est dur, très dur pour un ado qui commence sa vie en cherchant des certitudes très solides.

Je vous invite ainsi à consulter la partie dédiée aux signes et aux remèdes, mais gardez à l'esprit que c'est bien plus difficile avec un ado qu'avec un adulte, même si je reste persuadé que tout adolescent pris en charge à temps finira sans aucun doute par s'en sortir.

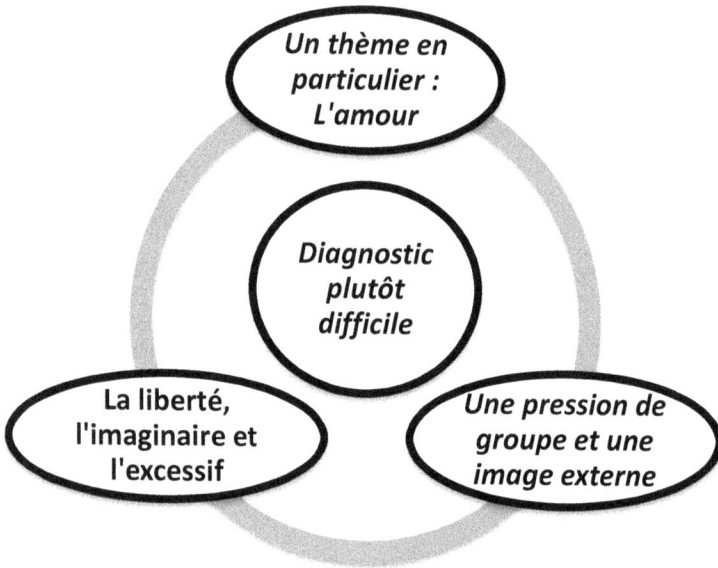

Figure 20 – Le cas des adolescents

IX. La certitude de retrouver la lumière

Une certitude.

Oserais-je vous dire que vous vous en sortirez juste pour vendre plus de papier ? Oserais-je vous dire que le chemin de sortie est là, devant vous, juste pour vous vendre un peu d'espoir ? Oserais-je vous dire que vous avez encore de la ressource juste pour vous maintenir dans une illusion éphémère ?

Vous avez en vous tout ce qu'il faut pour vous en sortir : ce n'est pas une phrase d'encouragement, ni un sentiment passager, ni une espérance sans fondement, c'est une affirmation observée, analysée et démontrée.

Je ne vais donc pas vous transcrire les merveilleuses phrases de ceux qui s'en sont sortis, de ceux qui ont retrouvé les couleurs après une longue période en noir, je vais plutôt vous apporter des preuves irréfutables de la certitude du chemin vers la lumière : lisez bien et relisez afin d'éviter les interférences de votre doute et votre peur. Lisez et vous verrez ce dont vous êtes capables.

La vie donne toujours des ressources qu'on ne soupçonne pas, son énergie est interminable et intarissable. Conjuguée avec les constats que j'ai pu faire **avec quasiment toutes les personnes** que j'ai étudiées, j'ai fini par comprendre que l'humain ne se laisse pas faire facilement, il a en lui des processus et des secrets qui apporteront toujours la certitude de revenir dans la lumière.

Retrouver la lumière n'est donc qu'une question de temps.

Il suffit de se mettre en mouvement.

Le secret du déballage du sac

Le processus de remplissage du sac possède une particularité dont le désamorçage permettra son vidage, non sans douleur et sans tristesse.

Lors du déballage du sac, chacune des personnes avait tendance à reprendre la même histoire plusieurs fois, parfois lors de la même rencontre, je me suis alors dit que si elles rabâchaient systématiquement les mêmes histoires plusieurs fois, c'est qu'elles ont encore des choses qui leur font mal, des détails nécessaires à raconter, des douleurs encore bien enfuies.

Mais ça restait incomplet. J'ai dû rater un détail clé. Je me suis alors concentré sur quelques épisodes répétitifs et ce depuis leurs premières évocations, dans le but de mieux appréhender les principaux facteurs et particularités de ce déballage de sac.

En effet, lors des premières évocations, les souvenirs sont très vifs. C'est comme si la personne les vivait au présent, elle les racontait avec une telle émotion et une telle douleur qu'on pourrait croire qu'elle ne les a jamais vécu auparavant ou alors qu'elle les a « probablement » vécus mais que quelque chose est venue les tasser dans un coin bien reculé de sa mémoire. Ce qui nous semble quasi sûr, c'est que la mémoire ne semble pas avoir été consultée sur ces souvenirs depuis leur premier enregistrement.

En effet, ces épisodes sont racontés d'une façon qui indique que la personne les a bien vécus, enregistrés quelque part et passé son chemin. Leur douleur est si vive et si nouvelle qu'on se pose la question si à l'époque des faits, la personne avait subi autant de douleur. Bien sûr que oui, mais pas de la même façon.

Lorsque nous emmagasinons les injustices, on ne veut pas raconter ce qui s'est passé à qui que ce soit, même pas à nous-mêmes. Plusieurs raisons à cela : honte de ne pas avoir répondu, peur des représailles, volonté de cacher son échec… En poussant l'analyse, j'ai fini par constater que la plupart vont même jusqu'à s'interdire de se les raconter à soi-même. Ils aimeraient bien l'effacer de leur mémoire et complètement oublier cette injustive qui les a piqués au vif.

Ils s'interdisent d'y penser, de s'en rappeler.

C'est ce qui va directement dans le sac et qui le remplit parfois très vite. A force de subir des injustices, de ne pas y répondre et en plus de s'interdire d'y penser, d'en reconnaitre la douleur, le sac finit par saturer avec toutes les conséquences décrites plus haut.

C'est ce détail qui va être salvateur.

A chaque fois que vous reprenez un épisode, **vous vous le dites à vous-même**, ça vous fait mal, ça vous révolte, ça vous tourmente mais à force de reprendre tous les détails, la douleur finit par se dissiper et c'est le début du vrai vidage du sac. Je dis bien début, car il ne suffit pas de se raconter les épisodes pour guérir, d'autres processus se mettront en place mais c'est un indispensable début, qui à vrai dire, constitue la phase la plus dure.

Alors imaginez maintenant le nombre d'injustives que la personne a subies tout au long de sa vie et qu'elle va déballer en quelques semaines ou mois, **c'est comme éprouver la douleur de toute une vie, en une période aussi limitée.** Vous comprenez maintenant pourquoi tant de tristesse, de pleurs et surtout pourquoi un tel épuisement ; sans compter le fait que les évènements ne s'arrêtent pas tant que la personne ne s'est pas libérée : concentration de douleur et de tristesse, qui peut vite déborder lorsqu'un autre évènement arrive pour les enfoncer encore plus.

Vous comprenez maintenant la nécessité de suivre une thérapie ; ne serait-ce que pour déballer son sac et amorcer son nettoyage, vers un nouveau départ.

Même si un autre élément reste important pour nettoyer son sac et repartir de nouveau, déballer ses injustives, avec toutes les répétitions qu'il faudra, reste nécessaire et salvateur. Ainsi, rien ne relève de la fatalité dans ce bas monde et la voie de sortie est certaine, il suffit de la voir et de la suivre.

Déballer son sac, tout raconter, détail par détail, avec douleur et tristesse est un premier pas vers la guérison et devinez quoi ? Ce que beaucoup considèrent comme une « mauvaise chose » dans la dépression, **s'avère être le premier des remèdes**. Décidemment, cette nature est bien faite ; ce processus va s'amorcer tout seul et vous n'y pouvez rien, même si vous vous obstinez à le cacher à la famille ou au boulot.

La nature ne peut guider que vers la lumière et quand on s'égare ou qu'on se trompe de chemin, elle vient nous le rappeler et nous guider, quitte à nous forcer la main, à nous faire subir la souffrance que nous avons refusée de voir pendant des années, une souffrance latente qui nous a pourrie la vie, une souffrance qui cache une vie terrible dont on devait absolument sortir.

Dans le passage, je vous ferais remarquer que la guérison par la parole prend son origine ici, dans le fait qu'il suffit de parler de ce qui nous fait mal pour le dissiper (entre autres choses): je trouve cela merveilleux et c'est un des piliers de la psychologie, connu depuis la nuit des temps.

Si se raconter ses injustives est salvateur, la nature va encore plus loin pour nous aider à sortir de cet horrible épisode de notre vie : **le déballage du sac est un processus automatique**, une fois la personne arrivée à saturation. Personne ne peut l'empêcher, tel un Et voici la meilleure : une fois le déballage du sac à injustives commencé, personne ne peut l'arrêter. Telles des abeilles qui chassent un intrus dans leur ruche, le déballage du sac s'amorce automatiquement et reste intenable ses premières phases. Cela dit, la nature nous montre le chemin mais c'est à nous d'aller jusqu'au bout du nettoyage. Ne pas le faire nous expose à une conséquence bien connue de tous. On lui a consacré un chapitre à la fin de ce traité.

Une logique toujours en éveil

Et voilà ma préférée et celle qui m'a le plus surpris. Au beau milieu de tout ce « bordel », comme l'a décrit Rachel, et presque lors de chaque discussion, toutes les personnes rencontrées ont fait preuve de logique, parfois même d'une logique très précise.

Soyons précis. Il ne s'agit pas du résultat d'une analyse logique, mais du processus logique lui-même. Je m'explique. Lorsqu'en pleine tourmente, la personne constate et découvre que la plupart des gens qui l'entourent lui en veulent (constat pas toujours juste), souligne qu'ils ne peuvent pas tous avoir tort et en conclut que c'est donc elle qui doit avoir tort, je trouve cela stupéfiant, d'une logique implacable alors qu'on croyait et elles aussi, qu'elles avaient perdu leur logique. Même si le constat ou la conclusion sont exagérés ou faux, le **processus logique de déduction est bien intact** et ça sera sa principale arme contre la dépression.

Si on pose la question de la logique à la personne, elle vous dira qu'elle ne sait pas et qu'elle ne s'en rend pas compte, mais si on la pose à son entourage, tous dirons que la plupart de ses réactions et de ses propos sont disproportionnés et illogiques. De notre point de vue extérieur et superficiel, on dira que oui ; quelqu'un a même osé me dire : « Si elle avait un minimum de logique encore en place, elle l'utiliserait pour s'en sortir, au lieu de passer ses journées à se lamenter ». Quel imb…. alors !!

Si on juge la justesse de ses décisions et de ses réactions, on n'y verra pas beaucoup de répartie et c'est tout à fait normal car son processus de décision, d'une logique très précise, est sous influence de bien plus puissant que lui, à savoir doute et peur. Ainsi, même si la personne réfléchit logiquement, ses appréciations et ses décisions seront plutôt basées sur sa peur et ses doutes.

Écoutez-les attentivement et vous vous en rendrez compte. Leur processus logique est bien là mais elle souffre de puissantes influences extérieures. Donc ne soyez pas effrayés outre mesure si vous ne trouvez pas votre « logique », c'est qu'elle est masquée par vos doutes et vos peurs. Cela dit, cette logique-là, la vôtre, est généralement basée sur votre vision de la vie, de qui vous êtes ou pensez être, de vos choix, de vos principes et de votre morale. Cette logique-là sera surement amenée à évoluer lors de la dépression, il y aura même un moment où vous aurez peur car vous perdrez votre « jugement », vos reflexes, ce qui vous semblait bien juste hier et sans lequel vous restez incapable de comprendre ce monde.

On a tous tendance à utiliser le terme « notre logique » pour décrire cet ensemble de vision de vie, de principes, de statistiques de jugements qui nous permettent d'évoluer et de décider rapidement. Elle dira : « c'est ma logique, c'est moi » : c'est une logique bâtie autour et avec la définition de soi, une sorte d'outil forgé tout au long des années d'expérience de la vie qu'on peut très bien finir par confondre avec le « Qui je suis ? ». Cette logique de vie peut donc évoluer et parfois le doit, mais **le processus du raisonnement logique lui, restera toujours présent. Il nous constitue et fait partie de notre esprit. On ne peut jamais le perdre, c'est une certitude. Ça sera votre précieuse arme contre la dépression.**

Une vraie force psychique

Ça a bien fait rire Marie quand un jour, sans m'en rendre compte, je me suis emporté : « Mais ouvre les yeux bon Dieu !! Tu as déjà survécu à tout cela, tu as subi tout ce que tu as dit et répété cent fois, mais tu es encore là, non !! Tu as trouvé l'énergie pour survivre, l'énergie pour te battre, l'énergie pour cacher tous ces malheurs, ensuite l'énergie pour les raconter, et tu me dis que tu n'en a plus pour continuer à vivre !! ».

Je vous ai livré ce que j'ai dit « brut de fonderie » pour vous montrer aussi, par la même occasion, les conneries qu'il ne faut pas faire. J'ai eu de la chance que Marie ait été de « relative » bonne humeur ce jour-là et a répondu par un long rire !!

En effet, tout ce que vous avez subi est déjà derrière vous, vous l'avez vécu, mis sous silence, ça vous a mis en dépression mais le sac, maintenant saturé, ne peut que se vider pour vous permettre de repartir.

Et rendez-vous compte de toute l'énergie qu'il vous a fallu pour survivre à toutes vos injustives : comme Julie qui a supporté le départ de son mari avec une de ses patronnes, la trahison de celle qu'elle a aidée à trouver du boulot, la charge, l'éducation et le quotidien de trois enfants, devenus adolescents, dans un quartier réputé difficile. Si on fait la somme de ses efforts depuis son mariage, on y trouvera au moins la force de trois ou quatre personnes. Julie n'a jamais reculé devant les problèmes et a toujours trouvé une solution honorable malgré le cumul des dettes et des charges. C'est vrai qu'elle est aujourd'hui fatiguée et effondrée par ce qu'elle a appris sur son fils ainé, mais celui qui preuve de force psychique ne peut la perdre, elle ne peut quitter sa psyché, même s'il peut très bien en perdre le chemin et la façon de l'amorcer.

Pierre lui a remué ciel et terre pour se reconvertir et trouver du boulot. Il a tout supporté, les moments durs, les humiliations, les brimades parfois, les interminables entretiens d'embauche, le déménagement sans un sous en poche… Et pourtant, il est bien arrivé à ses fins et travaille aujourd'hui dans l'aéronautique.

Au présent où on en parle, vous êtes certes fatigué et triste, vous vous êtes remémoré tout ça, fait votre deuil et commencez à entrevoir un pardon de soi. Mais vous vous dites qu'il ne vous reste plus ni l'envie ni l'énergie pour continuer. Si vous n'avez plus d'énergie, d'espoir, comment faites-vous pour continuer à nettoyer le sac ? Pourquoi vous emmerder à vous rappeler vos injustives pour les voir en face, à vous faire des reproches et à vous pardonner ? Pourquoi êtes-vous en train de lire ce livre ?

Vous êtes encore en vie et tant qu'il y a de la vie en vous, il y a de l'espoir et de l'énergie. Vous vous battez tous les jours contre des choses puissantes, c'est donc normal que vous soyez fatigué, mais ne confondez pas fatigue et manque d'énergie. Votre énergie est là, elle attend votre appel, elle n'attend que vous.

Petite démonstration : Souriez. Oui, oui, là maintenant, comme je suis en train de le faire en écrivant ces lignes. Ne réfléchissez pas trop, ne bloquez pas votre sourire et vous verrez que l'énergie est là. Si vous ne la trouvez pas, c'est que quelque chose bloque le chemin et le coupable principal est le doute, c'est pour cela que je l'ai appelé le pire ennemi de l'humanité.

Comment l'ai-je découvert chez chacune des personnes que j'ai rencontrées ? Au beau milieu de leur tristesse, de leur malheur, j'ai été étonné qu'elles fassent toujours preuve de dérision de leurs propres expériences. Cela dépend de chacun mais je peux vous assurer qu'avec un peu de tact, vous pouvez leur arracher un grand rire, même au beau milieu des larmes.

Energie et espoir sont toujours là en nous, même en pleine dépression, mais à force de peur, de doute et de tristesse, on finit par en perdre le mode d'emploi qui consiste juste à amorcer le mouvement.

Intelligence et changement

Personne ne sort de la dépression exactement le même et fort heureusement. Alors préparez-vous au changement car vous avez déjà commencé à changer et ça continuera. En bout de la voie de sortie, vous serez différent. Pourquoi ?

Votre vision du monde, de la vie et des autres va changer. Votre vision de vous-même va changer car votre ancienne façon de vivre vous a conduit à la dépression ; on ne va pas refaire le débat de la faute à qui mais il est important de s'adapter à la jungle des autres et à ses risques.

La vie continuera donc et vous aussi, mais votre vision sera différente. Une fois débarrassé du doute maladif activé par la dépression ainsi que de la peur qui l'accompagne, vous allez vous adapter. C'est encore une certitude. Car qui dit changement, dit intelligence et sensibilité : deux choses dont vous avez déjà fait preuve tout au long de votre vie, même en dépression.

— Changer, mon Dieu !! Que vais-je devenir ? Et si je perds ma passion de la danse ? Et si je n'accepte pas la nouvelle version de moi ? Et si les autres ne l'acceptent pas…
— Je sais que j'ai merdé un certain nombre de choses dans ma vie, mais de là à changer ma personnalité, mon caractère !! Je ne sais pas trop ce qui va en rester…

Détendez-vous, votre tempérament ne changera jamais, ainsi que la plupart des traits de votre personnalité, mais il y aura des adaptations nécessaires à la survie dans la réalité du monde. Votre entourage changera surement, et c'est plutôt une bonne chose car souvenez-vous qui est coupable de votre dépression. Vous allez peut être découvrir un autre environnement, vous allez, petit à petit, vous construire un nouvel environnement, un environnement qui ne vous juge pas, un environnement qui ne vous traite pas injustement...

Et qui dit nouvelles interactions, dit nouvelle vie. A nouvelle vie, nouvelle vision et changement de paradigme. La vie reprend ainsi son cours, elle a cette capacité de s'auto-renouveler en nous et c'est merveilleux.

Une expérience durement acquise

C'est une des dures réalités de la vie, on ne peut acquérir de l'expérience qu'en faisant son chemin : de l'expérience pour appréhender et interagir avec l'extérieur, c'est-à-dire essentiellement interagir avec les autres. On a tous reçu des leçons de vie, des retours d'expériences, des conseils interminables de nos parents quant à la difficulté de la vie, mais l'homme ne serait pas ce fils d'Adam s'il appliquait tous les conseils qu'il reçoit à la lettre ; il faut bien qu'il choisisse sa propre voie et trace son propre chemin, quitte à galérer s'il se trompe.

Depuis que l'homme fait des enfants sur cette terre, personne n'a réussi à mettre au point un système d'apprentissage intergénérationnel de partage de savoir-faire. Chaque bébé doit faire son propre apprentissage de zéro et c'est surtout niveau relationnel qu'il va galérer car son apprentissage corrélé avec les émotions se fera avec douleurs et déceptions. Tant de parents ont essayé de donner des conseils, sans résultat. L'humain désire mener ses propres expériences et tient énormément à son libre arbitre, à sa liberté.

Ne vous étonnez donc pas du résultat de votre parcours ; Auriez-vous pu éviter toutes ces injustives ? Peut-être mais très franchement, peu importe car c'est du passé aujourd'hui, un passé qui a laissé des traces, des marques mais du passé quand même.

Il n'en reste pas moins que le vôtre a été plus « animé » que celui du commun des mortels, vous avez subi des injustices et vous avez tout gardé sous silence ; vous avez même enfermé tout ça dans un petit coin et jeté la clé dans l'océan. En regardant de plus près, vous avez en effet vécu le mauvais coup et au lieu d'apprendre et d'évoluer, ce qui était bien difficile à l'époque, vous avez préféré fuir et oublier, en vous disant que ça ira mieux demain.

Eh bien, la dépression vous force la main, c'est une période d'apprentissage forcé, non sans douleur, car vous avez refusé de voir le monde tel qu'il est depuis des années, voire des décennies. On a bien dit que la dépression vous change, bien entendu mais comment opère elle ? En déballant votre sac, elle vous force à regarder ce que vous avez refusé de regarder il y a bien longtemps, elle vous met devant le fait accompli, c'est une des principales raisons de l'aspect « spontané et automatique » de l'ouverture du sac.

Vous vous retrouvez avec tous les exemples qui ont du faire votre apprentissage depuis toujours, tous exposés ensemble et vous ne savez plus par où commencer. S'en suivra alors tous les stades que nous avons décrits mais surtout, et c'est un autre aspect salvateur bien caché dans les méandres de la dépression, vous commencez à voir la nécessité d'apprendre comment marche le monde, de changer votre vision et de faire attention à ce qui vous entoure.

C'est ainsi une expérience acquise dans le silence pendant des années, et dont les leçons que vous avez refusées de voir en enterrant chaque évènement sans l'analyser, doivent être distillées toutes simultanément, non sans confusion et sans tristesse. **La dépression vous force à prendre la leçon de ce que vous avez subi pour ne plus en subir à l'avenir.**

La vie est toujours en toi

Inutile de m'attarder sur ce constat trivial pour quelqu'un qui respire, bouge et réfléchit. Tout ceci peut certes tourner au ralenti mais indéniablement, la vie est bien là dans chaque cellule, chaque mouvement, chaque idée, aussi banale soit-elle.

Tu es fatigué, épuisé, presque sur les rotules. Tu es toujours là mais ton énergie est faible et ton espoir difficilement décelable. Tu dis qu'il n'y a plus de vie en toi, ni d'espoir d'ailleurs, mais ils [vie et espoir] sont toujours là, quelque part, prêts à reprendre du service au moindre ordre de ta part.

La vie et l'espoir ont toujours des effets clairement marqués chez la personne normale, mais quand elle passe en dépression, la personne va surtout procéder par comparaison pour dire qu'il n'y a plus d'espoir en elle, ni de vie d'ailleurs, alors qu'elle respire encore. Comparer l'état de la dépression et l'état normal lui donne ces impressions alors que la vie ne l'a jamais quitté ainsi que l'espoir.

Sois lucide et opère ta comparaison avec les bonnes proportions : tu découvres toutes tes injustives en un temps quasi-record, tu es surpris et tu en es triste. Tu reçois toute la tristesse de ta vie en quelques semaines, parfois en quelques jours. Et tu t'étonnes d'être sur les rotules ?!

Bien des personnes sont incapables de supporter bien moins de que ça, alors que tu as survécu aux injustives pendant des années, tu as tenu ta vie comme tu as pu, tu as assumé tes responsabilités, et c'est tout à ton honneur. Ensuite, tu découvres tout ça en quelques jours et tout ce en quoi tu croyais s'écroule à ne plus savoir qui tu es, à tourner en rond pendant des heures à te faire des reproches et à revivre des injustives comme si elles se passaient aujourd'hui. Et après tout ça, tu es encore là !!

La vie ne laissera jamais tomber et l'espoir ne fait qu'attendre. Alors de l'énergie, tu en as encore, il suffit de l'activer car **tu as en toi tous les ingrédients pour y arriver. C'est là la preuve de la certitude de ton salut.**

Un processus naturel de nettoyage du sac, doublé d'une expérience acquise dans la douleur, une force psychique avérée, une logique perturbée mais existante, une merveilleuse capacité de changement et de la vie dans chacune de tes cellules : Telles sont les ingrédients de la certitude de ton salut. Tu as déjà survécu au plus dur et tu as encore toute l'énergie pour continuer ton chemin, même si elle s'éclipse de temps à autre. **Tu es un battant et tout cela ne t'a pas brisé. Ne laisse pas tristesse et doute le faire maintenant, ça serait vraiment dommage d'avoir survécu au plus dur et de tomber à quelques mètres du but.**

Ne capitule pas en restant dans un passé douloureux mais révolu, ne baisse pas les bras à cause du passé car la vie se déroule dans le futur.

Nous avons tous droit à une deuxième chance, votre dépression en est la preuve, alors saisissez-la.

X. Le chemin de la guérison

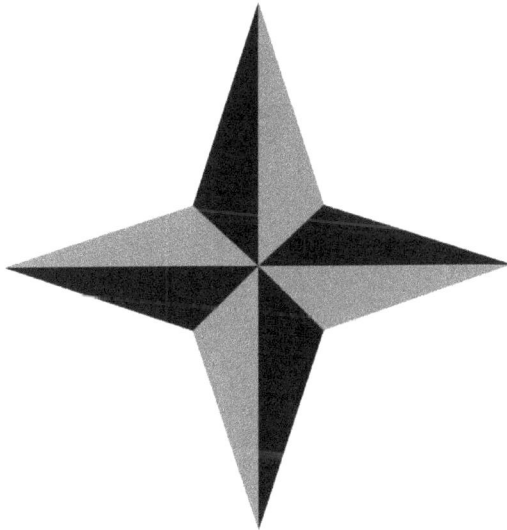

Le temps de la vérité. Le temps de l'action.

Après vous avoir démontré que vous pouvez et allez vous en sortir, on va maintenant s'attarder sur les choses indispensables à faire et surtout les pièges à éviter. Comme vous le devinez et le ressentez déjà, vous aurez besoin d'aide : l'aide de vos proches et l'aide d'un professionnel car le déballage du sac est long et douloureux et le doute et la peur sont difficiles à combattre seul. Même si vous vivez seul ou que vous n'avez personne sur qui compter, on décrira quelques conseils à suivre absolument, sachant que le passage par un professionnel reste indispensable.

Comme vous l'avez lu plus haut, il n'est point question d'éviter le fameux transfert, bien au contraire, j'invite ceux qui vous entourent, qui vous aiment, qui veulent vous aider de s'investir à 1000%, je leur indiquerai quelques techniques et donnerai quelques outils pour vous aider. Qu'ils se préparent bien car je vais leur demander de prendre part à vos combats, avec tact ; car il arrivera un moment où le doute et la peur vous empêcheront d'avancer ; il leur faudra alors combattre vos doutes et vos peurs pour vous, quoi de plus noble comme combat. Ce n'est pas une substitution de rôle mais plutôt une aide sur le terrain. Il leur faudra aussi se battre dos à dos avec vous, car ils auront la tâche cruciale de vous protéger et de vous éviter l'exposition à de nouveaux coups bas ou dans le dos.

Tout un programme qui les ravira quand ils verront vos premiers sourires, vos premiers rires, vos premiers instants de bonheur devant la beauté de ce monde, votre émerveillement face aux chantx matinaux des oiseaux, face à un lever de soleil un jour de printemps, face à un enfant qui s'amuse sans retenue.

A. En dépression latente: Comment ne pas succomber ?

Si vous vous diagnostiquez en dépression latente, stade que j'ai personnellement connu, ne vous dites surtout pas que c'est déjà foutu et que je vais tôt ou tard succomber. Une des personnes que j'ai accompagnées m'a dit « A quoi bon chercher à m'en sortir, même en dépression latente, si mon sac est déjà quasiment rempli et qu'il débordera dans un futur proche ? ». Eh bien, la différence est énorme !

La dépression est dure et prend beaucoup de temps : des semaines, des mois, des années de nos vies. Elle chamboule complètement notre psyché et nous use physiquement. Croyez-moi, il y a des moyens bien plus simples de vider votre sac sans tomber en dépression, même si ça reste délicat à accomplir. C'est ce que mon maître a fait dans mon cas.

Ne vous dites pas qu'il vaudrait mieux tomber en dépression une fois pour toute et ensuite s'en sortir au mieux car la chose à absolument éviter est le doute. Le doute est destructeur et la reconstruction est bien plus dure. Vous devinez bien que le chemin de sortie d'une personne au stade de dépression est plus facile que celui de la personne tombée en dépression sévère. Il faut donc tout faire pour éviter l'installation du doute et de la peur.

Consultez un professionnel aujourd'hui.

Pourquoi un professionnel ? Car vous ne le connaissez pas, il est tenu au secret, et surtout, il sait écouter sans juger, il comprend les douleurs et les injustices et il acceptera d'écouter la même histoire vingt fois car il sait que si vous revenez encore dessus, c'est qu'elle vous fait encore mal, qu'un important détail est toujours là et vous fait mal. Un professionnel vous écoutera jusqu'au bout et vous aidera à vider votre sac, sans qualifier vos actions, ni remettre en question vos sentiments.

Comme déjà démontré, on ne passe pas d'un stade à un autre avec le temps ou fatalement ou statiquement, c'est toujours un évènement douloureux qui vient nous précipiter, un évènement injuste qui nous enfonce d'un coup. Il est donc nécessaire de commencer à vider son sac afin de limiter l'impact d'un tel évènement si jamais il devait se produire (une trahison, une perte, chômage, précarité…). Par ailleurs, il nous semble aussi important d'ouvrir les yeux sur ce qui vous intoxique la vie au quotidien, même si ce toxique est généralement bien plus difficile à éviter, sachant que la plupart des problèmes viennent du couple et du boulot.

Arrivé à ce stade de lecture du livre, je suis presque sûr que vous savez déjà ce qui vous intoxique la vie, quelle partie de votre vie ne tourne pas rond, quel morceau de votre entourage est en train de vous enfoncer, qui a commis des injustices à votre égard, et lesquelles se sont transformées en injustives.

Je vous entends déjà dire que c'est plus facile à dire ou à écrire qu'à faire. Je sais bien, mais dites-vous bien que si vous continuez à vivre en prison, il n'y a rien que vous puissiez faire qui vous apportera le bonheur. C'est là que la thérapie avec un professionnel vous aidera à décider ce qui est bien pour vous.

On a déjà parlé des thèmes et on sait très bien que le toxique est la plupart du temps dans le couple ou le boulot ; et ce sont là deux thèmes difficiles et risqués. Il n'est pas facile de quitter quelqu'un comme il n'est pas facile de changer de boulot ou d'en retrouver un nouveau. Mais ce n'est pas ça qui est demandé, ce n'est pas une échappatoire qui est recherchée, mais plutôt une libération : vous pouvez très bien en discuter en couple et enfin faire ce dont vous avez envie, sans perdre votre couple. Vous pouvez aussi clarifier vos responsabilités et votre place au sein de l'équipe, repoussez les toxiques, sans risquer de perdre votre job.

313

Mais si vous avez déjà atteint la conclusion et la certitude que vous n'êtes pas fait l'un pour l'autre, alors à quoi bon…

Si vous détestez presque tout de votre boulot : la mission, le salaire, l'équipe, le produit, la cantine et la marque de l'agrafeuse… alors à quoi bon…

Vous devez corriger ou bouger, vous ne pouvez plus tout passer sous silence, comme ce que vous avez fait jusque-là.

Entre temps, car toute libération prend un certain temps, ne vous focalisez pas sur vos injustives et surtout ne déballez pas votre sac seul, mais seulement avec le thérapeute. Plus facile à dire qu'à faire encore une fois !! Voici donc une méthode simple à mettre en œuvre, car la résistance mentale aura toujours ses limites.

Les 5 minutes.

Mon maître m'avait suggéré cette stratégie des 5 minutes. Tu dois absolument tout enchaîner jusqu'à l'épuisement et le dodo immédiat. L'idée étant d'éviter d'ouvrir le sac et de rabâcher le passé tout seul, à la maison ou ailleurs. Alors plongez dans les lectures, dans le sport, le boulot tard le soir, les sorties en séries, la recherche de nouveaux plaisirs, mais évitez de rester seul et de rabâcher le passé dans votre coin.

J'ai donc appliqué les 5 minutes : ne pas laisser passer 5 minutes sans les utiliser pour quelque chose d'utile : à l'époque, j'avais démarré mon livre sur l'essence de la vie, que j'ai fini par mettre en pause afin de rédiger celui que vous avez entre les mains. Je faisais tourner ma société, j'ai commencé à amorcer les sujets de physique théorique qui me tiennent à cœur et j'ai aussi repris mes études de droit à la Sorbonne. Un programme très intensif, sachant que mon boulot me faisait voyager presque deux fois par mois.

Je vous rappelle encore l'idée principale derrière la stratégie des 5 minutes : éviter de déballer le sac tout seul et surtout rester loin du doute et de la peur qui l'accompagne ; la libération ayant pour objectif d'éviter de prendre de nouveaux coups, de subir de nouvelles injustives.

Vous voilà donc libre mais filant à grande vitesse à occuper tout votre temps au quotidien pour éviter de rabâcher le passé (sauf en thérapie). Je suis sûr que ça marche, car c'est par quoi je suis passé, plutôt ce qu'on m'a demandé de faire. J'ai ainsi eu la chance de faire ma thérapie avant celle de Marie et devinez qui m'a fait ma thérapie : vous l'avez déjà deviné !!

Que vous soyez en dépression latente vous-mêmes ou que ça soit quelqu'un de vos proches, vous devez tout faire pour éviter de tomber, de déballer le sac tout seul et de subir le doute et la peur, car le doute est très difficile à contrer, très délicat à « guérir ».

Pour récapituler :

Consulter un professionnel sans attendre,

Identifier le toxique et s'en libérer, si possible,

Occuper chaque cinq minutes de sa journée.

B. La voie de sortie au concret

Les indispensables

Une thérapie avant tout...

Comme on l'a déjà indiqué à plusieurs reprises, vous avez absolument besoin de déballer et de vider votre sac. Un professionnel saura vous aider et surtout vous écouter sans vous juger ou vous donner des leçons.

Si vous avez quelqu'un en qui vous avez encore confiance, demandez-lui de vous aider mais en complément des séances avec le thérapeute, car accompagner une personne souffrant de dépression demande beaucoup d'énergie et d'écoute. Cela demande aussi de l'amour, beaucoup d'amour.

Identifier le dominant

A ce stade de lecture de ce livre, je pense que vous avez déjà identifié votre dominant et c'est malheureux. Quel est le thème dominant de votre dépression ? Couple, Boulot ou Liberté ? Le terme « dominant » se réfère à la cause principale, au thème majeur qui a entrainé les autres, celui qui vous fait systématiquement souffrir. Quel est votre plus grande souffrance ? Qu'est-ce qui vous a fait tomber en dépression ? Démêlez tout et le thérapeute vous aidera dans cette quête.

Est-ce la solitude, engendrée par le manque d'amour ?

Est-ce la carrière qui n'avance plus ?

Est-ce que vous vous sentez emprisonné par une situation ?

Comme on en a parlé, les trois thèmes sont très corrélés. Vous pouvez vivre une trahison au boulot, ou bien rater le développement de votre entreprise et les choses commencent à empirer : on vous saisit votre maison, on vous vend vos meubles, tout cela sous le regard de vos enfants. Là vous vous sentez prisonnier de cette situation car personne ne veut vous emprunter de l'argent et les options se ferment l'une après l'autre, surtout qu'il est difficile de retrouver du boulot après l'entreprenariat. En plus, le support de votre conjoint n'est plus là, vous divergez sur ce qu'il faut faire, sur ce qu'il fallait faire et les reproches se font nombreux. Tout est remis en cause et vous avez l'impression que tout le monde vous en veut d'avoir choisi de suivre votre rêve.

L'exemple de Thomas semble différent mais l'enchevêtrement des thèmes est toujours très fort. Thomas est si timide qu'il n'a jamais eu le courage d'aller draguer une fille, en privé ou en public. La peur du râteau le paralyse et il se sent seul chaque minute que le bon Dieu fait. Alors il bosse comme un malade en pensant oublier sa solitude mais tout cela influence son travail et sa personnalité, sans qu'il s'en rende compte. Le jour où il découvre son nom sur la liste des licenciements économiques du mois prochain, il n'en revient pas et se dit trahi par son superviseur qui lui a assuré qu'il était bon, à tel point qu'il lui a proposé une belle promotion à saisir tout de suite. Thomas a eu peur du nouveau poste même s'il reste sûr de ses compétences. Après trois semaines sans réponse, son chef a fini par proposer le poste à son collègue et Thomas se trouve sur la liste des licenciements. Le voilà au chômage. Il vient de perdre la seule raison qui lui faisait quitter son appartement. Le marché du travail étant difficile pour tous, il continue à toucher son indemnité mais ne fait plus rien.

Je pourrais vous multiplier les exemples pour vous en convaincre mais statistiquement, tomber en dépression implique en général **le cumul des coups affectant les trois thèmes en même temps** : un évènement entrainant un autre, une trahison en appelant une autre, jusqu'à vous sentir emprisonné, seul et en échec. Il est important d'identifier la cause originelle, qui est la plupart du temps liée à un complexe primaire. Agir sur cette cause est primordial, vous verrez ce qui relève de ses conséquences par la suite.

Faire cet exercice seul me parait très difficile ; vous avez donc besoin d'aide pour tout démêler ; ça va vous prendre un petit moment et le salut est au bout de la souffrance.

Traiter le toxique

C'est là le plus difficile à faire.

Et je n'ai pas de règle à vos donner car l'expérience de vie de chacun est au centre de ce qui lui intoxique la vie : Est-ce une situation ? Une personne ? Un groupe ? Une idée ?

C'est difficile parce que tout cela est très intime et bien d'autres considérations vont conditionner votre situation : conditions matérielles, milieu social, image extérieure, enfants…

Généralement, le dominant est corrélé avec un complexe primaire qu'il va falloir aller creuser pour guérir. Donc surtout pas de décisions à vif, surtout pas de décisions binaires, surtout pas de décisions de fuite… Ne corrigez pas une erreur par une erreur.

Prenez votre temps car l'important n'est pas la libération de ce toxique, c'est aussi la libération de ce qui vous y a entrainé, et ce sont généralement des complexes hors dépression qui vous y ont amené. La timidité de Thomas n'est pas la conséquence de sa dépression ainsi que le manque de savoir-faire de Noah. Sachant que personne dans ce bas monde n'a été formé pour savoir choisir un compagnon et que de toute façon l'amour n'invite pas au choix, on voit que la dépression a plutôt été la conséquence de tout cela : les causes de ces situations devant être trouvées plus en amont, généralement dans les complexes primaires de chacun.

Il est donc crucial de faire la part des choses, sans précipitation.

Guérir le dominant

Nous sommes ici en pleine thérapie et presque en dehors de la dépression ; nous sommes ici dans le domaine des complexes primaires, ces choses formées dès l'enfance ou l'adolescence et à l'âge adulte et qui nous ont accompagné tout au long de notre vie : un manque de confiance en soi (complexe primaire le plus dominant), peur excessive, impression d'être moche, peur de l'abandon, timidité excessive...

Au fur et à mesure que vous déballerez vos injustives, vous remarquerez des choses revenir presque systématiquement, une peur, une crainte, une chose excessive... Ainsi, dans la plupart des cas que j'ai rencontrés, la personne finit par découvrir et analyser ses propres complexes primaires, bien entendu avec une certaine aide externe.

Guérir le dominant et neutraliser ses complexes primaires est un pas crucial vers le bonheur. Quand ça sera fait, vous vous sentirez respirer à pleins poumons, vous redécouvrirez la joie et les couleurs, Marie me l'a décrit dans ces mots :

— C'est comme si je redécouvre le monde, avec une tonne en moins sur les épaules, les couleurs redeviennent vives et je me sens revivre comme jamais auparavant. Je savoure chacun de mes moments et j'adore cette nouvelle vie, j'ai encore tant à découvrir ; c'est une vraie renaissance, au sens le plus simple que l'on puisse imaginer.

Travailler ses complexes primaires

Une fois le dominant guéri, il faut se focaliser sur les autres complexes primaires et on en a tous quelques-uns.

Les complexes primaires sont une dénomination qui caractérise ces complexes centraux dans notre vie, ceux qui influent nos plus grands choix mais aussi nos actions au quotidien. Nous les connaissons bien mais pas trop. Nous savons les identifier mais nous ne sommes pas toujours conscients de leurs influences.

Travailler ses complexes primaires afin de les identifier, les accepter et les corriger est un travail de fond à entreprendre quand vous le souhaitez mais la dépression vous force la main en vous imposant ce travail alors que vous êtes très perturbé. Ceci ne facilite pas le travail du thérapeute car il rend l'identification de ces complexes primaires très délicate.

Vous avez donc besoin de son aide pour bien les identifier et comprendre leur influence sur vous. Généralement, il faut remonter à l'adolescence, voire à l'enfance pour retrouver leurs causes principales. Cela va vous surprendre mais les sujets des complexes primaires ne sont pas toujours des abus ou des violences directes, ça peut être des petites phrases de gens très proches comme cette amie que sa sœur ainée traitait toujours de moche par jalousie ; elle a fini par la croire et en souffre au quotidien encore à la trentaine passée. Ou cet ado à qui on répète régulièrement qu'il est bon à rien, ou cette autre ado en surpoids qu'on surnommait la grosse…

Bien entendu, d'autres complexes primaires sont bien plus graves et violents et marquent la personne à jamais. C'est ce travail que la dépression vous force à faire, vous avez donc besoin de l'aide d'un professionnel pour y arriver.

Assimiler la réalité de la déferlante anxieuse

Lorsque j'ai dit à Rachel la première fois que c'est elle qui fait venir les loups, que c'est elle qui les dessine avec tant de précision, que c'est encore elle qui leurs a mis la bave et le sang dans la gueule et enfin elle qui les fait bondir pour la déchiqueter, elle m'a lancé un regard plein d'étonnement et de questionnement, parsemé de reproches [celui de ne pas la croire].

En revenant aux débuts du scénario, on retrouve en effet que ces loups ne sont que des images de vraies personnes qui lui en veulent. Elle les imagine en train de se moquer du fait qu'elle se retrouve à la rue car elle vient de perdre son boulot. Certains n'hésiteront pas à l'agresser et elle finira par subir un viol collectif, en étant droguée par « la drogue des violeurs », qui lui fera tout oublier. Le viol ayant causé des séquelles qui lui rendent impossible de procréer. Elle ne pourra jamais devenir maman et mettre au monde la petite fille dont elle a toujours rêvée ; et là plus personne ne voudra d'elle car personne ne la croira, vu qu'elle a perdu son procès et que la police n'a jamais identifié ses agresseurs... Hé Ho, Stop.

Rends-toi compte de la probabilité que toutes ces choses t'arrivent ? Je ne vais pas te faire le compte exact mais c'est aussi mince que gagner au loto. Certains scénarios horribles peuvent bien arriver à toute personne mais concentrer autant de malheurs les uns derrière les autres est si improbable qu'il devient ridicule d'en anticiper la souffrance, qui, on le conçoit bien, serait insupportable pour n'importe qui sur cette terre.

Ainsi, l'entrepreneur qui commence à appréhender les conséquences possibles de l'échec de son business va finir par imaginer sa famille le quitter, sa maison saisie par un huissier et ses nouvelles rencontres dans sa nouvelle demeure : la rue. Et tous ces charognards qui en rient telles des yens de cartoon, lui disant qu'on lui avait bien dit qu'il était un bon à rien, qu'il ne pouvait être qu'un subordonné, un simple salarié insignifiant. En plus, il a encore deux ados qui vont finir par dévier et devenir dealeurs, sa fille qui fera le trottoir et les foyers qui ne voudront pas d'eux.

Toutes les conséquences possibles et impossibles sont dessinées et la peur continue à les amplifier jusqu'à les rendre imminentes. Alors, notre entrepreneur qui est dans un grand tourbillon, va se trouver sous cette grosse vague qui va se briser sur lui. Il préférera partir avant d'en subir toute la souffrance.

Ainsi, la réalité de la déferlante anxieuse n'est autre que l'inexistence et l'improbabilité absolue. J'ai vu des scénarios tellement horribles que la personne avait plus de chance de gagner au loto !!

Cette construction mentale, mue par la peur et alimentée jours et nuits, pendant les moments où on broie du noir, va finir par se transformer en « monstre » qui vient vers nous : une déferlante qui va se briser, des loups qui ont bondi pour nous dévorer, des scénarios effrayants, insupportables à toute personne humaine. Et la peur de la souffrance finira par préférer en finir.

Rachel et presque tous ont fini par se rendre compte de la réalité de ces scénarios : des constructions mentales effrayantes très improbables, bâties autour de la simultanéité et/ou de la cascade de tous les risques possibles. Mais il a fallu aussi trouver une méthode pour les identifier et les arrêter ou plutôt pour les défaire avant qu'ils ne deviennent intenables et effrayants. Si l'esprit humain est puissant pour imaginer de tels scénarios, il l'est aussi pour s'autodéterminer et agir sur ses propres processus.

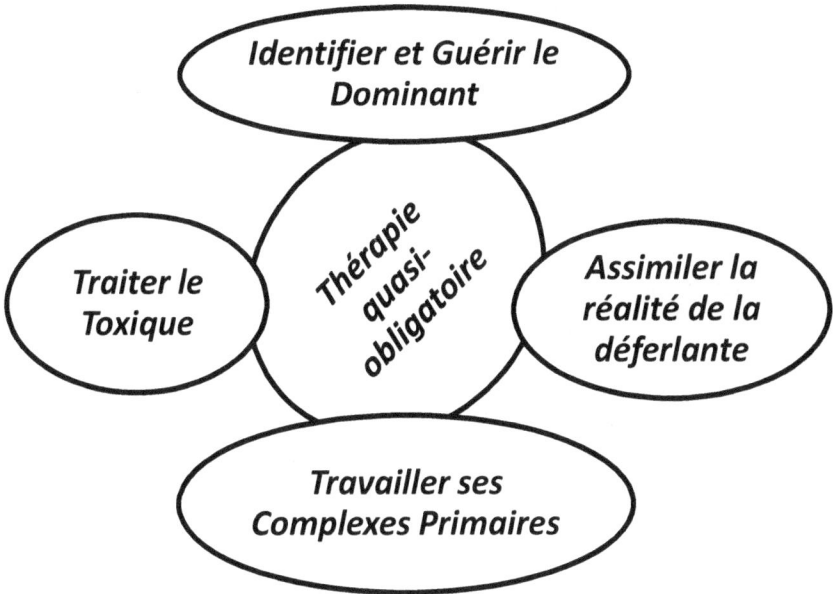

Figure 21 –   Les indispensables

Défaire la déferlante anxieuse

Tout se passe dans le temps…

En regardant le film « Intersteller » et sa fameuse scène de l'immense vague qui avance très vite, je me suis rappelé des descriptions de Rachel pour me rendre compte que l'une des principales caractéristiques de la déferlante anxieuse est sa vitesse : elle avance tellement vite qu'elle ne fait que superposer les pires conséquences, les unes sur les autres, les unes derrière les autres. Comme si entre temps, rien de positif ne pouvait se passer, rien que la personne ne puisse faire pour arrêter cette cascade de conséquences horribles qui, prises d'un bout à l'autre, seraient moins probables que de de se faire kidnapper par des extraterrestres.

Le secret de la déferlante est donc de te faire croire qu'elle existe en dehors du temps car ta peur enchaine les scénarios horribles à une telle vitesse qu'elle anéantit aussitôt toute possibilité de réaction, de correction de trajectoire ou d'évènement positif.

Et à chaque instant, à chaque action, à chaque idée ou image que notre esprit dessine, le temps est toujours là, il s'écoule inexorablement ouvrant le champ des possibles, permettant les corrections des estimations initiales et surtout allouant du temps pour réfléchir et voir venir. **Le pire de tes scénarios**, avec les charognards tout autour, **prendra forme dans le temps,** conséquence après conséquence. Je ne discute pas le fait que ça n'arrivera pas, que c'est exagéré d'imaginer tant d'acharnement ou que ce ne sont que des illusions, je dis juste que le pire des conséquences dont tu anticipes la souffrance prendra place dans le temps, tu le verras venir et il ne sera pas à durée nulle. C'est ce temps-là que la déferlante veut te faire oublier. Ne te laisse pas prendre à son jeu car la vie et le temps sont intimement liés, l'un n'existant pas sans l'autre, comme on le démontrera dans notre prochain traité sur l'essence de la vie.

Si tu introduis du temps entre les scénarios horribles qui se suivent et dont on ne discute pas le bienfondé, tu réintroduis la vie à sa juste place, tu t'offres du temps pour voir venir, pour agir, voire pour esquiver le prochain scénario, c'est ce que nous offre la vie chaque jour que fait le bon Dieu. Alors à chaque fois que la peur remet ça, à chaque fois que tu sens monter une crise d'angoisse, rappelle-toi que tu as toujours et indéniablement du temps entre les étapes de ton scénario horrible car, telle une herbe qui pousse à travers une chaussé goudronnée, la vie finit toujours par trouver un moyen, par te donner un moyen, un temps, une chance. Saisis là et elle ça défera aussitôt ta déferlante.

C'est bien pour cela qu'on insiste sur l'obligation de ne pas rester seul car la solitude pousse à la construction de tels scénarios. Occupe-toi et va à la rencontre de la vie dans son mouvement, tu verras que bien d'autres subissent des choses bien dures tous les jours tout en continuant à avancer ; tu verras que la vie est toujours là dans le mouvement, dans le temps.

Ne laisse pas ta peur te faire croire que le scénario horrible qu'elle redoute, se passe en dehors du temps. Un seul arrêt sur image et voilà ton petit temps du positivement possible.

Dangereuse victimisation

L'enfer est pavé de bonnes intentions…

Il existe des arguments et des présupposés tellement utilisés dans notre vie de tous les jours, qu'on n'en questionne plus l'efficacité, en particulier ceux en rapport avec la souffrance et la douleur. On se dit que partager sa peine soulage, c'est vrai, mais ça dépend avec qui ; on se dit que si on apprend que d'autres ont subi les mêmes souffrances ou pires encore, ça soulage, peut-être, mais pas toujours ; on se dit que si on constate que tous nos malheurs viennent des autres et que nous n'avons été que des victimes, ça devrait nous soulager, peut-être dans un premier temps, mais surement pas par la suite. Faites très attention, l'impact des mots est bien plus profond qu'on ne le pense.

Quand on apprend que la personne a subi des évènements douloureux tout au long de sa vie, qu'elle a été trahie maintes fois par ses plus proches et qu'elle a toujours su faire face à cette horreur, on se dit qu'elle ne peut être que victime. Même si ça peut être vrai au premier abord, ne l'utilisez jamais avec une personne souffrant de dépression. Et même lorsqu'elle commence à s'attarder sur l'option de la victime en essayant de répondre à la question inévitable « A qui la faute ? », faites tout pour changer de sujet et ne pas les laisser développer cette option. Faites ça avec tact sans qu'elle ne s'en rende compte, elle ne doit pas douter que vous l'empêcher de prendre une option aussi confortable, au premier abord.

C'est vrai que l'option de la victime est « confortable » : on se dit que de toute façon on n'aurait rien pu faire, faire face était impossible et rien de ce qu'on a fait ne justifie des injustices subies. **Se considérer exclusivement victime des autres supprime de facto toute option de sortie. Si vous y emmenez la personne, c'est vers une voie sans issue que vous la conduisez, c'est au suicide que vous la préparez !! Et je pèse mes mots.**

Lorsque la personne choisit l'option de la victime et qu'on la conforte dans ce choix, pensant que ça peut l'aider à remonter la pente, eh bien, vous ne faites que signer son arrêt de mort car se considérer comme exclusivement victime des autres et des conditions de la vie ferme les options, met fin à toute tentative de s'en sortir ; la personne souffrante se réconfortera dans sa nouvelle situation confirmée de victime et elle tirera le rideau. Il n'y a rien qu'elle puisse faire, rien qu'elle puisse changer, elle est l'agneau au milieu des loups, n'ayant aucun pouvoir d'action sur sa situation.

Donc même si vous avez de la sympathie pour la personne, **ne la confortez jamais dans son choix de victime mais ne le niez pas non plus.** Tenez une position médiane, un peu de conditions difficiles, un peu de douleurs des autres et quelques fautes commises par soi-même. De cette façon, elle garde toujours une option ouverte de s'en sortir au lieu de passer ses journées à s'apitoyer sur son malheureux sort ; il vaut mieux se faire des reproches d'avoir fait des erreurs et décider de changer que de pleurer sur quelque chose qui reste complétement en dehors de notre champ du possible.

La victimisation nous enlève notre raison de vivre en nous faisons arriver à la conclusion que notre condition de vie et notre vie elle-même sont en dehors de notre périmètre d'action. Quand vous mettez ça en perspective avec le fait que l'homme a été créé responsable, pour choisir et avancer, vous comprenez que la victimisation le prive de sa raison de vivre en lui disant que de toutes les façons, il ne peut rien faire pour changer quoi que ce soit !!

Alors relativisons, nuançons mais ne réconfortons jamais dans la victimisation ; évitons la déresponsabilisation totale car elle mène à la mort. Leurs réactions peuvent être violentes quand vous leur rappellerez qu'ils ont aussi fait des erreurs d'appréciation, de vision de la vie, de choix de personnes… Ce n'est pas grave, ils vous remercieront plus tard.

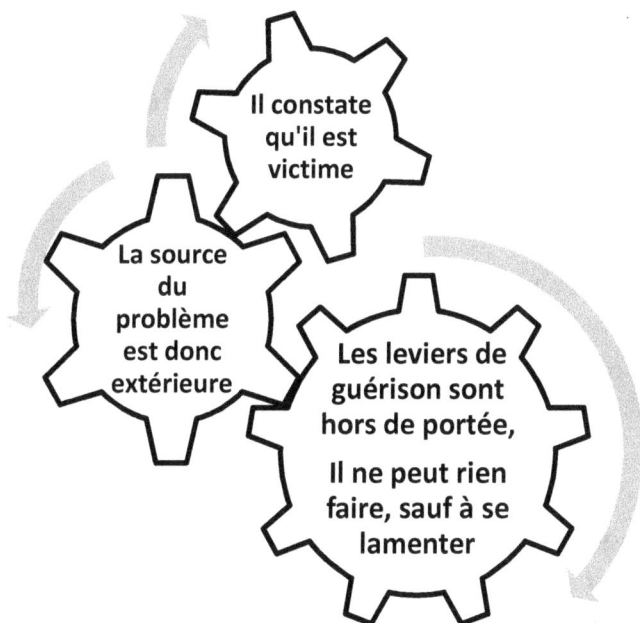

Figure 22 –   Attention à la victimisation

L'inévitable pardon

Dans la continuité de la preuve précédente, il y a bien sur le pardon à soi-même des fautes commises et surtout du manque de réaction au moment des faits. La personne se sentira lâche et s'en voudra de ne pas avoir fait ne serait-ce que le minimum.

En creusant un peu plus profond, on arrive vite au constat que ce pardon est intimement lié aux circonstances générales des injustives, c'est-à-dire, à la compensation des trois thèmes en vase clos. Dans la majorité des cas, on a été obligé de la fermer car on ne pouvait risquer de perdre autre chose de plus important à nos yeux, de plus important que soi, généralement le conjoint qu'on aime ou les enfants. Dans d'autres épisodes, c'est le besoin économique qui fait sa loi et nous oblige à supporter l'insupportable car on a besoin des revenus de l'autre ou du boulot en question.

Cette situation est surtout très horrible pour les femmes sans ressources, sans emploi. Elles savent que vu le nombre d'enfants, elle ne pourra jamais retrouver un autre conjoint et vu son expérience professionnelle limitée, elle aura du mal à trouver un boulot qui couvre toutes les dépenses de la famille. Alors elle reste en prison et subit de bien atroces injustives. Celles qui ont un tempérament différent prendront le risque de partir en se disant que si elles doivent vivre en galère, autant subir la galère, mais sans les injustives.

D'autres, n'ont rien vu venir et on soudainement découvert la vérité sur leur conjoints ou boulots et enfin plusieurs supporteront leur calvaire par peur de montrer leur échec, par peur du jugement des autres, par peur de ne pas trouver mieux.

Au fur et à mesure que les injustives ressortent et que la personne s'attarde sur la question du « A qui la faute ? », les choses se décanteront petit à petit et avec l'aide d'un professionnel, elle arrivera à se pardonner d'avoir fait un mauvais choix et surtout de ne pas avoir réagi à temps.

Même si le souvenir de certains épisodes peut faire revenir ce difficile pardon, généralement et statistiquement, les reproches à soi se calmeront au fur et à mesure que la personne trouve le chemin de l'apaisement.

Cela dit, pourquoi vous obstiner à vous faire des reproches encore aujourd'hui alors que c'est du passé ? Pourquoi s'obstiner à s'auto punir pour une erreur ou une peur alors que vous l'avez déjà payée cher en tombant en dépression ?

D'après tous les cas que j'ai rencontrés, le pardon de soi se met en place dans les derniers moments de vidage du sac : plus la personne s'apaise en déballant ses injustives, plus elle apaise ses reproches de manque de réponse au moment opportun. Il faut dire aussi que les complexes primaires jouent leur rôle dans cet aspect et seule l'aide d'un thérapeute pourra vous en sortir.

Alors certitude statistique ? Oui, mais avec l'aide d'un professionnel si les complexes primaires s'en mêlent.

Le retour à la vie

Surtout ne reste pas seul

Ne reste pas seul pour ne pas avoir à partir dans tes réflexions profondes et introspections difficiles car tu auras à affronter ton esprit. A quoi ça va te servir ?

A quoi ça va te servir d'affronter ton esprit par la logique alors qu'il est perturbé par des douleurs et des sentiments ? A quoi ça te sert de passer des heures seul à essayer d'analyser des choses devenues trop complexes car elles englobent des processus enchevêtrés et difficiles à démêler pour tout humain seul.

Tu risques de te perdre et tu glisseras vers des stades plus avancés de la dépression. Ce n'est ni une question de courage, ni un quelconque défi, c'est une question de bon sens : **n'affronte pas ton esprit avec de la logique alors qu'il est perturbé par des sentiments et des douleurs.**

Si tu vis seul, ne reste pas à la maison, sors, bouge. Va n'importe où, marche, ne reste pas seul, sois au milieu de la foule. Il y a une énergie que les groupes diffusent qui te fera le plus grand bien. Et si tu caches encore ta souffrance à tes proches, garde tes activités avec eux et fais toi aider par un pro, ne t'isole surtout pas.

Se mettre en mouvement pour réembarquer

La vie est comme une mer aux vagues tantôt agitées et violentes, tantôt calme et apaisantes. Vous aurez des moments de calme et d'autres de stress et de doute, vous vivrez des jours paisibles et d'autres bien agités, vous aurez des joies et des tristesses, des découvertes et des routines, des hauts et des bas. **C'est la variabilité de la vie qui lui confère toute sa beauté car rien n'est beau dans ce bas monde sans cette variabilité.** C'est parce que vous avez un mauvais moment que vous allez apprécier le bon, c'est parce que vous connaissez la tristesse que vous jubilez avec la joie.

Rien n'est statique dans ce bas monde et ainsi est la vie. Elle est en constant mouvement. Elle ne cessera jamais d'avancer, telle une rivière qui peut avoir des passages calmes et d'autres bien tumultueux, elle s'écoule inexorablement dans le même sens et nous embarque tous dans son flot.

Si tu décides de ne rien faire, tu te mets tout seul sur la rive, à observer son passage avec les autres, mais elle est toujours là à tes pieds, elle t'attend. Elle ne peut pas te forcer à l'accompagner. C'est à toi d'aller à se rencontre et tu ne peux y arriver qu'en te mettant en mouvement.

Mets-toi dans une station de métro bien bondée pendant une heure de pointe, laisse toi embarqué dans un métro avec les autres, reste debout et observe les autres, observe le mouvement et laisse toi imprégner et entrainer. Balade-toi dans les parcs et marche d'un bout à l'autre. Va dans un terminal d'aéroport et passe quelques moments à voir les voyageurs, prends ton déjeuner dans le cartier des affaires, à une heure de pointe et imprègne-toi du mouvement. Observe les autres et tu retrouveras la variabilité de la vie dont on a parlé plus haut.

Sortir et s'occuper

Quitte à me répéter des dizaines de fois, ne t'isole pas, ne reste jamais seul. Si tu vis seul, sors et ne rentre chez toi qu'une fois bien épuisé, prêt à te jeter dans ton lit pour t'endormir.

Si tu dois rester à la maison, bouge, fais quelque chose, de préférence de tes mains : ménage, cuisine, jardinage, changement de décoration... Ne reste pas face à tes songes, à regarder un film que tu connais déjà ou bien à boire un café en regardant dans le vide ; reprends les jeux vidéo, la musique, les lectures, les jeux en plein air, ce sont surtout ces derniers qui te feront le plus grand bien : on se ressource bien plus facilement avec la nature ou en plein milieu de la foule.

Je sais que tu n'as pas trop envie d'échanger, de bâtir de nouvelles relations, mais c'est franchement ce qu'il te faut. Considère-le comme un médicament amer que tu dois absolument prendre pour aller mieux. N'aie pas peur de reprendre de l'espoir, il ne risque pas de t'abandonner. Si tu ne veux pas de relation intime pour l'instant, partage tes soirées avec tes amis mais ne reste pas seul.

L'esprit est bien flexible et il ne cessera jamais de nous étonner, de t'étonner. Ce n'est pas parce que tu souffres de dépression que tu vois tout en sombre, tu seras surpris de voir sa capacité de reprendre plaisir, si tu arrives à calmer sa peur. Ce n'est pas parce que tu broies du noir que la lumière t'a quitté. Elle est toujours là en toi, en nous tous, elle ne fait qu'attendre qu'on la libère.

Donc sors, bouge et occupe-toi, ne reste jamais seul avec tes songes. Ressource-toi dans la nature et dans la foule. Leur effet sur nous est très bénéfique même si on ne le ressent pas directement.

Apprenez quelque chose de nouveau

Mettez-vous à la peinture, à la cuisine, au sport collectif. Choisissez une activité dans laquelle vous apprenez quelque chose de nouveau ; **l'apprentissage a le pouvoir de nous replonger dans nos années de jeunesse, voire d'enfance et ça fait du bien**. Ça nous rappelle notre énergie débordante, nos idées de projets, nos rêves et surtout ça vous dit que la vie est encore devant vous.

J'ai découvert cela le jour où Marie a repris ses cours d'anglais, des cours prévus de longue date mais qui ont eu un effet extrêmement positif sur elle. Apprendre nous rappelle l'école et l'enfance, nous rappelle le temps des choses simples et du père noël, alors faites-le et vous en verrez les conséquences.

Cet aspect explique d'ailleurs pourquoi est-ce que les cahiers de coloriage reprennent tant d'importance et de popularité de nos jours, c'est parce que ce sont des activités simples, ludiques et qui nous plongent dans notre enfance.

J'ai alors conseillé tous les autres à apprendre une nouvelle langue et le résultat est immédiat. Bien entendu, ces cours doivent être collectifs, de préférence dans un institut à fort mouvement de foule, ne serait-ce que pendant la pause déjeuner.

Ça fait partie de la vie

Voici l'un des processus où elles ont vraiment besoin de votre aide : **faire la part des choses au quotidien.**

Suite au déclenchement du doute et de la peur, la moindre des choses devient une catastrophe ou une nouvelle source d'échec :

— Regarde le comportement de mes enfants, ils n'ont jamais été comme ça. Je n'ai même pas réussi leur éducation, je n'ai rien réussi de ma vie.

— Chérie, cela fait partie de la vie. Tous les adolescents font des bêtises pour dire qu'ils ont grandi et ces bêtises ne sont nullement un constat d'échec pour les parents.

— Même autant que femme, je ne sers à rien. Je suis incapable de tenir mon boulot, de m'occuper de ma famille et de l'homme qui m'aime comme j'aimerai le faire…

— Tu le feras ma belle. C'est juste que tu es fatiguée et que tu dois te reposer. Quant à l'homme que tu aimes, tu as déjà tant fait pour lui, tu n'as besoin de rien rajouter… Tu sais quoi, allons faire à manger ensemble, tu m'apprendras à faire une soupe, ça te dit ?

Très rapidement, la moindre chose qui va de travers va déclencher sa peur et la ramener à l'échec. Il faut donc relativiser les choses et les replacer sans leurs contextes. Mais attention à ne pas trop en faire, si un nouvel évènement douloureux surgit, il faut le traiter comme tel et non le banaliser. Si vous le faites, ça risque d'entrainer une confusion chez elle et comme déjà dit, il ne faut surtout abimer leur processus logique.

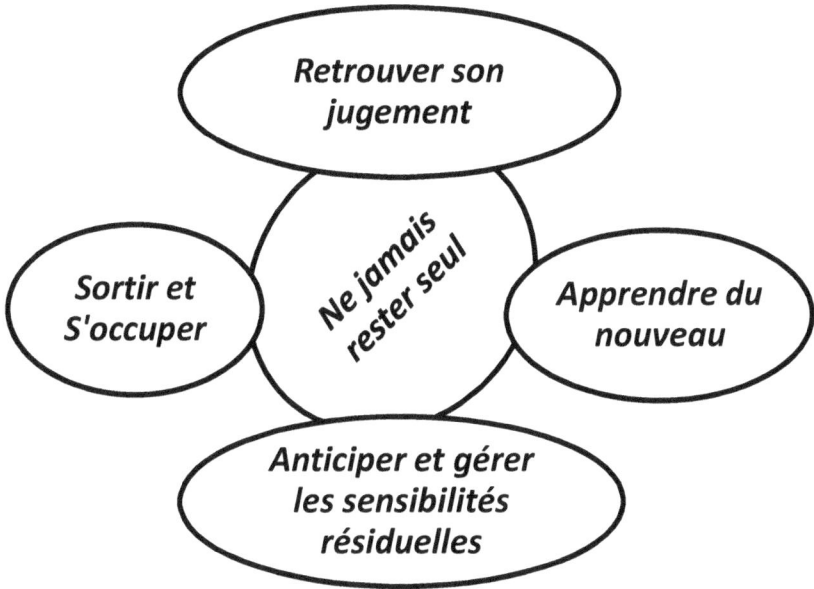

Figure 23 – Le retour à la vie

Faire face seul

Bien sûr que vous pouvez…

Soyons clairs : traverser toute la période de dépression complètement seul me parait quasi-impossible.

Vous avez absolument besoin de l'aide d'un professionnel pour bien vider votre sac et amorcer la thérapie de vos complexes primaires. Un minimum d'entrevues hebdomadaires devra être défini pour commencer, mais ça reste fonction du nombre de vos injustives et surtout de votre stade. Au risque de me répéter, vous devez consulter un professionnel quel que soit le stade de votre dépression, y compris en dépression latente.

En dehors des séances de thérapie, se pose la question du support et ses moments.

Si vous partagez votre vie avec quelqu'un et que votre dominant n'est pas en rapport avec votre couple, je vous conseille de lui en parler et de voir sa réaction. S'il n'a pas l'air de comprendre votre souffrance, passer lui ce livre et demandez-lui de le lire en entier. Si même après cela, il ne se sent pas capable de vous accompagner et de vous supporter, ce n'est pas grave, nous avons tous nos limites.

Allez donc voir parmi les amis, surtout les amis intimes, d'enfance, de lycée. Ce sont généralement eux qui vous apporteront l'amour et le support dont vous avez besoin, comme ce que j'ai aperçu à travers plusieurs cas rencontrés. Attention, le sujet est très délicat, il vous faudra donc tout lui expliquer afin qu'il puisse vous apporter un support efficace et ne pas vous enfoncer plus. Expliquez-lui le phénomène et surtout les erreurs à ne pas commettre avec vous. Prévenez-le de vos réactions et de vos tests.

Prenons maintenant le cas du seulard de base, celui qui travaille et rentre chez lui chaque jour, sans voir personne, en étant loin de sa famille et sans petite amie. Eh bien, il trouvera sa seule solution de soutien chez les associations. Plusieurs sont spécialisées dans le thème de la dépression et il suffit de faire une petite recherche pour trouver une petite antenne pas loin de chez vous. Là aussi, informez-les de votre cas et de votre stade actuel et surtout n'hésitez pas à les solliciter dès que vous en ressentez le besoin.

Et c'est bien là le souci, ça sera à vous de déterminer le moment où vous avez besoin de leur support, il vous faudra même l'anticiper car une fois tombé, il est difficile d'appeler au secours. Donc gardez toujours votre téléphone à portée de main et bien chargé, vous risquez d'en avoir besoin un certain nombre de fois.

Et franchement, si votre dominant est dans le couple, privilégiez les amis et n'ayez pas peur de leur jugement. La dépression est une maladie comme une autre qui se soigne et vous avez absolument tout ce qu'il faut en vous pour vous en sortir.

Dans d'autres cas, j'ai vu des personnes appeler des gens de leur famille, des cousins lointains ou frères et sœurs. En fonction de l'histoire de chacun, ces supports familiaux sont biens s'ils ne se transforment pas en foire publique ouverte à tous.

A-t-on besoin d'un support permanent ?

Dans l'idéal oui, mais on sait que tout le monde a sa propre vie à mener et ne peut consacrer autant de temps à une personne malade, combien même son support lui est indispensable.

Il vous sera donc nécessaire de bien découper votre temps. La règle est très simple : si vous êtes seul, vous devez faire exclusivement deux choses : vous occuper comme on l'a déjà précisé plus haut ou bien être complètement fatigué prêt à tomber dans votre lit. Et c'est tout à fait faisable.

Faites un planning hebdomadaire. Placez vos séances de thérapie et ensuite les temps de support de votre ami entre ces séances, même si ça ne dure pas longtemps.

Quand vous êtes à la maison, occupez-vous à 1000% et surtout garder les fenêtres ouvertes et si possible mettez-vous au jardin. Si vous n'en avez pas, il y aura toujours un parc pas très loin de chez vous. L'objectif est simple : éviter les moments de réflexions, de tristesse et de confusion quand on est seul.

En fonction de votre stade, et si vous êtes encore au boulot, dans l'hypothèse où celui-ci n'est pas toxique, allez y chaque jour et ne vous absentez pas. Bosser comme un « malade » pour ne pas voir le temps passé. L'objectif étant de réserver les moments difficiles aux séances de thérapie ou bien aux entrevues avec votre ami.

Vous cachez votre dépression à votre entourage professionnel et j'avoue que je ne peux vous conseiller sur ce point. Tout dépend de votre entourage pro, s'il est toxique, continuez à la cacher avant d'envisager un départ. S'il ne l'est pas, faites attention au jugement des autres qui peut vous faire du mal, sans parler des âmes malintentionnées qui vous veulent du mal gratuitement.

Cela dit, si votre fatigue se fait grande, le professionnel vous dira la meilleure chose à faire sur ce sujet. Dans le principe, rester actif me semble toujours mieux que de rester seul à la maison.

Ainsi, l'objectif est de limiter vos instants durs aux moments où vous êtes accompagné de quelqu'un qui sait vous écouter. Le reste du temps, sortez, bouger, occupez-vous, apprenez une nouvelle chose, ne restez surtout pas à la maison seul, sauf si vous êtes bien occupé ou bien fatigué, prêt à vous laisser tomber dans le lit.

L'erreur à ne pas faire commettre reste celle de cacher votre dépression par fierté et je vous avoue que c'est problématique. J'ai personnellement eu de la chance d'en échapper dès le premier stade mais c'est parce que j'ai eu la chance d'avoir un coach et un maître qui suivent tous mes pas et qui me connaissent trop bien. Si vous avez un ami en qui vous avez confiance, demandez-lui son aide et il ne vous la refusera pas. Ne laissez pas votre ego vous isoler et vous priver d'une aide précieuse.

Vous êtes votre propre thérapeute, c'est ce que vous comprendrez à la fin, mais en attendant, vous avez besoin d'aide pour vous rendre les choses moins dures, donc ne vous obstinez pas...

C.   Se faire aider

Votre rôle est crucial

Vous êtes face à quelqu'un qui doute de tout et qui a peur de presque tout. Chaque chose que vous allez lui proposer va lui faire peur, car quand cette dernière est activée, elle ne fait que ressortir les scénarios noirs et les risques. Et devant le risque, il décidera toujours de s'abstenir.

Alors poussez le avec tact et soyez patient car la dépression ne se compte pas en heures ou en jours, mais en semaines et en mois, voire plus !! C'est un processus lourd et critique pour sa vie. Pour vous en convaincre, dites-vous bien que c'est une nouvelle personne qui émergera de cette dépression, vous allez en effet participer à la renaissance d'un être humain et c'est difficile, long et douloureux.

Rien de ce qu'un homme peut faire sur cette terre ne serait être plus noble que d'accompagner quelqu'un dans les pires moments de sa vie. Celui qui donne sa vie pour en sauver une autre est certes noble mais ça ne dure qu'un instant, après quoi, il a donné sa vie et il est parti. Il lui suffit de prendre une seule décision très courageuse. Mais avec une personne qui souffre de dépression, vous serez fatigué tous les jours, vous devrez vivre pour vous et pour elle, vous devez mener ses batailles pour elle, contre sa propre psyché, et si un jour, vous lâchez ne serait-ce que cinq minutes en partant car elle vous a blessé ou que vous êtes trop fatigué, elle peut commettre l'irréparable car elle verra dans votre geste de départ la trahison ultime qui la plongera à jamais.

Je sais que tout cela semble terrifiant mais tel est le prix de l'amour. Si vous l'aimez, vous devez l'accompagner. Elle a besoin de vous maintenant, elle besoin d'un soutien inconditionnel, d'une référence solide, de quelqu'un qui ne doute pas.

Les cinq axes de votre aide

Ecoutez sans juger

Tel va être votre premier challenge car seuls les professionnels savent écouter sans juger, sans donner de leçons. Nous avons tous tendance à aller rapidement à la conclusion, à s'impatienter, à dire d'aller au bout sans les détails car on a compris depuis un bon moment...

Seulement, il ne s'agit pas de comprendre une situation en l'analysant mais plutôt de permettre à quelqu'un de dire ce qu'il a sur le cœur, acte qui permettra son auto-guérison.

J'ai essayé de rassembler tout ce que vous pouvez faire pour l'aider et surtout comment le faire et j'ai donc identifié quatre axes majeurs qui devront guider votre action au quotidien, avec l'écoute comme axe principal.

Rassurer ================

Répétons-le encore une fois…

Vous êtes face à quelqu'un qui doute de tout et qui a peur de presque tout. Chaque chose que vous allez lui proposer va lui faire peur, car quand cette dernière est activée, elle ne fait que ressortir les scénarios noirs et les risques. Et devant le risque, il décidera toujours de s'abstenir.

Rassurer le par tout moyen. Par la logique, la probabilité et les statistiques, même par le petit mensonge et ne le laissez pas trop réfléchir ; s'il demande des détails, changer de sujet avec tact et revenez à la charge.

Ne cherchez pas à le convaincre, il n'a point besoin de démonstration, il a besoin d'humanité, d'émotions, de sensations, il a besoin des autres mais il ne le dira pas.

Vous le connaissez bien mieux que celui qui est en train d'écrire ces lignes, alors trouvez ce qui le touche, le fait vibrer, le fait rêver. Ne vous dites pas à quoi bon s'il voit tout en noir ; ne vous fiez pas aux apparences. Il a tous les ingrédients de la vie en lui, il a de la lumière en lui, c'est juste qu'elle a perdu son chemin vers la surface. Il est et restera toujours aussi sensible, alors rassurez le et poussez le mais ne le brusquez pas, il risque de prendre peur et de se renfermer.

Tu n'es pas seul et tu ne le sauras jamais.

C'est ma petite phrase qui a marché avec plusieurs personnes, j'en ai d'autres, mais je vous conseille de tester les vôtres, car vous le connaissez bien mieux que moi.

Occuper   ================

On en a déjà parlé quand on avait abordé la possibilité d'échapper à la dépression. Cette technique restera une des meilleures techniques contre la dépression, même dans ses stades les plus avancés.

Si vous le laissez seul, il va broyer du noir et s'enfoncer. Doute et peur vont finir par le consumer, il passera tout son temps de solitude entre s'autodétruire et se lamenter ; et il en deviendra quasi inerte, à vous faire peur !!

Donc occupez-le comme vous pouvez. Si vous êtes en famille, relayez-vous, du plus petit au plus âgé, à chacun sa façon et ses complicités avec lui. Bien sûr, ne le traitez pas comme un débile mental, quelqu'un dont on doit s'occuper en permanence, tout est dans la manière, tout est dans les mots, tout est dans l'intention.

Occupez-le, ça lui sauvera la vie.

Un peu plus haut dans le livre, j'ai évoqué la méthode des 5 minutes que vous pouvez appliquer, en veillant à lui laisser un petit moment pour lui, seulement quand il est bien fatigué et les yeux quasiment fermés.

Retenir ===============

Face à certains nouveaux coups ou à de nouvelles découvertes, il ne pourra pas tenir tout seul, il a vraiment besoin de votre aide. Comme doute et peur sont toujours à l'œuvre, ce nouveau coup peut l'entrainer dans de plus grandes profondeurs.

Tu n'es pas seul dans ce bas monde.

Des mots quand dits avec grande sincérité vont le soutenir pendant un moment, un instant, une seconde, c'est toujours ça de pris. Il ne faut pas combattre la dépression avec un plan préétabli et s'obstiner à évaluer l'avancement de la guérison chaque jour ou chaque semaine. C'est une bataille qui se gagne au centimètre, à la minute, à la seconde, mais le plus important est d'être là quand il le faut, chose quasi impossible à prévoir ; alors, à chaque bataille que vous l'aidez à gagner, c'est une grande victoire et une bataille peut très bien se résumer à un moment de cumul de pensées négatives, de chagrin et de tristesse, de doute et de peur, un moment très dur qui peut le précipiter encore plus profond s'il ne le zappe pas.

Des petites batailles qui se gagnent au centimètre.

Il suffit d'une petite seconde où vous allez lui faire changer de sujet avec tact ou alors le pousser à quitter la maison pour voir du monde dehors, tout moment qu'il vit en groupe et en paix est une victoire car vous lui avez évité de glisser encore plus, jusqu'à la prochaine bataille. Ces sont des batailles à l'invitation forcée dont il ne peut sortir avec un match nul, ou il s'enfonce un mètre de plus ou il remonte d'un pas vers la lumière. Donc soutenez le et ne le laissez pas seul face à ses souffrances, soyez là quand il faut, soyez toujours là, même si c'est difficile à tenir chaque jour.

Protéger ===============

Et comment !!

Dans la plupart des cas, la personne vient de découvrir un environnement toxique qui lui a « pourri » la vie pendant des années et continue à le faire pendant la dépression, causant de nouvelles injustices, des évènements qui peuvent l'enfoncer encore plus.

Il est donc de votre responsabilité de le protéger de ce toxique le temps qu'il se décide lui-même, mais ne faites pas ça frontalement, avancez par petites doses car rappelez-vous qu'ils sont intelligents et sensibles. Marie m'a reproché un jour de vouloir l'isoler de tout son environnement, j'ai bien sûr minimisé mon action à ses yeux, mais dans la pratique, j'ai veillé à presque chacun de ses contacts. Quand un contact était indispensable, j'étais toujours là, pas loin. On discutait de tout et je ne laissais rien stagner au lendemain.

Donc, dans certains cas, faites tout pour protéger la personne des contacts toxiques, mais ne cherchez surtout pas à l'isoler du monde extérieur, car il lui faut garder contact avec cet extérieur et pas seulement interagir avec vous, chaque jour, chaque heure.

Je pense que vous avez saisi le message, agissez avec tact et en sous-marin mais protégez les des prédateurs, dont les plus lâches chercheront à coup sûr à profiter de leurs instants de faiblesse.

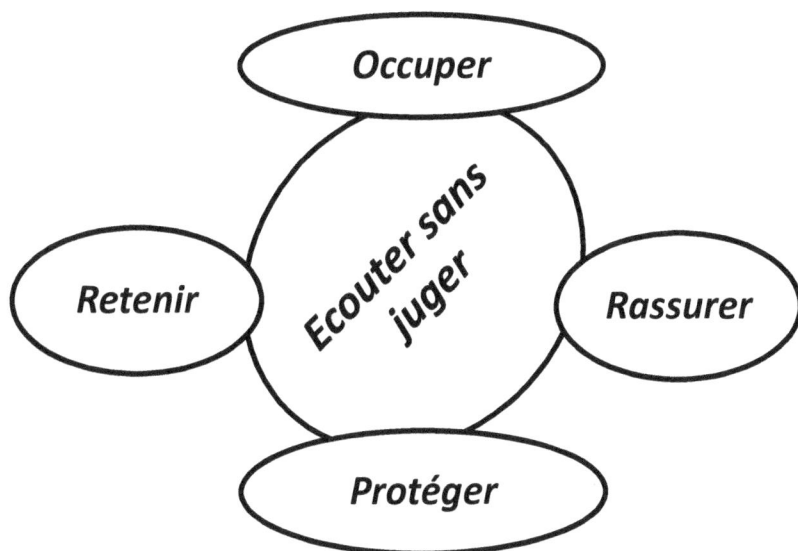

Figure 24 –   Les cinq axes de votre support

Prenez part à son combat

Voilà, j'ai fini par le dire expressément.

Celui ou celle qui souffre de dépression a besoin d'amour, de beaucoup d'amour, sincère et inconditionnel. On ne peut les accompagner sans prendre un peu de leur fardeau sur nous. Ainsi va la vie. C'est comme aider une personne fatiguée à marcher le temps qu'elle reprenne son souffle. Vous allez lui donner de votre énergie intérieure et il en a fort besoin. Donc pensez à vous ressourcer autre part de temps à autre.

Quel combats et pourquoi les faire pour lui ?

D'abord, il ne s'agit point de les faire à sa place mais de le soutenir par petits moments de grande fatigue, doute ou peur. Et les combats en question sont chaque réflexion qu'il peut avoir, chaque idée qui peut l'amener à s'enfoncer encore plus dans la dépression. Ce sont généralement les moments de doute et de peur.

Quand le doute arrive, il active la peur qui monopolise tous les processus psychiques laissant la personne quasi démunie face à ses propres idées et réflexions. C'est là que votre rôle arrive. Prenez part à son combat contre SES doutes et SES peurs, faites le pour lui car il n'y arrivera pas tout seul. Mais attention, soyez bien vigilant, il ne s'agit pas de le blesser en combattant pour lui !!

De façon plus concrète, il s'agit de lui répondre à chaque fois que vous sentez qu'il n'y arrive plus : dès qu'il commence à douter de tout, même de lui-même, rappeler lui que vous êtes là et que vous savez de quoi il est capable, sans trop argumenter.

Face au doute, dites que vous le connaissez bien et qu'il n'est pas seul dans ce bas monde.

Face à la peur, nuancer sa phrase et faite la part des choses entre les risques acceptables de la vie et ceux qui n'en font pas partie.

Je sais qui tu es et je serai toujours là pour te le rappeler.

Tu n'es pas seul et tu ne le seras jamais tant que je vis.

Ce risque-là fait partie de la vie, celui d'avant non.

Et ce qui fait partie de la vie, on réapprend à faire avec.

Voici quatre phrases aux effets garantis quand dites avec sincérité. Elles ne peuvent que lui donner un appui alors qu'il prend peur car il a perdu ses appuis. C'est uniquement de cela qu'il s'agit, le supporter quand il n'y arrive plus, le rassurer quand il doute et lui donner une sorte de « référence infaillible » sur laquelle il pourra toujours s'accrocher, sans avoir peur qu'elle le lâche, au moment où tout son monde l'a lâché et lui a tourné le dos.

Soyez donc un point d'appui solide et infaillible pour lui.

Et il ne manquera pas de vous tester !!

Venez à bout des résistances

Je n'ai plus envie de rien.

Comme l'envie ne se discute pas, difficile de répondre à un tel argument. Mais le remède se cache simplement dans l'appétit qui vient en mangeant !!

Faites la sortir dans des parcs, des lieux où il y a foule, il faut qu'elle continue à voir la vie, le mouvement, la beauté et la volonté de ceux qui bougent. Préférez les endroits où le mouvement est constant, les choses stagnantes ne produiront pas l'effet recherché, même si elles paraissent apaisantes.

N'arrêtez pas de proposer, d'insister, de pousser. Telle une mère qui pousse son enfant malade à manger, qui lui fait varier les gouts, qui lui fait découvrir de nouveaux plats et qui adapte les existants à ses soucis de santé, ne renoncez jamais à lui proposer, à l'encourager. Il finira peut-être un jour par vous décourager mais ne lâchez pas le coup car si vous le faites, il replongera encore plus dans les sombres songes de la dépression.

Je suis épuisé.

C'est un fait indéniable : il est fatigué voire épuisé, surtout pendant la première période de déballage du sac : beaucoup d'émotions, de douleur et de surprises. Il ne faut donc pas nier cet état de fait avec des mots du genre « mais non, c'est juste que tu es triste ». Si vous le faites, il vous zappera aussitôt et tous vos prochains mots ne serviront à rien.

Il faut plutôt reconnaitre son état d'épuisement mais l'inviter à trouver d'autres ressources en lui. Avec vos encouragements, il peut très bien y arriver. Faites-le avec tact et intelligence. Adaptez votre discours à son tempérament et surtout ne le poussez pas en vous disant qu'il faut le secouer, c'est la pire des choses à faire. Si vous sentez que vous commencez à vous impatienter, revenez plus tard car il est très sensible à votre patience, c'est pour lui un important gage d'amour.

Ne discutez pas trop son état d'épuisement mais soyez force de proposition et insistez avec vos propositions et invitations. Ça finira par marcher.

Prenez en compte le fait que leur humeur est très variable : ça peut passer d'un extrême à l'autre en quelques secondes !! N'en soyez pas surpris ou étonné, tant de choses se passent dans leurs têtes !!

Il n'y a vraiment pas de règle simple à suivre tant les sensibilités sont variables d'une personne à une autre. Faites comme moi : tâtonnez et vous finirai par trouver, mais surtout ne les brusquez pas. A faire d'essayer, vous finirez bien par trouver une petite porte d'entrée, un petit mot qui marche, un sujet qui accroche, un rêve tout éveillé, un sujet ou une personne qui leur tient à cœur…

J'ai déjà essayé, je sais que je n'y arriverai pas.

Il ne faut pas répondre directement cette affirmation, il faut d'abord bien comprendre sa genèse et sa cause profonde. Après tant d'années de vie, il découvre qu'il a merdé une grande partie de son existence, à prendre les mauvaises décisions et à faire les mauvais choix. Et vous lui demandez de jeter les dés pour jouer une autre partie !! il ne faut pas relativiser sa perte mais plutôt insister sur la vie qui est toujours en lui, qu'il peut très bien se tromper encore une fois, mais que ça fait partie de la vie, mais cette fois ci, il aura au moins une première expérience, un début d'apprentissage.

La clé réside dans le fait que faire une erreur n'a rien à avoir avec la capacité d'y arriver. Insistez sur ce point en le développant avec des exemples.

Je suis un bon à rien.

Dans la continuité des résistances citées plus haut, celle-ci vient couronner le tout en donnant un constat binaire bien exagéré. Encore une fois, ne le discutez pas frontalement, usez d'humour si possible, changez de sujet et ensuite glisser quelques mots sur des choses qu'il a réussies, des choses qui ont bien marché ; on ne a tous quelques-unes dans la vie.

N'argumentez pas trop, ne bousculez pas, ne démontrez pas : telles sont les erreurs que j'ai faites et ça ne mène qu'au blocage. C'est comme apprendre à danser avec son esprit, vous le connaissez donc vous allez y arriver.

Erreurs à ne pas commettre

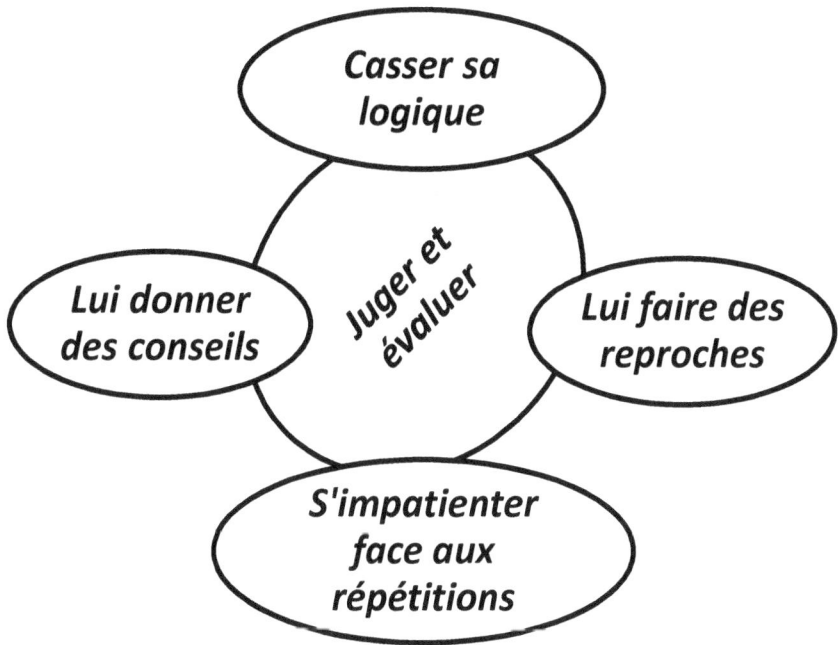

Casser sa logique

Lui donner des conseils

Juger et évaluer

Lui faire des reproches

S'impatienter face aux répétitions

Figure 25 –   Les erreurs à éviter

Juger en écoutant

Lorsque les histoires que nous entendons se font longues, on a du mal à retenir nos commentaires, conseils et remarques. C'est ainsi. Il est donc certain que vous allez faire cette erreur plusieurs fois même, dans un sens ou dans l'autre : vous lui direz que ce qu'il a fait était parfaitement normal, tout le monde aurait fait la même chose, en vous disant que ça va le réconforter, mais en fait non. Si vous voulez l'aider, taisez-vous et ne faites pas trop de remarques, mais ne vous endormez pas non plus. Ou bien vous lui ferez le reproche d'avoir fait une connerie aussi triviale, en vous disant qu'il s'en rend compte. Eh bien, il le sait déjà, il veut juste le dire à lui-même, le dire à quelqu'un, il veut juste dire ce qu'il a sur le cœur.

L'exercice peut paraître facile mais je vous assure que non ; et ce pour deux raisons : la première réside dans le fait que nous sommes tous « formés » pour un échange, donc il parle, ensuite je parle, sinon ça colle pas. Dans notre cas, vous l'avez compris : il parle, vous écoutez attentivement car il vous testera. L'autre raison réside dans le fait qu'écouter quelqu'un dire ce qu'il a sur le cœur, décrivant sa détresse et sa tristesse, nous fatigue et nous « pompe » notre énergie interne, chose que nous ne pouvons certes pas mesurer aujourd'hui, mais on est sûr qu'après deux ou trois heures d'écoute active, on se sent lourd et on a envie de décompresser. C'est parfaitement normal, voire indispensable pour pouvoir continuer.

Donc écoutez-les avec attention et manifestez cette attention de temps à autre, sans l'interrompre ou faire des remarques. Il aura tendance à demander si vous êtes d'accord sur tel ou tel point ; répondez brièvement, sans développer ni trancher. Et par-dessus tout, ne lui faites pas de reproches, car sa dépression se charge de le faire pour lui, donc n'en rajoutez pas.

S'impatienter face aux répétitions

Il répètera le même épisode des dizaines et des dizaines de fois, et ce n'est pas une exagération !! Quand elle a commencé à prendre le chemin de la guérison, Marie s'est rendue compte de ces répétitions et m'a demandé si c'était pénible à supporter, j'avais répondu que si elle ressentait le besoin de le redire, alors il fallait le faire. Point.

D'ailleurs, en écoutant bien attentivement, vous remarquerez que de nouveaux détails font leur apparition à chaque répétition, parfois des propos, des faits ou bien des interprétations. La règle est simple : si ça veut sortir, laisser sortir. Dites-vous bien qu'ils souffrent à chaque fois qu'ils parlent de ces épisodes, mais ça leur fait aussi du bien car ils écoutent ce qu'ils disent. Ils ne sont en effet pas en train de vous raconter des histoires, mais c'est bien à eux-mêmes !! Comme ils ont tout pris sans réagir et qu'ils se sont interdit tout accès à ces histoires car ils savaient la souffrance que ça cachait, les raconter aujourd'hui, c'est comme faire le ménage intérieur, c'est comme se débarrasser de choses toxiques qui leur ont bien pourri la vie jusque-là. D'où notre insistance sur l'importance de les laisser vider leur sac, c'est même le chemin indispensable à la guérison.

« oh mais je pensais qu'on en avait déjà parlé, analysé et classé cette histoire, pourquoi il faut encore y revenir ?». Sans vous rendre compte, ça vous fatigue déjà, avant même qu'il ne commence, mais il faut bien l'écouter attentivement, c'est pour cela que j'ai dit que sortir de la dépression demande beaucoup d'amour. Si vous êtes un groupe qui l'entoure, relayez-vous mais ne racontez pas ce qu'il vous dit séparément, il prendra cela pour une divulgation de secret et donc une trahison et s'enfermera. Faites appel à un professionnel si vous n'êtes pas vous-même en forme.

Donner des conseils

Monsieur conseil est presque en chacun d'entre nous. Il vous appartient de le calmer et ça ne se passera pas sans difficulté. C'est en effet un quasi reflexe chez nous tous, on aime classer, juger, conseiller, ça nous rassure. Donc il est essentiel de vous rappeler qu'il n'a nullement besoin de conseils, il sait bien ce qu'il a fait, ce qu'on lui a fait et son pourquoi. Même s'il a besoin d'être orienté et rassuré de temps à autre, ne lui donnez pas de conseil pour l'avenir car il est encore dans les souvenirs et le nettoyage du toxique.

« Bon, maintenant tu as compris la connerie que tu as faite, alors abstient toi et surtout ne recommence pas ».

« Je sais pourquoi tu as fait ça et je comprends. Je crois que toi aussi, tu as compris et c'est bien la bonne conclusion ».

Toute affirmation que vous allez lui dire, même si elle vient de lui, va lui poser problème car il est consumé par le doute. Mais il ne vous le dira pas, il préfèrera se taire.

Voilà donc le signe : s'il se tait brusquement, c'est que vous avez fait une connerie et bon courage pour le refaire parler !! Comme vous allez en faire de temps à autre, essayez de les minimiser et surtout excusez-vous très rapidement. Il est crucial de ne pas perdre sa confiance car vous êtes son confident et c'est une relation très fragile car le doute continue à le consumer.

Pour dire les choses crument, chose que je me suis dite des centaines de fois : fermez là et écoutez attentivement. Ne répondez pas, ne jugez pas et soyez patient. Si vous vous sentez lourd, allez respirer un coup, changer de sujet et surtout rechargez vos propres batteries quand il le faut.

Casser sa logique

C'est la chose la plus insoupçonnée qui soit. J'ai eu la chance de m'en rendre compte assez tôt, lorsque Marie m'a dit « Ne me dis pas ça s'il te plait sinon tout se cassera dans ma tête, déjà que je ne suis plus sure de rien, si je prends ce que tu dis en compte, la seule explication qui restera est que je suis folle !! ».

Vous avez donc le signe et le mot : « fou » : je vais devenir fou ou bien, je ne suis pas fou quand même !!

Comme la plupart des erreurs listées dans ce traité, je l'ai bien sûr faite et vous la ferez aussi. Le plus important est de retirer ce que vous avez dit le plus vite possible, ou bien de l'adapter. Vos propos ont, en effet, introduit une contradiction manifeste dans son système de pensée actuel et sa logique. Très alerte, elle ne laisse pas passer le moindre détail. Malgré tout ce qu'ils traversent, ils gardent généralement leur processus logique en marche, même s'il interfère très régulièrement avec le doute et la peur.

Maintenant vous savez pourquoi le doute est le fléau de l'humanité, c'est qu'il remet en permanence toute construction ou conclusion faite par la logique. Lorsque vous les voyez réagir de manière disproportionnée ou bien « apparemment illogique », c'est qu'il y a interférence avec les émotions ou bien que leur logique actuelle est ainsi, mais le processus logique en soi est toujours actif. Alors vous comprenez leur peur face aux contradictions que vos propos ou les leurs peuvent apporter : elles ont peur de perdre cette dernière parcelle de leur esprit, qui a encore l'air de fonctionner plus ou moins correctement. Donc pendant la reconstruction de la vision du monde, soyez vigilent à vos propos et surtout ne vous contredisez pas quand les faits vous mettent en cause personnellement.

Le faire douter de vous

Quand vous arriverai à la conclusion que vous avez fait cette erreur-là, il est presque trop tard !!

Comme le doute le consume de l'intérieur et remet tout en cause en permanence, vous allez passer à la moulinette à un moment ou à un autre. Il sera très fragile et sensible à vos agissements et à vos paroles, donc ne mettez jamais en doute votre amour pour lui, même pas pour rigoler (connerie que j'ai faite bien entendu).

Votre soutien et amour doit être inconditionnel et il vous testera à ce sujet. Quand vous voyez le test arriver, ne sursautez pas en disant « Comment peux-tu penser cela de moi ? » mais donnez-lui plutôt des arguments pour supporter votre amour infaillible. S'il ressent que vous cherchez la moindre contrepartie, il refusera et s'enfermera, surtout si vous êtes face à quelqu'un connu pour sa fierté, avant la dépression.

Il doit voir en vous le soutien infaillible, la solidité à toute épreuve et surtout pas le moindre doute. Vous ne pouvez faire confiance à quelqu'un qui doute et c'est logique. Et surtout ne clamez pas votre droit au doute, sur un tel sujet, comme n'importe quel humain, il vous accordera ce droit mais cessera de vous faire confiance parce que votre doute lui apporte le doute et la peur.

Et il vous testera encore, parfois même en faisant exprès ; il peut même aller jusqu'à vous blesser pour voir votre réaction et surtout pour voir vos vraies intentions et votre soutien inconditionnel. Attention, notre réaction habituelle quand on est blessé est de partir ne serait-ce qu'un petit moment, juste pour prendre l'air, surtout pas !!! Il risque de faire une connerie…

Lui faire des reproches quand il vous blesse

C'est un réflexe chez chacun d'entre nous.

« Même toi, tu me demandes des comptes. Et j'ai fini par te blesser. Je ne suis digne de rien, même pas digne de ton amour et ton support. Laisse tomber, je ne mérite rien ».

Je ne l'avais pas vu venir celle-là ; une tournure qui m'a fait couler bien des larmes car rien n'est plus dur que de les voir se dévaloriser et se refermer. Et si pour corriger, vous dites que vous êtes fautif (même si ce n'est pas vrai), vous aurez la réponse « ne me prends pas pour une demeurée ». Et si tu insistes, elle finira par croire que tu as vraiment commis la faute, ce qui constitue une trahison.

Tu seras donc perdant dans tous les cas de figures. Alors autant être honnête, c'est ta seule option de sortie honorable, surtout si tu es face à quelqu'un d'intelligent qui recoupe tout ce que tu dis (effet direct du travail du gendarme).

Dans toute cette confusion, laissez transparaître vos émotions, ça les rassure. C'est ce que j'ai fait et ça a marché. Ce sont des gens sensibles qui vont faire la différence et qui vous demanderont pardon par la suite. Et puis, même si elles ne demandent pas pardon, ce n'est pas la fin du monde.

Donc encaissez, réagissez avec émotions et surtout n'attaquez pas (connerie que j'ai encore faite, mon signe du lion parait-il !!).

D. Vous l'aimez

Vous êtes sa planche de salut

Surtout accrochez-vous car aucune autre action de ce monde ne vaudra autant de noblesse. Autant vous le dire de suite, vous allez galérer et souffrir ; vous serez testé, blessé, tourmenté, remis en cause, repoussé, fatigué mais rien ne vaut son sourire éclatant quand elle sort de deux heures de vidage de sac, c'est comme si quelque chose venait éponger tout reproche, toute blessure. Quand elle sourit, je retrouvais toute mon énergie et j'étais prêt à repartir pour un round !!

Rien au monde ne sera meilleur remède pour sa dépression que vous. Ces personnes ont besoin d'amour et de support. Elles ont besoin d'écoute, d'empathie et de compréhension, surtout pas de pitié et de compassion malsaine. C'est donc votre énergie que vous allez lui donner à chaque fois qu'elle doutera ou qu'elle aura peur ; c'est votre soutien qui alimentera ses batteries.

Si vous sentez que vous n'arrivez pas à tout écouter et qu'elle vous entraine (sans le vouloir) dans la dépression, faites appel à un spécialiste pour l'écouter mais soyez toujours là pour l'accompagner. Vous devez vous préserver pour elle car vous êtes son seul soutien, sa seule lumière, votre présence en soutien infaillible est cruciale.

Donc veillez à recharger vos propres batteries en sortant avec des amis ou en décompressant tel que vous le faites d'habitude, l'amour fera le reste. Faites tout votre possible pour la sortir, pour qu'elle voit du monde et organisez-vous pour ne jamais la laisser seule à la maison ou ailleurs. Elle doit être toujours entourée, surtout quand le questionnement commence et que le doute s'installe.

Il cherchera l'inconditionnel en vous

Rien au monde ne sera meilleur remède pour sa dépression que vous. Votre amour est inconditionnel et c'est tout ce qu'ils cherchent en vous, l'inconditionnel : « Il ne me laissera jamais tomber même si je lui crève un œil » (expression rêveuse très poétique de Rachel).

N'oubliez pas que le processus central qui lui pourrit la vie est le doute, qui fonctionne toujours avec la peur. Donc si elle doute de vous, elle s'enfermera. Si elle doute de vous, elle peut sombrer encore plus. Si elle doute de vous, elle peut faire une connerie ; et ça peut aller très vite !!

D'ailleurs, beaucoup sont tombés en dépression sévère à cause de la perte d'un soutien qui paraissait infaillible, des personnes dans lesquelles elles avaient placé toute leur confiance (pas toujours le conjoint d'ailleurs).

Vue la multiplicité des situations et des couples, je ne peux qu'insister encore plus sur l'inconditionnel : chacun devant en apporter la preuve à sa manière. Et ne vous dites pas que si la démonstration est faite, c'est acquis !! Ça serait trop facile, il faudra recommencer un nombre incalculable de fois et ça ne sera pas suffisant !!

Et quand vous êtes blessé, ne partez surtout pas de la chambre ou du lieu de votre discussion, elle y verrait un abandon clair et tout peut s'écrouler autour d'elle ; au risque de me répéter, ne les laissez jamais seuls et soyez fort pour supporter leurs attaques et leurs blessures, ils vous en remercieront tôt ou tard.

Il testera la solidité de vos appuis

Revoyez votre philosophie de vie car elle testera votre solidité. Elle vous apportera le doute et verra votre réaction. Si elle doute de votre solidité, ça peut l'enfoncer encore plus profond dans sa souffrance.

Il s'agit surtout de paradigmes.

C'est comme si vous devez traverser le désert avec quelqu'un dont vous allez tester les qualités de guide, le savoir-faire terrain, la réaction en cas de danger… Toute une série de tests qui peuvent même vous faire votre thérapie !! C'est toute la vie qu'elle va traverser avec vous, si votre personnalité hésite, elle le saura.

Donc cacher vos doutes et vos questionnements pour un autre jour. Vous avez surement et nous avons tous des complexes primaires qui demanderaient une thérapie, comme vous partagez sa vie, la personne souffrant de dépression, elle les connait peut être : un petit manque de confiance en soi, une certaine violence, des doutes professionnels… Utilisez votre intelligence pour paraitre solide à toute épreuve et surtout pour répondre à toute question et n'oubliez pas que la vie se fait dans les petits détails de tous les jours, donc :

Soignez vos petits détails d'attention et d'affection, chaque jour…

Il remettra tout en cause

Ça, c'est vraiment dur et il vous en faudra des larmes pour vous en sortir, car coté argument, elle vous mettra très vite ko, ne vous laissant que la sincérité de vos sentiments.

Elle reprendra toute votre histoire, détail par détail, et elle vous reprochera tout détail « pas à sa place » ou toute action pouvant apporter un doute. Elle ressortira toutes les vieilles histoires, de l'amie intime, de l'ex qui a rappelé un soir, de vos préférences physiques qui sont en contradiction avec son physique, de votre tempérament qui a changé depuis le mariage, de la collègue qui vous a envoyé une invitation sur les réseaux sociaux, sans raison claire…

Tout y passera, même le soir où vous aviez la tête ailleurs, alors qu'elle vous disait des mots doux… et bien sûr, tout est sujet à la phrase fatale : « tu ne m'aimes pas, ou pas assez ».

On rentre alors dans le débat séculaire et oh combien amusant-en-pleure du « qui aime l'autre le plus ». Mais attention, si auparavant, les choses pouvaient bien se passer et finir en rigolade ou en câlin, plus maintenant : le gendarme veille à chaque détail, à chaque réaction…

Alors, vous serez coincé sur des sujets déjà bien clôturés, des sujets dont vous avez oublié les détails importants pour votre défense. Je vous conseille alors de jeter l'éponge tout de suite, de montrer votre tristesse et de ne rien répondre. Ça l'agacera un peu au début mais elle finira par arrêter ses tests, pour aujourd'hui !!

Mais vous savez, avec la dépression, chaque jour qui se passe bien est un jour gagné, donc espérez le meilleur pour demain.

Il vous fera douter

Pourquoi est-ce que tu m'aimes ?

Depuis quand exactement ?

Quand on était amis, tu disais que ton genre de conjoint était plutôt comme ça et ce n'est pas vraiment mon cas !!

Vous subirez le pire des interrogatoires de la gestapo et gare à la moindre erreur. Vous pensez que c'est bon, vous vous en êtes bien sorti ? Certes, pour aujourd'hui, demain sera un autre jour !!

Donc détendez-vous, soyez spontané et ne faites surtout pas l'erreur du débutant : édulcorer les choses pour ne pas la fâcher… elle le saura tôt ou tard. Soyez honnête et direct et tout ira bien…

Et voici la meilleure : « Je te trouve bien mystérieux comme gars, ça doit cacher quelque chose !! ». J'ai éclaté de rire et eu beaucoup de chance ce soir-là car elle a ri aussi. Le lendemain, elle me dit qu'elle adore ce côté mystérieux mais que ça lui fait peur, alors je lui réponds que les sentiments ne peuvent relever du mystère, ils sont là ou pas et ne cessent de se manifester au quotidien. Elle me répond : « ok donc s'ils ne se manifestent pas un jour, ils ont disparu… » Bienvenue dans le monde du doute et de la peur…

Rappelez-vous que seul votre amour solide et inconditionnel la sortira de sa dépression, donc soyez patient et faites-vous aider si besoin.

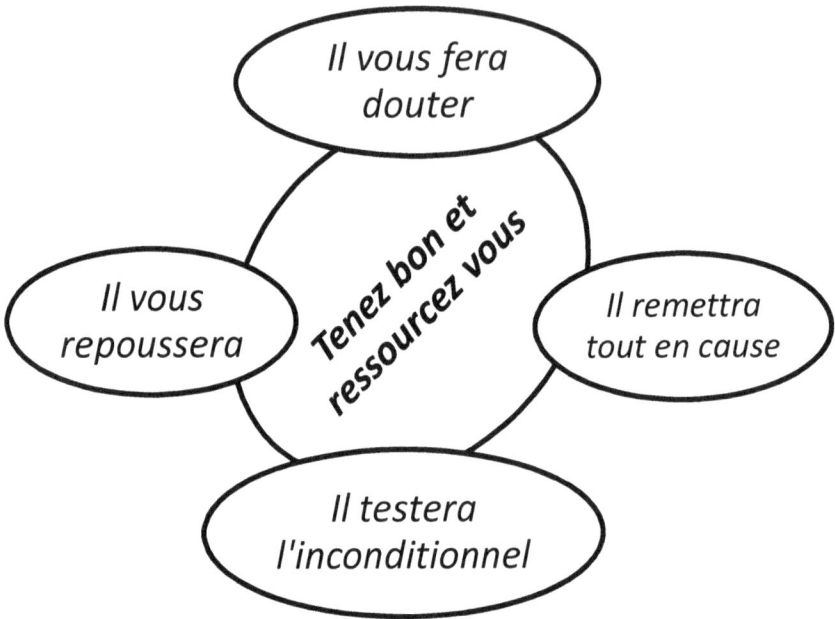

Figure 26 – L'amoureux malmené

XI. La récidive expliquée

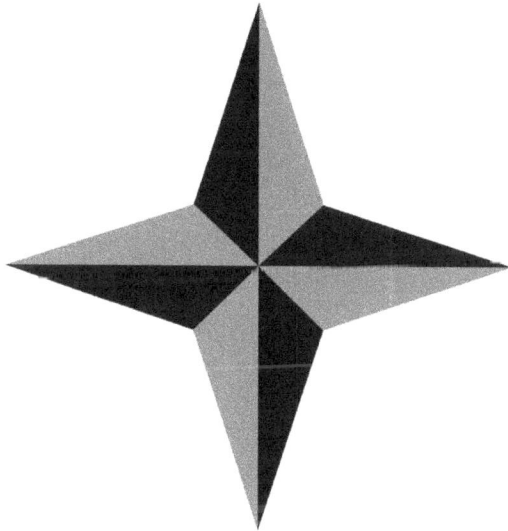

Complètement vider son sac

Je l'ai découvert le jour où j'ai fait cette erreur d'appréciation. Marie allait de mieux en mieux, elle a même retrouvé ses plaisirs et ne revenaient sur ses injustives que très rarement. Trois semaines après, je me suis dit qu'elle est déjà bien avancée sur la voie de sortie. Mais, lors d'une discussion sur un sujet banal, je n'ai pas fait attention à la récurrence d'un épisode douloureux de sa vie et lui ai dit que c'est de l'histoire ancienne et qu'il ne fallait surtout pas revenir en arrière. Erreur fatale et je m'en suis mordu les doigts jusqu'au jour où j'ai compris que mon erreur n'a fait que déclencher une reprise qui devait reprendre dans tous les cas.

Il y aura récidive tant que le sac n'est pas complètement déballé, traité et vidé. Donc ne vous précipitez pas car il y aura des moments où vous vous direz que c'est fini, ça y est, la personne semble avoir repris le cours de sa vie alors qu'il reste encore du toxique dans le sac.

Donc faites en sorte que la personne prenne tout son temps pour vider son sac à son rythme. Elle peut très bien se sentir mieux et rechuter, c'est normal, le sac n'est pas encore tout à fait vide. On retrouve ici la première principale cause de la récidive.

Une relation inévitable

On en gardera toujours un peu pour soi.

Comme il est bien connu, la relation au thérapeute est basée sur la confiance, mais point de confiance sans estime. Le thérapeute prend une place dans la vie de la personne qu'il accompagne et cette dernière va commencer à vouloir lui montrer une certaine image d'elle-même pour gagner son estime.

Résultat : elle ne videra pas son sac complètement car elle aura honte de tout révéler.

Elle semblera mieux aller et reprendra même sa vie « normale » mais il reste encore du toxique dans le sac, un toxique qui ressurgira tôt ou tard. Et ça ne loupera pas, à l'arrivé du prochain coup dur, elle replongera.

Vous l'avez donc compris et je sais que ça va à l'encontre de ce qui se pratique, une des meilleures solutions consistera à aller voir plusieurs thérapeutes, ce qui accroitra le nombre d'injustives dévoilées à chacun avant qu'une relation solide ne se construise.

De nouveaux coups qui arrivent

Si la personne ne s'est pas éloignée de son environnement toxique, elle recevra surement de nouveau coups de gens très proches, de gens en qui elle a confiance. Et après des semaines de vie meilleure, elle replonge et retrouve le doute et la peur.

Comme dans la plupart des cas, le sac n'est pas encore tout à fait vide ; la revoilà encore triste, fatiguée et doutant de tout, ne pouvant faire le moindre effort pour s'en sortir. Retour à la case dépression.

Attention : l'impact des nouveaux coups qui arriveront est très important et peut être très violent. La personne a tout fait pour s'en sortir et pensait avoir dépassé tout cela, la revoilà à la case départ, alors ses doutes et ses peurs deviennent démesurés, elle se sent perdue comme jamais et ça lui demandera un certain temps avant de s'en sortir.

C'est pour cela que j'insiste sur le vidage complet du sac ainsi que sur le nettoyage du toxique de son environnement direct. Si elle reste dans le même environnement, elle ne pourra s'en sortir ; si elle ne se débarrasse pas de son bourreau, elle ne pourra revoir la lumière. C'est votre rôle de support de l'aider et de la protéger.

Donc pour vaincre la récidive, il faut nettoyer le sac, débarrasser l'environnement du toxique et surtout ne pas s'attarder chez un même thérapeute.

Une fragilité résiduelle

Toute personne ayant subi une dépression en gardera toujours une certaine fragilité. Elle restera très susceptible et très à cheval sur les détails. Elle aura tendance à vite prendre peur et n'arrive plus à retenir ses larmes. Elle soupçonne tout et tous et le gendarme va en profiter pour enfoncer le clou.

A la moindre ressemblance, ne serait qu'apparente, avec une injustive qu'elle a déjà vécue, elle va se braquer, voir retomber et abandonner la partie en disant : « j'ai déjà vécu ça et je n'en veux plus, j'ai déjà donné, je suis fatiguée, je ne veux plus rien de cette vie... » et ça repart pour un tour de piste.

Il vous faudra du tact et beaucoup d'amour pour d'abord la calmer, sans l'agresser avec des propos du genre « on ne va pas recommencer !! ». Ensuite, il faudra discuter et ne rien laisser au lendemain. Et dites-vous bien que ce n'est plus exactement la même personne car sa dépression l'a changée, elle aura au moins changé sa vision de la vie, en mieux espérons-le, mais elle a changé. Donc n'en soyez pas perturbé. Elle pourra même avoir des actions disproportionnées car elle retrouve enfin sa liberté. N'ayez pas peur, votre rôle n'est pas de la remettre en cage pour vous rassurer mais de la regarder voler, vivre, rigoler tout en faisant attention à sa chute.

Vous allez même pouvoir découvrir l'enfant qui est en elle, elle reprendra gout à la vie mais avec une certaine fragilité. Sachez faire avec et tout ira bien.

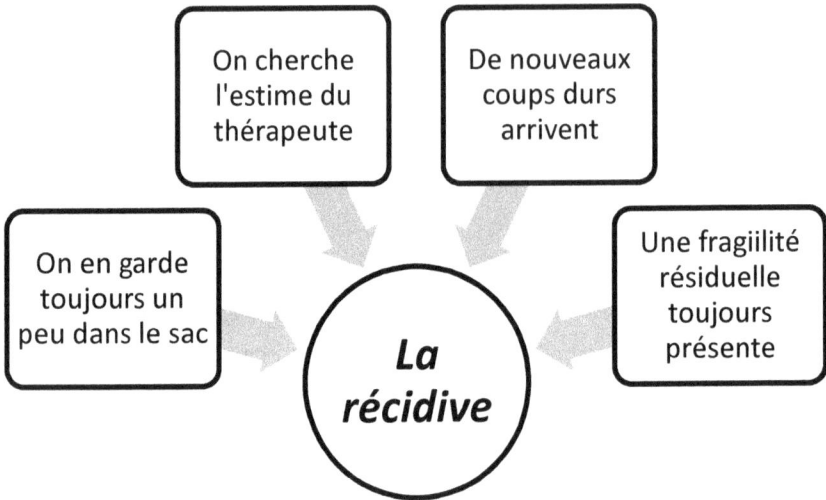

Figure 27 –   Les secrets de la récidive

XII.   *Conclusion*

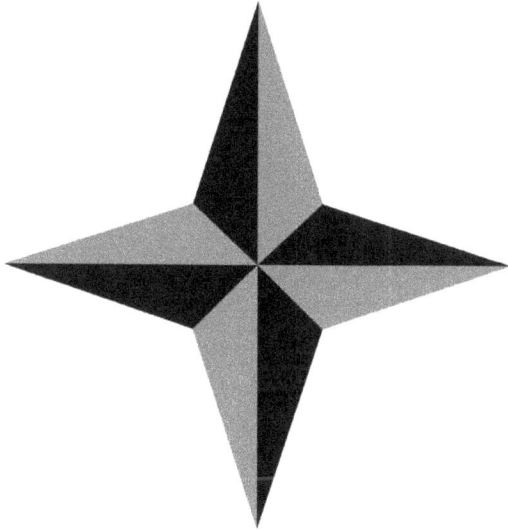

Quand ton esprit se révolte pour ton salut

Et si chacun d'entre nous pouvait encaisser toutes les injustices, les emmagasiner et passer son chemin ? Et si le sac à injustives avait une capacité illimitée de sorte qu'il n'arrive jamais à saturation ? On s'en réjouirait à première vue voyant disparaitre la cause primaire de la dépression, mais quelle vie aura-t-on menée ?

Vous connaissez déjà la réponse mais vous vous dites que vous préférez tout subir sauf la dépression et je comprends votre sentiment, à l'avoir entendu des centaines de fois : rien ne peut faire souffrir un être humain plus que la dépression : la souffrance de ne plus se sentir en paix, d'être agité en permanence sans comprendre ce qui vous arrive, d'avoir à ressortir tous vos maux et à les revivre encore une fois, à en devenir profondément triste et perdu.

Pourtant, le déballage du sac, considéré comme le principal signe de la dépression se déclenche presque automatiquement suite à la saturation. La personne se met petit à petit à faire ressortir toutes ses injustives comme si elle voulait se les raconter et les pleurer car elle les a stockées sans les regarder en face. Personne ne lui a dicté cette méthode très efficace de purger ce poison qui intoxique sa vie depuis des années, voire des décennies. C'est un processus qui se déclenche automatiquement car préprogrammé dans notre psyché à tous, comme les anticorps d'un vaccin qui attendaient le virus pour commencer leur travail.

Alors que rien ne peut égaler la souffrance qu'apporte la dépression surtout dans ses stades les plus avancés, elle porte en elle un début de remède qu'elle déclenche dès les premiers stades. C'est d'ailleurs souvent ce signe du déballage qui attire l'attention, même si de nombreuses personnes font leur déballage en secret, dans la solitude.

« La dépression contiendrait un début de remède ?! Vous plaisantez j'espère ! », m'a dit un jour Rachel non sans surprise. Elle a aussitôt reprit : « Si elle contient un début de remède, vous pouvez tout de suite conclure que ses effets secondaires finissent par anéantir le patient ».

Il est vrai que le déballage du sac constitue une période très difficile de pleurs, de tristesse et d'incompréhension, mais c'est tout à fait normal par construction même. Vous ressortez des injustices que vous redécouvrez car vous ne les avez jamais vraiment pleurées. Très souvent, elles impliquent des personnes très proches, des proches que vous aimez, que vous estimez, des personnes que vous n'avez jamais cruus capables de vous faire des coups pareils.

Ces découvertes, la surprise, l'incompréhension et la tristesse qui les accompagnent vont plonger la personne dans une période très difficile qui va engendrer d'autres conséquences encore plus dures. Même si, à première vue, ce sont là les conséquences directes du déballage du sac, mais ce sont surtout toutes ces souffrances que vous avez choisi d'enterrer au plus profond de vous-même pour ne pas avoir à les affronter le jour de leur occurrence.

Le déballage du sac n'est donc que le processus qui vous aidera, non sans souffrance, à évacuer ce mal qui vous ronge et que vous aurez dû affronter depuis trop longtemps. C'est un processus salvateur, un début de remède que la saturation déclenche automatiquement afin de préparer le terrain de la guérison.

Bien des semaines après son début de dépression, Rachel a commencé à se rendre compte du soulagement qu'apporte la purge du sac à injustives, même si elle a eu à affronter chaque injustive déballée, non sans surprise, non son douleur.

Tu as survécu au plus dur

Quand je lui ai rappelé cette phrase bien des semaines après son début de dépression, Rachel en a souri en disant « il est vrai que mes avis étaient binaires à l'époque. C'était comme si une brume masquait la vie qui existait toujours en moi, une vie que je refusais de voir, une vie que je voyais en noir ».

Comme Rachel, la vie n'a jamais cessé d'exister en toi, elle est là à chaque respiration, à chaque battement de cœur, à chaque mouvement, à chaque idée. Tu peux la qualifier négativement par des adjectifs qui peuvent être justifiés, mais ça ne sera qu'un descriptif du passé, de la vie passée. Nous vivons dans un présent qui disparait aussitôt qu'on en parle et ton jugement ne peut valoir pour le futur. Je comprends toute la souffrance par laquelle tu es passé, je comprends tous les doutes et les peurs que tu vis aujourd'hui, mais la vie est constamment là et n'attend qu'une nouvelle couleur que tu es le seul à pouvoir lui donner.

Tu as survécu à tous tes maux, qu'elle qu'en soit l'intensité et la constance. Tu as survécu à tous les coups que tu as reçus, même de gens qui t'étaient proches. Tu as certes raté une occasion ou une période de vivre heureux et en paix, mais tu es toujours en vie, tu es toujours là. Ta chance est là et ton destin continue à se dessiner.

Pierre m'a dit un jour avoir découvert qu'il était un bon à rien et il a fallu qu'il soit viré de son premier boulot pour s'en rendre compte. N'arrivant pas à trouver du boulot la quarantaine passée, il répétait que sa vie était terminée. Dans son premier boulot, Pierre avait commencé comme technicien sur machine automatique pour finir vingt ans après chef d'atelier d'une usine employant des centaines de personnes. Licencié économique, il continue à avoir beaucoup de mal à retrouver un boulot dans l'automobile surtout qu'il habite une ville moyenne qui vivait essentiellement de l'usine aujourd'hui fermée. La vie est une invitation à bouger, à découvrir, à persévérer. Pierre oublie qu'il a aussi eu du mal à trouver du boulot quand il avait la vingtaine pour cause de chômage chronique chez les jeunes, mais il a fini par en trouver un bon qui lui a assuré une bonne carrière jusque-là. Aujourd'hui, les choses sont un peu plus dure mais sa chance est toujours là, quelque part, il faut juste continuer à chercher et ne jamais baisser les bras. Au moment où j'écris ces lignes, il a déménagé pour s'installer dans le bassin aquitain et travaille comme chef d'atelier chez un équipementier aéronautique. Il a dû passer par une cinquantaine d'entretiens, six formations et surtout deux longues années de stress et d'incertitude.

Tant qu'il y a de la vie qui circule dans tes veines, ta chance est là, ton destin continue de se dessiner et comme tu as perdu ton boulot, tu en retrouveras un autre, comme tu as perdu ta vie de couple, tu en construiras une autre. Les choses se déroulent parfois d'une manière qui nous parait dure et cruelle, mais croire en ses chances et rester en mouvement est primordial pour continuer à affirmer son droit à la vie.

Tous ceux qui ont repris leurs vies après la dépression me disent, te disent : « Tu as déjà passé le plus dur. Tu as tant donné sans recevoir, tu as reçu tant de coups que tu as réussi à taire et à avancer. Malgré tout, tu as réussi à continuer. La saturation vient te dire STOP ; tu as assez encaissé, il est temps de purger tout ça. Et là tu souffres encore, mais plus tu avances, plus tu auras passé le plus dur. Tu as vraiment supporté le plus dur, ne baisse pas les bras maintenant car tu es malmené par le doute et la peur. **Tu vivais avec une balle dans le corps, maintenant qu'elle est extraite, crois-tu que ça se sera plus dur ou moins pour toi ?! »**.

Ça fait partie de la vie

Les sentiments ont tendance à amplifier les choses pour les amener à un état quasi binaire : c'est noir ou blanc, c'est vrai ou faux, c'est bon ou mauvais, c'est gentil ou méchant. Je me souviens encore de cet après-midi où une des personnes que j'ai accompagnées a failli s'effondrer en apprenant que son ado de quinze ans a passé une soirée un peu trop arrosée, avec une forte probabilité de consommation de cannabis. Elle disait qu'elle ne pouvait plus supporter ce genre de chose, ce genre d'épreuve. Elle en était rendue à reprocher à son enfant de rejoindre ceux qui lui ont donné tant de coups, qu'elle ne pouvait plus lui faire confiance, et donc qu'il ne pouvait plus rester son fils bien aimé car il l'a trahie, comme les autres. Il lui a fait mal, comme les autres, il n'a pas pensé à elle en faisant une telle connerie, comme les autres. Alors il ne mérite plus son amour et son attention, comme les autres. Se faisant, son acte relèverait presque du harcèlement, comme les autres... Il lui en voulait, comme les autres...

Le processus de jugement binaire s'est mis en place comme un mécanisme de protection pendant une période difficile, mais il n'a surement plus sa place une fois le déballage du sac bien avancé. Comme tu as déjà un détective et un gendarme qui veillent, qui ne laissent rien passer, tu te retrouveras à tout classer pour te rassurer, tout en noir ou blanc, rien d'autre. Cette tendance maladive à tout qualifier et à tout voir en « nouveau coup » risque de te fatiguer et surtout t'empêchera de continuer ta vie.

La vie est coloriée, elle a des hauts et des bas, pour tout le monde, partout dans le monde. Elle a des jours coloriés et d'autres plutôt gris, elle apporte de la joie et de la tristesse. Elle apporte excitation et jouissance mais aussi stress et angoisse. Elle est somme toute belle mais parfois sombre. C'est cette variabilité qui lui confère toute sa beauté ; c'est son imprédictibilité qui lui confère cette petite excitation du vivre au jour le jour. Tu auras des réussites et des déceptions, des joies et de la tristesse, des moments de détermination et d'autres d'errements.

« Ça fait partie de la vie » est ton outil de tous les jours. A chaque évènement négatif que je vis, je dois me poser la question pour différentier ce qui relève des trahisons, des coups et de la simple variabilité de la vie. Telle une mer bien bleue, la vie présente des vagues plus ou moins hautes ou violentes. Parfois on peut en surfer une et ça nous emmène loin, parfois on commence à en surfer une autre et on tombe et parfois on se met debout face à une autre et elle nous roule et nous malmène parfois sur une longue distance. **Mais, toute mer, aussi agitée qu'elle puisse être, finit toujours par se calmer, toute agitation ne peut être que temporaire.** Tout ce que nous pouvons faire, c'est appréhender ses rythmes et en danser certains, doser ses vagues et en surfer quelques-unes, comprendre son agitation et en accompagner certaines. Mais, in fine, elle se reposera et nous aussi. Votre épisode peut être dur, voire très dur, mais il finira toujours par se calmer pour retrouver la sérénité.

Ne laisse pas le doute et la peur dominer ta psyché. Ce sont des processus indispensables à notre vie, l'un pour évoluer et l'autre pour nous protéger de nos conneries les plus fofolles, alors ne les laisse pas s'amplifier jusqu'à te paralyser. Ils fonctionnent en boucle et tu ne peux les vaincre en frontal ; le mieux à faire consiste à casser leurs boucles en passant à autre chose, en changeant de sujet.

Donc différentie bien entre ce qui fait partie de la vie et ce qui n'en fait pas partie. Sois critique avec la binarité du détective et du gendarme. Ne fais pas l'erreur de les laisser t'empêcher de vivre.

Inutile de combattre le passé

« Quelle connerie que de passer ses journées à combattre ses vieux démons, à rabâcher le passé alors que je sentais bien que la douleur de l'injustice qui l'a créée a été purgée et apaisée depuis des semaines. J'ai fini par laisser les injustices, les évènements pour me focaliser sur mes choix, mes décisions, mes capacités, sur les autres, sur mon environnement ; que des choses déjà passées sans aucun espoir de les changer ou bien des choses hors de mon cercle d'influence. Quel imbécile !! »

Ce sont les propos bruts de Thomas le jour où je l'ai rencontré après lui avoir parlé de la vie en mouvement la première fois. Il n'a cessé de se lamenter sur les jours qu'il a passé à se lamenter. Je lui ai dit : « Hey, Thomas, tu continues à te lamenter, encore maintenant !! ». Il a alors éclaté d'un rire à faire entendre tout le monde dans le restaurant. C'était un des moments préférés de ma vie.

Le passé est déjà passé. Tu as déballé et purgé tes injustives, tu as découvert des choses qui t'ont fait mal et t'ont secoué à en perdre qui tu es, tu as compris ce qui s'est passé même si tu n'arrives toujours pas à te pardonner, il serait peut-être temps.

A quoi ça te sert de fuir ta vie dans l'alcool, la drogue et le sommeil forcé par les médicaments ? **Tu cherches à oublier ton passé en sacrifiant ton présent et ton futur,** tel un sportif qui abandonne tout le sport car il a perdu une seule manche. Imagine la scène : lors des jeux olympiques, un athlète de saut à la perche rate son premier essai. Alors que tout le monde attendait son deuxième et son troisième essai, voire ses prochaines compétitions nationales et internationales, il décide de mettre fin à sa carrière pour un échec. Tu diras que c'est exagéré, disproportionné ? Oui, tout à fait. Et c'est exactement ce que tu fais si tu continues à combattre ton passé.

Tu cherches à fuir quelque chose qui est déjà passée. Elle a certes laissé des traces parfois très dures, mais tu as encore tant de parties et de matchs à jouer. En vivant dans le passé, en s'arrêtant sur ce qui s'est passé, sur ses pourquoi, sur les autres, sur la cruauté de certains et la trahison des autres, tu finis par oublier que tu es en vie, que tu as encore un futur à dessiner.

« Je me souviens encore de ces jours et de ces nuits de solitude, parfois en étant avec des amis ou des collègues. A la découverte des injustives que j'avais accumulées, j'étais tellement surpris que j'ai douté de tout autour de moi et j'ai passé des heures à questionner mes choix, mes décisions, le pourquoi de ma condition et le sens de la vie. Plus j'y passais du temps, plus j'y consacrais encore plus de temps. J'ai fini par me retrouver à revivre mon passé et imaginer ma vie si j'avais pris une autre décision : un exercice qui monopolisait tout mon esprit, un exercice fatiguant, interminable et totalement inutile. Paradoxalement, j'ai pu en décoller en moins d'une semaine en me focalisant sur l'apprentissage de la programmation des petits robots, une vieille passion pour laquelle je n'ai jamais trouvé de temps par le passé. »

En reprenant une activité d'apprentissage simple, mon esprit se focalisait sur ce que j'aime faire et se remet à se projeter dans le futur : ce que je vais faire demain, ce que je vais apprendre dans une heure… **Combattre son passé consiste à se mettre à l'arrêt alors que tout est en mouvement.** Combattre son passé, c'est se reprocher un échec d'une seule manche alors qu'il reste tant de parties et de tournois à jouer. **La vie se conjugue exclusivement au futur. Ne te mets pas au travers de son flot mais suis-le pour l'apprécier.**

Ne t'inflige pas une double peine

Si tu choisis de te mettre à l'arrêt, tu as non seulement perdu une partie, mais à cause de cette perte, tu te condamnes à perdre toutes celles à venir. Tu t'infliges une double peine alors que tu as déjà payé le prix de ton erreur ou de ta condition. Les effets de ta dépression ne te suffisent pas comme paiement ? Tu as tant donné et tu n'as rien reçu en retour, que des trahisons et des coups. Tu as peut être fait de mauvais choix mais tu en as déjà payé le prix. Tu as remboursé ta dette envers tous, si jamais il y a eu dette !!

Si tu choisis la victimisation, si tu baisses les bras, si tu te mets à l'arrêt, c'est ta décision et elle ne te ressemble pas. C'est ta focalisation sur la passé qui te fait tomber dans l'impasse de la victimisation et l'abandon.

« Je suis victime de ma situation, je n'y peux rien. Je n'ai jamais rien fait de mal à personne ». Ce que tu as donné aux autres est tout à ton honneur et personne ne pourra te l'enlever mais à quoi ça te sert de faire ce constat passif qui efface complètement ta part de responsabilité ? Et même si tu n'as pas fait de mauvais choix, à quoi bon se mettre en position de victime et d'abandonner la partie ?

« Je n'ai plus rien à offrir, j'ai déjà tout donné ». Non et non. C'est un peu trop binaire comme constat car tu continues encore à penser, à respirer, à imaginer. Tu es certes fatigué, mais la vie circule toujours dans tes veines et n'attend que toi pour reprendre ses droits, pour reprendre tes droits, ton droit à la vie, à l'amour, au bonheur et à la réussite. **Tu ne les trouveras pas dans le passé, seul le futur te les réserves.** Tu ne peux gagner si tu ne joues pas une partie, alors jette encore les dés et dessine ta destinée.

Ne t'inflige pas une double peine, tu as déjà payé la tienne.

Ne les laisse pas voler ta vie

C'est ce que je me suis personnellement juré le jour où j'ai compris l'influence des autres sur nos décisions, sur nos choix, sur nos vies, parfois avec des actes malveillants, voire malintentionnés, parfois avec de simples mots, des mots bien puissants.

Lynda me disait : « J'ai découvert, à ma grande surprise, que l'avis, le jugement, voire les conseils des autres ne sont pas toujours « gratuits ». Ils répondent avec tant de visages qu'ils manient avec une telle facilité qui ne peut relever que du naturel ».

Ce que Lynda oublie c'est le fait établi que les gagneurs sont regardés et parfois enviés. Personne ne donne de l'importance aux loosers, personne ne s'occupe de monsieur tout le monde. Ils vont plutôt observer, commenter et juger celui qui sort du lot. Les médias fonctionnent sur ce modèle. On ne s'occupe pas des gens ordinaires car leurs vies sont « ordinaires », on va plutôt nous focaliser sur les gens qui ne le sont pas, parfois positivement, parfois négativement. Donc si vous sortez du lot, on vous regardera, on vous commentera et on vous jugera. C'est le prix de la gloire.

Lynda vient d'un milieu modeste et elle était la seule à avoir fini ses études et surtout la seule à avoir bravé la règle du mariage communautaire. Vous sortez de la normalité dès que vous réussissez et surtout dès que vous bravez une des règles de l'ordre établi. Ce n'est pas un ordre mondial, mais plutôt un ordre très local comme l'ordre de la vie politique d'un certains pays, les règles de la vie familiale, les coutumes d'une certaine communauté, parfois même les règles d'un groupe d'ado d'une même classe. Si vous sortez de la règle, vous vous exposez à l'arbitraire des regards, des critiques et des jugements hâtifs.

Ne te fatigue pas à expliquer ou à démontrer qui tu es à la foule, c'est une perte de temps. Mène ta vie comme tu l'entends. Cherche ta paix et ton bonheur. Travaille ce qui te passionne et sois sélectif quant aux membres de ton entourage.

Certains t'ont déjà volé une période de ta vie, ne leur donne pas cette possibilité encore une fois. Ils ne méritent pas ton sacrifice, ils ne méritent pas ne serait-ce qu'une minute de ton temps, ni au présent, ni à t'attarder sur ce qui s'est passé. Mène ta vie comme tu l'entends, avec ses hauts et ses bas, ses joies et tristesses, mais ça sera TA vie, celle que tu as choisie, celle que tu veux vivre. Ne vis pas pour satisfaire les autres, c'est impossible.

Tout est dans le détail du quotidien. La vie ne se vit pas globalement, la vie ne se vit pas généralement. La vie se mène au quotidien, dans les petits détails, les petits mots, les petites attentions, les petits plaisirs. Retrouve tes petits plaisirs de tous les jours tout en assurant tes responsabilités d'époux (se) et de parent. Bien sûr que c'est possible, il suffit de l'expliquer à ceux que tu aimes et ils comprendront. Ils savent que tu es du genre à donner, jour après jour, ils voient ton sacrifice et tes efforts. Tu seras surpris de les voir prendre du plaisir à te voir apprécier le tien car ils verront une autre personne : ils verront un conjoint ou un parent qui sourit, qui se sent en paix et surtout qui est content et c'est contagieux.

Plus tu te sentiras apaisé, plus les autres apprécieront ta nouvelle humeur et t'aideront à retrouver tes plaisirs. Parfois, ils seront surpris, parfois ils ne seront pas d'accord, parfois ils réclameront leurs droits avec tes plaisirs, juge la situation au jour le jour. Tant que tu assumes tes responsabilités, il n'y aucune raison que tu ne prennes pas du temps pour toi, pour tes plaisirs. Ceux qui t'aiment comprendront, même s'ils réclameront les leurs de temps à autre. Croque la vie et apprécie les petits moments. Choisis et avance.

Aime-toi et fais ce dont tu as envie

Tu as déjà donné, tu as déjà sacrifié ton temps et ta vie pour les autres, tu as déjà changé tes priorités tant de fois pour les autres et tu t'es parfois trompé de personne, tu en as parfois trop fait. C'est tout à ton honneur. Mais tu n'as pas l'impression d'avoir oublié quelqu'un dans ce processus de dévotion permanente ? Quelqu'un de très proche de toi ? Quelqu'un qui mérite bien ton attention ?

Tu as tellement fait pour les autres que tu as oublié ton toi-même, ta petite personne. Elle mérite bien un peu d'attention de ta part alors qu'elle a tant donné à tes proches, amis et parfois collègues. Tu vas me dire que c'est dans sa nature de donner sans attendre de retour, c'est vrai. Mais je ne parle de « recevoir des autres » mais de toi-même. Mon Dieu, si tu n'es pas encore convaincu de ce que je dis, c'est que tu l'as presque enterrée, cette petite personne dévouée qui n'a droit à rien. C'est injuste. Tu fais des reproches d'injustices aux autres alors que tu en commets une énorme envers toi-même !!

Il existe deux dimensions du « s'occuper de soi » : une générale et une quotidienne. La première concerne les grandes décisions et orientations. Ne prends jamais en compte l'avis des autres car il est changeant, à moins d'avoir un sage à tes cotés. Si tu leur accorde de l'importance, tu finiras par vivre pour eux car alors les choix les plus cruciaux de ta vie auraient été faits pour satisfaire les autres. La deuxième dimension se vit au quotidien. Elle concerne les petits plaisir des tous les jours, dans leurs plus petits détails : regarder son match de foot, voir ses amis quand ils se réunissent, manger ce dont on a envie… sans abandonner ses responsabilité de conjoint et de parent. Difficile à concilier ? Pas tant que ça. Essaie et tu verras. Tu verras que tous autour de toi se sentiront mieux quand ils te verront apprécier tes petits plaisirs.

Apprends une nouvelle langue

Tu as besoin d'activités qui te projettent dans l'avenir, d'activités à la fois relaxantes et utiles, joviales et prometteuses : quoi de meilleur que d'apprendre quelque chose de nouveau, à la façon d'un enfant.

L'apprentissage nous force à nous concentrer et nous renvoie dans les années d'apprentissage, c'est-à-dire à notre enfance, à la l'âge où la vie était plus simple et moins dure. Ceci explique l'explosion des ventes de cahier de coloriage pour adulte : une activité coloriée, ludique, enfantine et surtout relaxante.

Tu peux reprendre l'apprentissage de n'importe quelle activité qui te passionne, qui te tient à cœur ; pour laquelle tu n'avais jamais trouvé de temps. Une des meilleures options consiste à apprendre à parler une nouvelle langue en groupe. Tu te retrouveras avec des gens que tu ne connais pas, à apprendre comme un enfant à écrire des mots et à retenir des phrases. Une des activités les plus ludiques, l'apprentissage d'une langue présente aussi l'avantage de te plonger dans une nouvelle culture, loin de ce qui t'est arrivé dans ta propre culture. Essaie et tu verras.

Sors et ne reste pas seul chez toi. Je sais que tu as envie de t'isoler mais c'est vraiment la pire des choses à faire. Sors et cherche un parc bien fleuri : être en compagnie des arbres est relaxant. Mais surtout, passe par les endroits les plus fréquentés, le métro, le bus, le train, l'aéroport, observe le mouvement de la vie, observe les gens en mouvement. Observe leur état et arrête-toi sur quelques petits détails que tu peux déduire sur leurs états internes. Tu verras que certains sont dans un état moyen, d'autres meilleurs que toi, d'autres bien pire. Observe les galères et les joies, observe la concentration et la frivolité. Observe la vie en mouvement.

La vie en mouvement

Telle une mer tantôt calme, tantôt agitée, la vie évolue comme les vagues, avec des hauts et des bas, des moments durs et d'autres agréables, des moments d'émotions et d'autres de logique et de concentration, des joies et des tristesses, des réussites et des échecs. Pendant les tempêtes, les choses peuvent devenir très difficiles, déclenchant doute et peur, stress et angoisse, en chacun d'entre nous. Mais, et c'est une certitude, un jour, la tempête se calmera et **toutes les tempêtes du monde finissent par se calmer**. Tel sera le cas de tes moments difficiles.

La vie continue bien plus calmement avec des vagues bien moins importantes, mais toujours en mouvement : elle ne s'arrête jamais, telle une grande rivière ayant des passages accidentés et d'autres bien plats. La rivière continue à avancer et nous y trouvons tous une place ; le flot ne s'arrête pas et on doit tous nous adapter pour y trouver notre bonheur. Lorsque tu te focalises sur le passé, tu finis par te mettre sur la rive, tu vois passer les gens chacun avec ses contraintes et joies, des moments bien au-dessus de l'eau, d'autres où il a du mal à garder la tête hors de l'eau. Lorsque tu te mets sur la rive, tu arrêtes de vivre et la vie n'attend personne, sauf la tienne. Elle est là quelque part dans l'eau à t'attendre, elle ne peut continuer toute seule, telle une barque sans capitaine, elle s'affole et ne sait plus quoi faire. Elle t'attend mais ne peux venir te chercher sur la rive car c'est hors de son champ.

La vie est en mouvement, ta vie est en mouvement. Si veux la reprendre, va à sa rencontre car elle ne peut venir te chercher. Elle t'attendra autant que tu voudras mais c'est à toi de te mettre en mouvement, de te mettre dans le flot pour aller à sa rencontre.

Enfants, nous avions tous rêvé de tant de choses, plus ou moins réalistes, des choses qu'on espérait réaliser et d'autres que nous gardions dans le registre des rêves de toute une vie.

Aujourd'hui, et par construction, tu n'as pas réalisé tous tes rêves mais tu en as surement réalisé quelques-uns. Regarde les, énumère les et surtout ne les sous-estime pas. Ne laisse pas ton jugement binaire les reléguer au rang de rêves mineurs. Ne laisse pas ta douleur nier leur réalisation.

Et pourtant à regarder de plus près, je suis sûr que tu as vécu des choses bien plus intenses, des choses dont tu n'as même pas rêvé étant enfant, des choses que la vie t'a offertes sans que tu ais demandé. C'est ainsi que va la vie, personne ne peut prédire sa course, personne ne sait ce qu'elle nous apportera demain, sauf une unique certitude : elle nous donnera toujours plus et là où tout espoir semble vain, la vie finit toujours par trouver un moyen. Elle nous cache de bien agréables surprises. Tout ce qu'on a à faire, c'est de nous mettre en phase avec elle, de suivre son flot, de la laisser nous entrainer avec elle, elle prendra toujours soin de nous.

Tu n'es pas seul dans ce bas monde. Ne baisse pas les bras car ça ne te ressemble pas. Combats ta peur et tes doutes et sois en mouvement pour aller à sa rencontre.

www.ingramcontent.com/pod-product-compliance
Lightning Source LLC
Chambersburg PA
CBHW060959280326
41935CB00009B/761